beck'sche reihe

bsr

Nach dem großen Erfolg seines ersten Buches «*Die Kunst, überzeugend zu reden*» öffnet Göran Hägg die Trickkiste der praktischen Rhetorik diesmal noch ein Stück weiter. Er bietet all jenen Zeitgenossen einen Leitfaden und eine Inspirationsquelle, die gerne in öffentlichen Zusammenhängen reden oder – sehr viel häufiger und für den Betroffenen weit unangenehmer – sich diesem zweischneidigen Vergnügen nicht entziehen können. Darüber hinaus möchte er auch helfen, die rhetorischen Strategien beispielsweise von Politikern, Chefs, Nieten in Nadelstreifen und Unternehmensberatern zu durchschauen und im Gespräch darauf angemessen zu reagieren. Um seine Tips und Hinweise verständlich und anschaulich zu vermitteln, stellt er zahlreiche konkrete Fälle vor, in denen sich jemand rhetorisch besonders erfolgreich oder eben auch besonders erfolglos geschlagen hat. So können Sie entspannt am Beispiel lernen, mit welchen Gesprächsstrategien Sie künftig Fehler vermeiden und statt dessen Ihr Gegenüber *überreden, überzeugen* und für sich *gewinnen*.

Göran Hägg, Jahrgang 1947, lehrt Literaturwissenschaften an der Universität Stockholm. Er ist Romanautor, Literaturkritiker und hat zahllose Vorträge über praktische Rhetorik gehalten. Von demselben Autor ist im Verlag C. H. Beck lieferbar: *Die Kunst, überzeugend zu reden. 44 kleine Lektionen in praktischer Rhetorik* ([2]2003).

Göran Hägg

Überreden – Überzeugen – Gewinnen

30 kleine Lektionen in moderner Rhetorik

aus dem Schwedischen von Susanne Dahmann

Verlag C. H. Beck

Die schwedische Originalausgabe erschien unter
dem Titel «Retorik idag. Aktuella och praktiska tips» in dem
Verlag Wahlström & Widstrand, Stockholm

Gesamtherstellung: Druckerei C. H. Beck, Nördlingen
Umschlagentwurf: + malsy, Bremen
Printed in Germany
ISBN 3 406 51102 3

www.beck.de

Inhalt

Vorwort

Im September 1998 erschien in Schweden mein kleines, aber grundlegendes Handbuch zum Thema Rhetorik (der deutsche Titel lautet: «Die Kunst, überzeugend zu reden»). Es war dies eine unangestrengt lesbare Einführung in die Redekunst mit klassischen und modernen Beispielen.

Wie ich bereits damals im Vorwort schrieb, existieren durchaus bereits andere ausgezeichnete und lehrreiche Bücher, in denen Reden analysiert werden, die nach den Regeln der klassischen Rhetorik aufgebaut sind. Nach der Lektüre dieser Bücher kann man dann feststellen, daß die dort analysierten Reden nach den Regeln der klassischen Rhetorik aufgebaut sind. Manchmal hat man allerdings den Eindruck, daß eine Reihe von Theoretikern überhaupt nicht verstanden hat, worum es eigentlich dem Leser geht, sondern anscheinend vielmehr der Auffassung ist, man müsse für eine Sache nur einen griechischen oder lateinischen Begriff finden, und dann sei der Fall erledigt. Es gibt auch Handbücher, die mehr oder weniger durchdachte Ratschläge bieten, wie man eine Tischrede hält oder eine lahme Diashow rhetorisch aufpeppt. Diese Bücher sind oft von gesundem Menschenverstand getragen, enthalten aber lauter Selbstverständlichkeiten. Da drängt sich der Eindruck auf, daß man, wenn man derartiger Ratschläge bedarf, die Sache am besten gleich sein läßt.

Die Idee bei «Die Kunst, überzeugend zu reden» war hingegen, die Kniffe der klassischen Rhetorik und ihrer modernen Entwicklungsformen zu lernen und sie anzuwenden. Oder sie wenigstens zu durchschauen. Das Buch sollte also keine bloße Analyse betreiben und zur Volksbildung beitragen, sondern es sollte wie ein Kochbuch oder eine Art Gegenstück zu Machiavellis «Der Fürst» funktionieren – für den Redner oder jeden anderen, der sich einen Vorteil verschaffen möchte, indem er die zeitlosen rhetorischen Tricks im gesellschaftlichen Leben, auf Konferenzen oder – falls er sich mal dorthin verirrt – im Fernsehstudio anwendet.

Offensichtlich gab es Bedarf dafür. Keines meiner Bücher hat ein derartiges Echo beim Publikum gefunden. Bisher haben wir in Schweden an die 100 000 Exemplare des Buches verkauft, und auch mit der deutschen Ausgabe sind wir nach einem knappen Jahr im fünfstelligen Bereich.

Das Ganze hat mir eine umfangreiche Vortragstätigkeit eingetragen – wenngleich es ja schon ein wenig absurd ist, herumzureisen und Reden darüber zu halten, wie man Reden hält. Doch bei dieser Gelegenheit bin ich mit vielen Fragen, sowohl zu den schon im Buch behandelten Fällen als auch zu neuen Aspekten des Themas konfrontiert worden. Und ich möchte deshalb weitere Erfahrungen und Erkenntnisse aus einer etwas anderen Perspektive darstellen. Schließlich haben auch die aktuellen Ereignisse neue nützliche Beispiele und Erkenntnisse auf dem Gebiet der Rhetorik mit sich gebracht.

In dem vorliegenden Buch nun, *Retorik idag*, bzw. auf deutsch *Überreden – Überzeugen – Gewinnen*, gehe ich auf eine Reihe von konkreten Situationen und Beispielen ein, auf die ich bei Menschen, denen ich begegnet bin – Politikern, Moderatoren, Medienleuten, Geschäftsleuten und gewöhnlichen Sterblichen – aufmerksam geworden bin, und zwar vor allem in jüngster Zeit. Was haben sie getan, um die Situation zu bewältigen, was haben sie versäumt zu tun, oder was haben sie zwar getan, aber nicht mit dem gewünschten Ergebnis? Natürlich werde ich auch Beispiele älteren Datums heranziehen, die aber in den betreffenden Zusammenhang gehören. Wie ich bereits in meinem ersten Buch zeigen konnte, sind die Grundprinzipien der Rhetorik stets zu allen Zeiten die gleichen, weil das menschliche Gehirn, das wir ja beeinflussen wollen, dasselbe geblieben ist. Aber die Methoden verändern sich selbstverständlich unter dem Einfluß neuer Medien und veränderter gesellschaftlicher Bedingungen.

Doch da die Rhetorik für die meisten Menschen vor allem als praktisches Wissen von Bedeutung ist, folgen auf die Darstellung der verschiedenen Ereignisse auch Vorschläge, was man selbst in einer vergleichbaren Lage tun könnte, auch wenn man zum Glück weder Diktator, Manager noch Medienstar ist.

Dieses Buch soll also ein kleiner Leitfaden sein und als Inspirationsquelle für jeden dienen, der gern redet oder der zum Reden gezwungen wird. Aber es soll auch helfen, die rhetorischen Strategien der Politiker, Chefs oder Unternehmensberater zu durchschauen. Die meisten der hier zitierten Personen sind ja in unserer Gesellschaft immer noch aktiv – und werden es wohl noch lange sein. Und wenn das Buch dann manchmal wie eine Satire klingt, dann ist das zwar nicht weiter schlimm, aber natürlich völlig unbeabsichtigt.

Um dem Leser durch dieses nicht immer streng systematisch angelegte Buch hindurchzuhelfen, gibt es am Ende Erklärungen zu Begriffen, die man in der Rhetorik benutzt. Wer eine systematischere oder schematische Darstellung darüber wünscht, wie man eine Rede, eine Werbemitteilung oder einen Vortrag grundsätzlich aufbaut, dem empfehle ich «Die Kunst, überzeugend zu reden». Abgesehen davon, ist es aber ganz egal, welches der beiden Bücher man zuerst liest.

Saltsjö Duvnäs, im Sommer 2004

1. Überlegenheit im allgemeinen

Erstaunlicherweise ist die Überlegenheit in der Rhetorik eine der schwierigsten Situationen für einen Redner überhaupt. Ist die Überlegenheit groß genug, dann spielt es natürlich keine Rolle, wie erfolgreich wir sind. Wir haben das Sagen und die Macht, und die anderen sitzen da und müssen zuhören oder zumindest den Mund halten und interessiert aussehen. Denn wenn die Überlegenheit besonders groß ist, dann müssen sie am Ende ja doch genau das machen, was wir von ihnen wollen.

In solch extremen Fällen befinden wir uns allerdings außerhalb der Rhetorik, hier kommt es dann allerhöchstens noch auf pädagogisches Geschick, Klarheit oder Stimmgewalt an. Das beste Beispiel dafür ist das Militär. Stellen wir uns einmal vor, Sie sind Offizier und befehlen einen Angriff. Alle, die nicht machen, was Sie wollen, werden hinterher erschossen. Selbst wenn die Männer einsehen, daß Ihr idiotischer Plan garantiert damit endet, daß der Feind sie allesamt erschießt, werden sie getreu der gängigen militärischen Führungsphilosophie doch die minimale Chance, die vorgesehene Erstürmung von Verdun zu überleben, der absoluten Sicherheit, wegen Befehlsverweigerung standrechtlich erschossen zu werden, vorziehen.

Das ist wahrscheinlich die einzige Methode, wie man eine Massenarmee zum Funktionieren bringt. Hätten die Männer eine irgendwie geartete Wahl, würden sie wahrscheinlich nicht einmal dann Ihren Befehlen gehorchen, wenn der selbstmörderische Angriff aus militärischer Sicht vernünftig wäre. Und doch kann man hier sehen, daß solche Situationen gern Kommunikationsschwierigkeiten mit sich bringen. Die absolute Gewißheit, daß einem alle gehorchen müssen, führt oft zu einer gewissen Nachlässigkeit in bezug auf Pädagogik und Klarheit. Häufig ist nur die Stimmgewalt vorhanden. So ritt zum Beispiel 1854 die leichte Kavallerie in der Schlacht von Balaklawa in den Tod, weil der Befehlshaber nicht deutlich gemacht hatte, welche Kanonen denn genau erobert werden sollten. Und niemand hatte sich getraut zu fragen, was gemeint war.

Die vielen überlieferten Reden antiker Befehlshaber zur Aufmunterung und Anfeuerung der eigenen Truppen – alle raffiniert nach den Regeln der klassischen Rhetorik aufgebaut – sind allesamt Fälschungen. Die Historiker jener Zeit kannten den inneren Monolog nicht und unterschieden auch nicht zwischen Fakten und Fiktion, wie wir es heute zu tun pflegen. Deshalb ließen sie, um die Gedanken und Absichten eines militärischen Führers bei einem bestimmten Anlaß deutlich zu machen, diesen eine Rede halten. (Damals war es immer ein Führer, Frauen hatten in der Gemeinde zu schweigen). Bei dem römischen Geschichtsschreiber Sallust hält an einer berühmten Stelle Catilina, Anführer der Verschwörer des Jahres 63 v. Chr., vor der letzten Schlacht eine großartige Rede an seine Truppen. Nun wissen wir aber, daß sowohl der Redner als auch alle seine Mitstreiter im darauf folgenden Kampf getötet wurden. Woher konnte also der Geschichtsschreiber wissen, was gesagt wurde? Das hat in den über zweitausend Jahren seit Niederschrift der Rede bis auf ein paar Spezialisten niemand verwundernswert gefunden. Wahrscheinlich betrachtete man es als einen rein literarischen Kunstgriff. In jüngerer Zeit gab es dann auch klassisch gebildete britische Generäle, so zum Beispiel Montgomery im Zweiten Weltkrieg, die sich genötigt sahen, einen Streitwagen im Wüstensand zu erklettern und von dort aus zu ihren Truppen zu reden, weil sie meinten, daß Caesar dies getan habe. Das funktioniert natürlich nicht. Man wird unter solchen Bedingungen ganz einfach nicht verstanden. Allein das Bild sieht schon recht komisch aus. Wenn das funktionieren soll, dann muß man die Leute in einem antiken Theater oder in einer Fußballarena versammeln und sich ein Mikrofon greifen, oder man spricht zu einzelnen Kompanien auf einem Kasernenhof mit guter Akustik oder ganz einfach im Haus wie in der wunderbaren Anfangsszene des Films «Patton – Rebell in Uniform». Aber der Film über Patton ist natürlich auch nur eine Fiktion. Brandreden passen nicht zum Militär, höchstens bei lokalen Mystifizierungen seitens der Mannschaft. In Wirklichkeit marschiert eine Armee aufgrund ihres Drills, ihres Fanatismus oder, wenn es daran fehlt, aufgrund von Angst und Kadavergehorsam.

In anderen Fällen von Überlegenheit, die nichts mit einer militärischen Hierarchie zu tun haben, geht es allerdings doch um

Rhetorik und die Kunst zu reden, wenn auch unter anderen Bedingungen. Dies sind meistens Gelegenheiten, in denen wir noch vor der heutigen explosionsartigen Zunahme von Konferenzen im Arbeitsleben gezwungen sind, uns hinzustellen und zu einem durch Anstand paralysierten Publikum zu sprechen: nämlich Dankreden und Festreden. Keiner buht den Vater der Braut oder den frisch gekürten Nobelpreisträger aus. In den 70er Jahren immerhin ging der Direktor einer Schule ein gewisses Risiko ein, ausgebuht zu werden, wenn er das Podium erklomm, um eine kleine, sprachlich hochtrabende Schaumschlägerei zu betreiben, ehe er die Abiturienten mit «Geh aus mein Herz und suche Freud» ins Leben entließ – heute riskiert er nur, daß ihm wie eh und je keiner zuhört. Schon ganze Berufsgruppen haben mit diesen grausamlangweiligen Redesituationen ihr Geld verdient. Mitglieder eines Königshauses laufen beispielsweise ebensowenig Gefahr, unterbrochen zu werden, und sie sind auch noch von Berufs wegen verpflichtet, nichts von Interesse zu sagen. Akademische Vortragende bekommen ihr Geld unabhängig davon, ob man ihnen zuhört, und zumindest die schwedischen Studenten würden niemals jemanden unterbrechen, nur weil ihnen die Sache vielleicht unverständlich oder langweilig ist. Ich habe es in meinem ganzen Leben trotz aller guten Vorsätze nie geschafft, die Predigt eines Pfarrers der Staatskirche von Anfang bis Ende aufmerksam zu verfolgen. Vielleicht bietet es da einen gewissen Trost, daß die Predigt bei den Katholiken meist genauso öde ist. Aber dort ist sie kürzer.

Dabei ist es sehr unklug von Pfarrern und Pastoren, in diesen Situationen so langweilig zu reden, und zwar nicht nur aus humanitären Beweggründen. Wollen sie denn nicht, daß die Leute wieder zur Kirche kommen? Und womöglich anfangen, an das zu glauben, was sie verkünden? Wollen die Royals nicht, daß die Leute in den Meinungsumfragen sagen, daß sie die Monarchie weiterhin lieben, und daß sie Fähnchen schwenken, wenn sich allerlei fürstliches Gelichter zeigt? Wollen Professoren nicht, daß die Studenten sich an irgend etwas von dem, was sie gesagt haben, später mal erinnern? Wollen wir nicht, daß die Verwandten des Bräutigams uns für einen netten Kerl halten? Oder daß die Leute zumindest nicht bereuen, uns irgendeinen Preis verliehen zu haben?

Einem Politiker, der heute Rückenwind verspürt, kann morgen ein kalter Wind ins Gesicht blasen, und da braucht er Rückhalt. Nicht einmal ein Diktator sitzt ohne das Wohlwollen zumindest einiger Gruppen auf seinem Thron. Deshalb muß man auch in Zeiten des Erfolgs vor dem gezwungenermaßen herbeizitierten Konferenz- oder Festpublikum sein Bestes geben. Auch wenn zugegebenermaßen das Fehlen eines klar umrissenen Themas, eines entschiedenen Feindes oder eines erkennbaren Zieles die Sache in allen oben genannten Fällen nicht gerade leichtmacht.

Diesen Fall, da man in einer großen Überlegenheitssituation reden muß, nennt die antike Rhetorik einen Fall von «ehrenhafter Art», *Genus honestum*. Dies im Unterschied zu den Situationen, die wir später noch behandeln werden, in denen man mit Hilfe der Rhetorik versucht, eine Unterlegenheit in einen Vorteil zu verwandeln, was man in der Antike völlig wertfrei einen Fall von «schändlicher Art», *Genus turpe*, nannte.

Ich möchte schon hier darauf hinweisen, daß die Fälle «schändlicher Art» eigentlich der Normalfall sind.

Doch lassen Sie uns zur Einführung ein paar typische Situationen der Überlegenheit betrachten und die besonderen, oft unerwarteten Schwierigkeiten, die sie mit sich bringen.

2. Große Überlegenheit

Eine typische «ehrenhafte» Überlegenheitssituation ist die Einführungsrede des amerikanischen Präsidenten. Das ist, abgesehen von der militärischen Überlegenheit, eine der stärksten Überlegenheitssituationen, die man sich vorstellen kann. Also, einer hat die Wahl gewonnen. Vor ihm liegen vier Jahre fast uneingeschränkter Macht. Es ist üblich, daß ihm vom Kongreß ein Monat Schonzeit eingeräumt wird. Und nun präsentiert er nicht einmal eine Art Regierungserklärung wie in einer europäischen parlamentarischen Demokratie, über die das Parlament zumindest noch formell beraten und vielleicht sogar abstimmen wird.

Und doch wissen der Präsident und seine Berater ganz genau, daß sie diese Gelegenheit unter allen Umständen nutzen müssen. Auf keinen Fall dürfen sie sich einen Fehler erlauben, denn es gilt, den Kongreß versöhnlich zu stimmen. Die Wähler sollen vor den bevorstehenden Kongreßwahlen oder ganz einfach vor der nächsten Präsidentschaftswahl etwas Erbauliches haben, an das sie sich erinnern können. Die Arbeit der neuen Regierung wird sich beträchtlich einfacher gestalten, wenn es gelingt, in dieser Situation eine erhebende Stimmung zu schaffen und sie in erinnerungsträchtigen Phrasen einzubetten. Und es gilt zumindest für jeden amerikanischen Präsidenten – ähnlich wie für Altkanzler Helmut Kohl –, immer auch das Urteil der Geschichte zu bedenken.

Der zur Zeit letzte in dieser Reihe, George W. Bush, der ja wohl kaum ein Mann großer Ideen ist, hatte jedenfalls im Januar 2001 einige Mühe auf seine scheinbar völlig ohne Herausforderungen verlaufende Rede verwandt (oder seitens seines Beraterstabs verwenden lassen).

Das moderne amerikanische Publikum verträgt in viel höherem Maße als das europäische hochtrabende Phrasen, eine blumige Sprache und die Beschwörung höherer Werte wie Gott oder Vaterland. Trotzdem sind die Antrittsreden, *Inaugural Addresses*, niemals wirklich langweilig und oft, trotz der Umstände, erstaunlich kurz gehalten.

Es ist immer gut, bescheiden zu sein, doch in dieser Lage oft schwer und wirkt auch nicht unbedingt natürlich. Bush stimmte dennoch eine extrem niedrige Tonlage an und dankte artig sowohl seinem Vorgänger Clinton als auch dem geschlagenen Gegenspieler Gore. Zumindest letzteres ist in diesem Genre ungewöhnlich. Bush sollte eigentlich nur seinem Vorgänger danken und sich als großzügig gegenüber dem ramponierten Gore erweisen. Doch er gewann ohne Frage sehr viel, indem er sich in kleiner Abweichung vom Protokoll als besonders freundlich gegenüber dem kompetenten, aber langweiligen Gore erwies, der die Wahl, was die Anzahl der Stimmen anging, zwar gewonnen hatte, dann aber den größten Teil seiner Sympathien verspielte, indem er sich beleidigt zeigte und das Wahlergebnis in Frage stellte. Bush sagte unter anderem:

«Ich danke Vizepräsident Gore für einen mit Kampfgeist ausgetragenen und mit Würde beendeten Wahlkampf.»

Geschrieben wirkt das fast ironisch, aber ich kann Ihnen versichern, daß es live ausgezeichnet funktioniert hat.

Durch Bushs ungewöhnlich weitgehende Großzügigkeit wurde den folgenden Feiertagsphrasen sogar ein wenig persönliche Substanz verliehen. Darauf folgt, was man in der Antike *Humiliatio* nannte, eine das Publikum einlullende Übung in Sachen Bescheidenheit, in der Bush oder seine Redenschreiber ausdrücklich sagen:

«I am honored and humbled to stand here, where so many of America's leaders have come before me, and so many will follow.»

(«Ich fühle mich geehrt und stehe voller Demut hier, wo so viele amerikanische Regierungschefs vor mir gestanden haben und so viele noch nachfolgen werden.»)

In einer Situation großer Überlegenheit ist Bescheidenheit besonders wichtig. Beachten Sie aber, wie sie hier gleichzeitig benutzt wird, um Bush unausgesprochen in eine Reihe mit Washington, Lincoln und F. D. Roosevelt zu stellen! Bin ich etwa der einzige, dem hier die selbst wenig gebildeten Amerikanern bekannte Wahrsagerszene aus Shakespeares *Macbeth* einfällt, in der die Hexen dem Fragenden die lange Folge der Könige zeigen? Wir sehen die ganze Reihe amerikanischer Präsidenten vor unserem inneren Auge. Alle Vorgänger. Und alle großen Männer, die danach kommen werden! Und mitten drin Bush (in der Tragödie ist es Banquo), und zwar auf der gleichen Höhe mit den anderen!

Ansonsten ist das durchgehende Stilmittel der Rede die Wiederholung, *Iteratio*. Vier Hauptteile enden in «Amerika von seiner besten Seite ist ...» («America at its best is ...»), und dann folgt irgendeine ehrenvolle Eigenschaft. «Amerika zeigt von seiner besten Seite Mitgefühl.» («America at its best is compassionate.») Hier klingt ein wenig Bushs Wahlkampagne nach: «Compassionate conservative». Doch auch viel allgemeinere Dinge spielen eine Rolle: «Amerika von seiner besten Seite ist auch mutig» («America at its best is also courageous»). So werden die Zuhörer zum Teil einer großen, sich selbst lobenden Gemeinschaft. Es ist ein klassischer Ratschlag, wenn es möglich ist und man ansonsten nicht sehr viele Argumente hat, sich darauf zu verlegen, Intelligenz und Moral des Publikums zu preisen. Weil Sie so intelligent und moralisch sind, werden Sie besser als andere meine intelligenten Ideen und moralischen Prinzipien verstehen! Dieser Trick wird hier bei Bush bis zum Äußersten ausgereizt. Jeder kommt mal dran:

«Kirche und Nächstenliebe, Synagogen und Moscheen verleihen unseren Gemeinden ihr menschliches Gesicht, und sie werden einen ehrenwerten Platz in unseren Plänen und unseren Gesetzen einnehmen.» («Church and charity, synagogue and mosque, lend our communities their humanity, and they will have an honored place in our plans and laws.»)

Sogar die Atheisten dürfen anscheinend Teil der «charity» sein, und nicht einmal die Moslems müssen draußen bleiben! Nach einigen solcher Anrufe stehen wir doch alle Spalier und warten nur darauf, auch einmal dranzukommen. Dann stellt sich gar nicht mehr die Frage, ob wir auf seiner Seite stehen wollen, sondern nur, ob wir auch weiterhin dabei sein dürfen.

Beachten Sie auch die Formulierung «Kirche und Nächstenliebe» («Church and charity») und die Aufzählung, die Anhäufung, als rhetorische Figur. Hier und während der ganzen übrigen Rede steht die einstudierte Bescheidenheit des Redners gegen den gemeinsamen Stolz, den wir alle über das empfinden, was wir zustande gebracht haben und was wir noch zustande bringen werden:

«Wir Amerikaner sind großzügig und stark und anständig, nicht weil wir an uns glauben, sondern weil wir über uns hinaus Überzeugungen vertreten.»

Natürlich würden diese Ehrenbezeichnungen vor einem anderen Publikum anders heißen («anständig»). Aber das Prinzip ist richtig.

Etwas später wird ein Brief aus dem 18. Jahrhundert zitiert, der an den späteren Präsidenten Jefferson gerichtet war. In diesem Brief wird von einem Engel erzählt, der im Sturm reitet und dafür sorgt, daß der amerikanische Unabhängigkeitskrieg weder von den Schnellsten noch von den Stärksten gewonnen wird.

Dieser Engel tritt in der Schlußbemerkung wieder auf, dazu werden hochrhetorische Parallelen gezogen.

«Diese Arbeit dauert an. Diese Geschichte dauert an. Und ein Engel reitet immer noch in dem Wirbelsturm und dirigiert diesen Sturm. Gott schütze Sie, und Gott schütze Amerika.»

Auf dem Papier sieht das furchtbar aus, doch in dieser Rede und zum damaligen Zeitpunkt hat es funktioniert. In einer Situation der Überlegenheit sollte man sich kurz fassen, bescheiden sein und immer dem Publikum alle guten Eigenschaften zuschreiben, für die man dankbar ist, die man bejubeln oder die man für die Zukunft in Aussicht stellen will.

Eigentlich hatte Bush so gut wie nichts zu berichten.

Das Programm, für das er gewählt worden war, zielte auf einen Rückzug der Regierung aus vielen politischen Bereichen, und das verringerte den Spielraum für wirklich aufrüttelnde Visionen natürlich noch mehr. Doch Bush erledigte diese rednerische Aufgabe nicht nur, ohne Schaden zu nehmen, sondern ging sogar noch gestärkt aus der Rede hervor.

Wir werden später noch einmal darauf zurückkommen, wie Bush, den man persönlich als überhaupt nur im Fernsehen vermittelbar oder unintellektuell ansah, wahrscheinlich derjenige moderne amerikanische Politiker ist, der die Tricks und Formeln der klassischen Rhetorik am wirkungsvollsten einsetzt.

Die berühmteren Antrittsreden wurden jedoch von solchen Präsidenten gehalten, die Reformen versprechen konnten oder wollten. Da ist es für den Redner leichter, konkret zu werden, ganz gleich, was aus der Sache dann später wird.

Die erste Antrittsrede von Bill Clinton, am 21. Januar 1993, war weniger stilisiert, zählte dagegen aber eine Menge alter, aber auch mancher fortbestehender Problembereiche auf – vom Bürgerkrieg über den Kampf gegen die Depression der 30er Jahre bis hin zu den Bürgerrechtsbewegungen der 60er Jahre. Er nannte das Umweltproblem und sogar Aids beim Namen. Und dann schloß er in altmodischem Tonfall mit einer Reihe ausgesuchter Gleichnisse und Metaphern:

«Von diesem freudevollen Gipfel der Feierlichkeiten vernehmen wir den Ruf zum Dienst im Tale. Wir haben die Trompete gehört, der Wachwechsel ist vollzogen, und nun müssen wir jeder auf seine eigene Weise und mit Gottes Hilfe dem Ruf folgen. Danke und Gott segne Sie alle!»

Das erscheint einem übersetzt und aufgeschrieben einfach furchtbar. Aber wenn man der Videoaufzeichnung, die ich besitze, glauben kann, dann wirkte es an Ort und Stelle vortrefflich.

Einige der berühmtesten amerikanischen Reden wurden übrigens unter denselben Voraussetzungen gehalten. Von John F. Kennedys Amtseinführung 1961 stammen unter anderem die folgenden berühmten Worte:

«Und so, meine amerikanischen Mitbürger, fragt nicht, was Euer Land für Euch tun kann, fragt, was Ihr für Euer Land tun könnt. Meine Mitmenschen in aller Welt, fragt nicht, was Amerika für Euch tun wird, sondern, was wir gemeinsam für die Sache der menschlichen Freiheit tun können.»

Beachten Sie, wie selbst hier dem Publikum geschmeichelt wird, indem man ihm die Hauptrolle zugesteht. Aus der Einleitung zu Franklin D. Roosevelts erster Antrittsrede im Jahre 1934, gegen Ende der Zeit der Weltwirtschaftskrise, stammt der berühmte Aphorismus: «Das einzige, das wir zu fürchten haben, ist die Furcht selbst.» Selbst hier ein «wir», eine Hoffnung und ein Anflug von Bescheidenheit. Und es war das Volk selbst, das die harten Bandagen gefordert hatte, die der Kampf gegen die Armut hatte mit sich bringen müssen. Es fällt schwer, sich von Roosevelts Rede nicht ergreifen zu lassen, auch in geschriebener Form, obwohl die Probleme, die er anführt, längst gelöst oder vergessen sind.

Leider spielt historisch das Ziel einer Rede, ob nun guten oder schlechten Zeiten gewidmet, was die rhetorische Technik angeht, keine Rolle. Somit gibt es im Grunde keinen großen Unterschied zwischen den schon erwähnten Reden und zum Beispiel jener von Mussolini vom 9. Mai 1936, die er vor einer enorm siegesgewissen Menge auf der Piazza Venezia in Rom hielt. Zur gleichen Zeit waren auf anderen Plätzen in anderen italienischen Städten ebensolche Volksmassen versammelt, die die Rede über Lautsprecher hörten – insgesamt waren es um die 30 Millionen! Italien hatte das unterentwickelte Äthiopien besiegt, und der Diktator rief sein Land zum Reich aus. Ein Höhepunkt in Sachen Überlegenheit. Das Regime war siegreich und zu Hause ebenso populär, wie es im Ausland verabscheut wurde. In einer solchen Lage ist sogar ein Diktator bescheiden. Alles ist das Verdienst des Volkes. Wenn jemand gepriesen werden sollte, dann ist es das Publikum. Mussolini schloß also:

«Das italienische Volk hat mit seinem Blut das Reich geschaffen! Es wird es mit seiner Arbeit fruchtbar machen und mit seinen Waffen gegen alle anderen verteidigen. [Kunstpause, dann mit lauterer Stimme] In dieser feierlichen Gewißheit, Legionäre, hebt Eure Feldzeichen in die Höhe, das Eisen und die Herzen, um die Rückkehr des Kaisertums auf die schicksalsschweren Hügel Roms nach fünfzehn Jahrhunderten zu begrüßen! [Lange Kunstpause, dann zur ganzen Volksmenge] Werdet Ihr Euch dessen würdig erweisen?»

Ein italienisches Publikum verträgt noch mehr als ein amerikanisches. Und es spielt gern mit.

Die ganze Menge ruft: «Ja!»

Der Diktator: «Dieser Ruf ist wie ein Eid, der Euch vor Gott und vor den Menschen auf Leben und Tod verpflichtet!»

Noch mehr Jubel: «Duce, Duce, Duce!»

Unter diesen Umständen war alles vollkommen richtig: Spannung, Freude, Action, Bescheidenheit, Wir-Gefühl, Lob für die Zuhörer.

Der Duce – ein Schurke, der die klassische und moderne Rhetorik wahrhaftig beherrschte.

Doch es gibt hier auch eine Art Moral. Die Masse war betrogen worden und wollte auch betrogen werden – auch als Zuhörer trägt man eine gewisse Verantwortung. Und die Italiener mußten im Laufe der Zeit einen hohen Preis für ihre Hingabe zahlen. Am meisten aber betrog Mussolini sich selbst. Denn wer aus der rhetorischen Überlegenheit heraus erfolgreich ist, sollte auch die anderen Seiten des Erfolgs bewältigen können. Dieser prinzipienlose Demagoge versank, umgeben von eifrigen Jasagern, immer tiefer in seiner eigenen Traumwelt. Er fing an, an seine eigenen Worte und seine eigenen Kulissenaufbauten zu glauben. Und er begann, mit dem verhaßten Lehrjungen im Norden, Adolf Hitler, zu wetteifern. Am Ende trat er 1940 an Hitlers Seite in den Weltkrieg ein. Doch die Italiener wollten ganz und gar nicht für das Möchtegern-Imperium sterben. Die Niederlage war ungeheuerlich. Auf den Tag genau neun Jahre nach dem Triumph der Rhetorik auf der Piazza Venezia hängten die Partisanen die blutige und mißhandelte Leiche des «Duce» an einer Tankstelle auf der Piazzale Loreto in Mailand an den Füßen auf.

3. Gewöhnliche Überlegenheit

Die meisten von uns haben zum Glück noch keinen Eroberungskrieg gewonnen und wahrscheinlich noch nicht einmal eine demokratische Wahl. Dennoch können wir alle von Machtpolitikern viel lernen, wenn es darum geht, nicht langweilig oder ausschweifend zu werden und bescheiden zu wirken, dem Publikum zu schmeicheln und ein Wir-Gefühl zu schaffen.

Konzentrieren wir uns trotzdem mehr auf den Alltag.

Abgesehen davon, selbstgefällig und langatmig zu sein, ist es ein weit verbreiteter Fehler unter ungeübten Rednern, die Rede- und Machtsituation für Sachen zu nutzen, für die sie nicht gedacht sind. Wie gesagt, niemand wird den Vater der Braut oder den Gewinner des Oscars unterbrechen. Das soll aber nicht heißen, daß uns immer gefällt, was solche Redner alles von sich geben, wenn sie erst einmal das Wort erhalten.

Die Tatsache, daß man in seiner Überlegenheit gemeinhin nicht unterbrochen wird, erhöht ganz entschieden die Gefahr, sich lächerlich zu machen oder sich als unsympathisch zu erweisen und sich damit auf lange Sicht zu schaden.

Nehmen wir zum Beispiel einmal die Demonstration, die sich der geniale junge Regisseur Lukas Moodysson und seine jungen Stars aus dem Film «Raus aus Åmål» leisteten, als sie im Februar 1999 den begehrten schwedischen Filmpreis *Guldbaggen* erhielten. Ihr Auftritt fügte ihrem öffentlichen Image großen Schaden zu und verfehlte ganz klar dessen mögliche ideelle Ziele.

Es fing schon schlecht an.

Bei der Verkündung, daß sie und ihre Kollegin den Preis für die beste weibliche Hauptrolle gewonnen hatten, eilte die eine sehr junge Protagonistin auf die Bühne, griff sich das Mikrophon und begann: «Ich möchte hier mal über die Fixierung auf das Aussehen und den Sexismus reden, ich finde das total Scheiße...» Und als die Moderatorin Loa Falkman sie unterbrach, schrie sie: «Jetzt hab ich voll den Faden verloren! Du blöde Kuh!»

Es wurde nicht besser, als der Regisseur Moodysson sich daraufhin für den Preis für das beste Manuskript bedankte, indem er das Publikum verhöhnte, weil man sich in der Oper im «Salon» aufhielt – als ob er das nicht gerade selbst getan hätte. Dann griff er den Kulturveteran Harry Schein an. Dieser hatte angeblich kürzlich auf einer Flugreise ein Kind angeschrieen, es solle ruhig sein. Moodysson hatte das beobachtet und sich darüber geärgert. Wenn es etwas gibt, was man von der Bühne aus nicht tun darf, dann daß man den Richter über eine einzelne Person im Publikum spielt. Nicht einmal, wenn es um deren Rolle in der laufenden Debatte geht. Auf diese Weise jemanden zu verhöhnen, ohne provoziert zu sein, ist so ziemlich das Kontraproduktivste, was man sich einfallen lassen kann.

Natürlich haben sie ihren Preis bekommen, und Moodyssons nächster Film war noch besser und bekam, zumindest was das Kinopublikum anging, alle Gegenliebe, die er verdiente. Doch ihr Auftritt auf der Gala brachte ihm und seinen Leuten überhaupt keine Sympathien ein – und der Sache auch nicht. Und Moodysson hatte es sich dadurch völlig unnötigerweise mit den Medien sehr schwergemacht. Ein *«Fucking Skandal»*, um es mit der sprachlich verbesserungswürdigen, aber in der Sache ausdrucksstarken Headline des *Aftonbladet* am folgenden Tag zu sagen, die auf den Originaltitel des Films, *Fucking Åmål*, anspielte.

Dieser Fall ist vergleichbar mit der in jeder Hinsicht viel ernster zu nehmenden Demonstration zweier schwarzer Läufer 1968 bei der Olympiade in Mexico City, als sie auf dem Siegertreppchen die Fäuste als Zeichen für ihre Sympathie für die «Black Panther» – einer Gruppierung von Schwarzen, die zu Recht gegen die anhaltende Rassendiskriminierung in den USA protestierte – in die Höhe streckten. Fast alle Kommentatoren waren sehr negativ eingestellt. Das Weltpublikum ebenso. Die Sache der Farbigen förderte das nicht. Und die «Schwarzen Panther» konnten dauerhaft keinen Nutzen aus der gerechten Sache ziehen, sondern sie beförderte eher ihr Verschwinden.

In beiden Fällen geht es um die Psychologie der Überlegenheit. Von dem, der den Preis entgegennimmt, erwarten wir Dankbarkeit. Aber nicht nur das. Wer den Preis entgegennimmt, ist überlegen. Man hat die Situation in gewisser Weise in der Hand. Wenn man dann eine Demonstration außerhalb des programmatischen Rahmens unternimmt, mißbraucht man seine Macht über das

Publikum. Das Publikum spürt das instinktiv und reagiert mit Empörung, selbst bei Themen, denen die Zuhörer in einem anderen Zusammenhang und in anderer Form geboten, durchaus positiv gegenüber ständen. Benutzen Sie also niemals die Gelegenheit, wenn Ihnen eine Redezeit aus einem bestimmten Anlaß vergönnt wurde, um für eine andere, noch so förderungswürdige Sache zu predigen, die nicht dahingehört! Das Publikum wird dadurch verärgert, genervt und vielleicht auch gelangweilt. Es wird Ihnen und oft auch Ihrer Sache gegenüber negativ eingestellt sein.

Wahrscheinlich ging es schon den Mitgliedern des römischen Senats im 2. Jahrhundert v. Chr. ebenso, wenn Cato der Ältere mal wieder vom Thema abkam und sich seiner Lieblingsforderung widmete: «Und außerdem bin ich der Ansicht, daß Karthago zerstört werden muß.»

4. Einige mögliche Auswege aus einer belastenden Überlegenheit

Das Problem bei Dankesreden wie auch bei Feiertagsreden ist, daß es eigentlich herzlich wenig zu sagen gibt. Auch deshalb fällt man leicht der Versuchung zum Opfer, statt dessen über andere Dinge zu reden, und das geht fast immer schief. Wie wir gesehen haben, schmeicheln Politiker dem Publikum und versprechen ihm eine strahlende Zukunft. Aber kann der Vater der Braut das auch tun?

Hier gibt es zwei Möglichkeiten, die zu bedenken sind. Die eine ist jener Teil aus der rhetorischen Standardrede, der *Narratio* (die Erzählung) genannt wird. Die andere ist der Teil, der *Probatio* (also die These des Redners und der Beweis für diese These) genannt wird, oft gefolgt von der *Refutatio*, dem Widerlegen von möglichen Gegenargumenten.

Narratio, Probatio und *Refutatio* braucht man eigentlich in jeder Rede, aber es gibt Gründe, warum diese drei bei Reden in Überlegenheitssituationen ganz besonders bedacht werden sollten.

1. *Narratio.* Es ist immer lustiger, jemandem zuzuhören, der eine Geschichte zu erzählen hat. Und das ist auch die vernünftigste Methode, eine Sache auf den Punkt zu bringen, wenn man denn einen Punkt hat. Als Selma Lagerlöf sich 1909 für den Nobelpreis für Literatur bedanken sollte, löste sie das Problem von Dankbarkeit, Bescheidenheit und Unterhaltung mit Hilfe einer kleinen Erzählung. Sie erzählte, sie habe geträumt, ihr Vater habe mit ihr gesprochen und sie habe ihm ihre Ängste vor dem Auftritt anvertraut. Darauf habe der redliche Mann zwar indirekt, aber in spannender Form all seinen Dank an Lebendige und Tote vorgebracht, um dann in einer kraftvollen Antiklimax zu enden: «Wenn es sich nun so verhält, daß Du den Nobelpreis bekommen hast, dann tue ich jetzt nichts anderes mehr, als mich zu freuen.»

Dann folgte noch die direkte Ansprache an die königlichen Hoheiten und ein Hoch auf die Schwedische Akademie. Eine der wenigen erträglichen, ja genialen Nobelpreisreden im Fach Literatur.

Man kann natürlich rührende Episoden aus der Jugend der Braut oder der Karriere des Jubilars erzählen. Doch die eignen sich nicht immer für diesen Zweck. Einige Festredner scheinen aus unerklärlichem Grund zu glauben, daß es lustig und schön wirkt, wenn man eine Episode wiedergibt, für die sich der Jubilar oder die Hauptperson des Festes so sehr schämt, daß es jeder sieht, oder – noch schlimmer – die auch das Publikum unter Ausstoßen gellenden und nervösen Gelächters vor Scham sich winden läßt. Hingegen gibt es fast immer eine nette Geschichte aus der Vergangenheit, die man erzählen kann, am liebsten eine, in der die Hauptperson etwas Gutes gemacht hat. Das wird ihn oder sie zufrieden strahlen lassen, das Publikum wird sich wohlfühlen, und der Redner wird als ein sympathischer Kerl dastehen, den man gern auch zum nächsten Fest einlädt. Allerdings sollte man von dem immer weiter verbreiteten Brauch Abstand nehmen, eine Anekdote ohne Verbindung zur aktuellen Situation zu erzählen. Diese Unsitte taucht häufig bei Tischreden und Predigten auf, wobei man in letzterem Fall wenigstens von den peinlichen Frechheiten verschont wird, von denen viele meinen, daß sie ihr Ansehen als Redner befördern. Frechheiten sollten um jeden Preis vermieden werden. Auch an dieser Stelle. Die Kraft des Wortes wächst nämlich mit der Anzahl der Zuhörer, weshalb das, was nur ein kleiner, etwas abgestandener Männerwitz war, vom Podium oder vom Platz neben der Gastgeberin aus zu einer grotesken Geschmacklosigkeit wird. Doch schon eine normale Geschichte wirkt unangebracht, wenn sie nicht mit der Sache in Verbindung steht. Die *Narratio* muß dem höheren Ziel dienen, einen Anknüpfungspunkt zu der Situation haben, in der wir uns befinden, und den Weg andeuten, den wir beschreiten wollen.

2. *Probatio.* Es macht immer mehr Spaß, jemandem zuzuhören, der auch eine Meinung hat und eine These vertritt – oder wenigstens so tut als ob. Das gilt auch da, wo es an sich nicht notwendig scheint, sogar bei Fest- oder Dankesreden. Scheinbar widerspricht das dem, was wir hier eben über den Regisseur Moodysson und Botschaften von der Bühne herab gesagt haben. Doch dort ging es um den Mißbrauch einer Machtposition, der die Zuhörer ärgerte. Hier in der *Probatio* kommt es darauf an, seine Meinung zu der Sache zu äußern, um derentwillen sich alle versammelt haben. Der Vater der Braut kann, weil er die beiden Protagonisten kennt – wie in der *Narratio* bereits beschrieben –, die These vertreten, daß die beiden gut miteinander auskommen werden, und weitere Beweise dafür ins Feld führen. In der *Refutatio* kann er dann denkbaren Gegenargumenten entgegentreten. Am Ende kommt die triumphierende, aber in diesem Fall gern etwas humoristisch gefärbte Schlußformel über die rosige Zukunft, die das Paar erwartet. Die entsetzliche Frühlingsrede über die Zeit «wenn der Flieder blüht» läßt sich doch bedeutend besser ertragen, wenn man mit einer Reihe von ausgesuchten Gedichtzitaten beweisen kann, daß es sich in Wirklichkeit um eine schreckliche Jahreszeit handelt, um dann in der *Refutatio* eine Reihe von Mitteln gegen das Elend vorzuschlagen. Oder so ähnlich.

Gut vertretene Thesen sind – mit anderen Worten – aufmunternd und unterhaltsam.

Schule und akademische Welt bei uns leiden unter einem furchtbaren Objektivitätsterror, was geradezu schreckliche Folgen für die Vortragstätigkeit hat. Doch wenn ein Vortragender sich in einer Überlegenheitssituation befindet, tolerieren und vertragen die Zuhörer, daß er eine Meinung zu seinem Thema hat und es aus einem bestimmten Blickwinkel heraus schildert – aber nur solange es um das Thema geht und nicht nur darum, das Podium für seine Steckenpferde zu mißbrauchen, wie Moodysson oder Cato der Ältere es taten. Es ist, wie gesagt, überhaupt nicht schlimm, wenn man als Vortragender nicht objektiv ist. Jedes Kind kann unterscheiden, was Fakt ist und was Meinung. Aber eine gewisse These und ein bißchen Argumentation machen die Sache unterhaltsamer.

In angelsächsischen Ländern hat man eine ganz andere Tradition in solchen Dingen als bei uns. Vor einiger Zeit sah ich im Fernsehen eine englische Dokumentation über die römischen Kaiser. Der Abschnitt über Kaiser Nero war besonders faszinierend. Nero war ja bekanntermaßen der, der Rom abfackelte, um mehr Platz für seinen neuen Palast zu haben, der dann die als Brandstifter verleumdeten Christen bei seinen nächtlichen Festen als Fackeln benutzte, und der sich noch mehr Perversionen dieser Art erlaubte. Die Sendung war eine sehr faktengesättigte Darstellung, die von einem Cambridgeprofessor ungefähr so zusammengefaßt wurde:

«The emperor Nero was a horrible fellow. He was a bad ruler, a terrible tyrant, an atrocious artist, and cruel to his family. But ... he had a certain style about it!» («Kaiser Nero war ein furchtbarer Kerl – ein schlechter Herrscher, ein schrecklicher Tyrann, ein grauenhafter Künstler und grausam zu seinen Angehörigen ... Dies alles jedoch mit einem gewissen Esprit!»)

Solchen Rednern hört man gern zu.

5. Über Unterlegenheit im allgemeinen

Die rhetorische Normalsituation für unsereinen ist allerdings, daß man in irgendeiner Weise unterlegen ist.

Dankesreden und Vorträge über die Recyclingmethoden der eigenen Firma sind vielleicht die Situationen, in denen die meisten von uns mal zum Redner erkoren werden. Oder auch die für viele Männer entsetzliche Aufgabe, der Gastgeberin geistreich für das

Essen zu danken – eine barbarische Gewohnheit, die erstaunlicherweise trotz Gleichberechtigung und Feminismus immer noch nicht abgeschafft wurde! In diesen Fällen gilt noch das eben Gesagte. Alle sind im Prinzip positiv eingestellt, weil die Rede eigentlich unnötig ist. Weder der Tischredner noch Mussolini müssen das Wort ergreifen. Aber es ist nun mal so üblich, und der geschickte Propagandameister versucht natürlich, auf diese Weise auch noch Sympathien zu gewinnen – entweder von den Gästen oder vom Publikum im allgemeinen. Doch Rhetorik kommt meist in solchen Situationen zum Tragen, in denen man schlichtweg gezwungen wird zu reden, und nicht, da es der Brauch verlangt oder man seinen Willen durchsetzen mußte. Und in diesem Fall ist es nur natürlich, daß man unterlegen ist.

Sehen wir es einmal so:

Rhetorik ist die Kunst, eine Gruppe von Menschen durch das gesprochene Wort zu überzeugen. Warum wollen wir sie überzeugen? Wohl, weil sie unsere Ansicht nicht teilen. Eigentlich hatten sie nämlich gar nicht vor, die Bastille zu erstürmen – oder jedenfalls nicht ausgerechnet heute. Sie hatten nicht vor, für unsere Partei zu stimmen. Oder sie sind sich zumindest nicht sicher, ob es der Mühe wert ist, sich vom Sofa zu erheben und es zu tun. Sie haben unser Buch noch nicht gekauft. Sie glauben trotz allem, daß wir mit der Praktikantin Sex hatten und deshalb als Präsident zurücktreten sollten. Sie wären jetzt nicht spontan auf die Idee gekommen, uns die Summe an Forschungsgeldern zu gewähren, die wir zu benötigen behaupten. Sie benutzen unser Waschmittel nicht, und vielleicht waschen sie weder sich selbst noch ihre Kleidung. Sie finden, daß wir die schlimmsten Schurken sind, von denen die Welt je gehört hat. Sie haben noch nicht entschieden, uns oder unseren Klienten freizusprechen, oder vielleicht waren sie auch nicht sofort überzeugt, daß der Verbrecher, den wir angeklagt haben, verurteilt werden sollte. Und so weiter.

Wenn es sich anders verhalten würde, dann müßten wir ja gar nicht reden. Aber so ist unsere natürliche rhetorische Ausgangssituation immer die unterlegene.

In der Antike sprach man von *Genus turpe*, den «schändlichen» Themen und Angelegenheiten. Doch ganz gleich, ob das auf der Entwicklung der Gesellschaft beruht oder der ewig menschlichen

Natur, so sind doch in der Praxis alle schwierigen Fälle, mit denen der moderne Redner konfrontiert wird, in gewisser Hinsicht «schändlich». In manchen Fällen kann, wie wir in den folgenden Kapiteln sehen werden, das Schändliche besonders stark ausgeprägt sein. Doch die Grundsituation ist immer Unterlegenheit. Es gilt einen Widerstand zu überwinden, und genau darauf kommt es bei der Rhetorik im allgemeinen an: unsere Chancen zu erhöhen und unseren Argumenten die gesteigerte Durchschlagskraft zu verleihen, die sie brauchen, um das ursprüngliche Gleichgewicht zu verändern. Auf diese Weise ist die Rhetorik innerhalb der Redekunst ungefähr, was die Taktik in der Kunst der Kriegführung ist. Wenn Strategie die langsichtige Planung ist, eine militärische Überlegenheit zu erreichen, dann ist die Taktik die Wissenschaft, wie man durch eine bessere Ausnutzung der Truppen und Waffen, die einem zur Verfügung stehen, versuchen kann, die strategische Überlegenheit des Gegners auszugleichen. Die Rhetorik ist, so gesehen, eine Methode, durch eine bessere Ausnutzung zugänglicher Ressourcen die scheinbar natürliche Überlegenheit des Gegners aufzuheben.

In allen diesen Fällen gelten gewisse Regeln. Die wichtigsten betreffen die Einleitung.

Extrem feindselige oder schwer zu bearbeitende Gruppen von Publikum werden wir später behandeln. Unabhängig von der Art des Auditoriums gilt es hier vor allem, Sympathien zu wecken, um, wie man in der Antike sagte, «das Wohlwollen zu fangen», *Captatio benevolentiae*. Das ist immer das Hauptziel der Einleitung einer jeden Rede, auch *Exordium* genannt. Wir haben gesehen, wie dies George W. Bush so gut gelungen ist, daß er sogar in einer absolut klaren Überlegenheitsrede Punkte gemacht hat. Der Trick, den er anwandte, war Bescheidenheit, *Humiliatio*, indem er dem Gegner schmeichelte und sich selbst als kleines Glied in einer langen Kette bedeutender Glieder einordnete. Das war sehr geschickt. Die Verfasser der antiken Bücher über Rhetorik weisen ansonsten darauf hin, daß man in einer sehr starken Überlegenheitssituation auch vom *Exordium* absehen und direkt zur Hintergrunderzählung, *Narratio*, übergehen kann. Das ist in der Tat sehr gebräuchlich, wenn sich amerikanische Präsidenten äußern.

Doch über *Humiliatio* und Schmeicheleien hinaus gibt es in der typischen Unterlegenheitssituation, *Genus turpe*, noch eine Methode, auf die man zurückgreifen kann. Das ist die Form von Eröffnung, die in der Antike zumeist *Insinuatio* genannt und zu diesem Zweck immer empfohlen wurde.

Nehmen wir einmal an, daß ich vor ein Auditorium trete und etwas sage wie:

«Hallo, ich heiße Göran Hägg und bin Dozent für Tiermedizin. Ich bin hier, um darüber zu reden, warum qualvolle Tierversuche gut sind.»

Das ist keine gute Eröffnung.

Selbst wenn sie eine Art *Exordium* enthält, eher von der Sorte, die man *Principium* nennt, die direkte Eröffnung, und zudem mein Fachwissen demonstrieren soll, so werde ich dadurch kaum überzeugend wirken. Die Mehrheit, selbst wenn sie im Prinzip mein Ansinnen verstehen würde, würde das Folgende denken oder wahrscheinlich spüren (was für den Redner noch schwerer zu kontrollieren ist): «Mein Gott, was für ein unangenehmer Kerl, den will ich gar nicht hören, dem vertraue ich nicht. Jetzt wollen wir doch mal sehen, in welchen Punkten er unrecht hat!»

Die kleine Minorität hingegen, die möglicherweise Tierversuche für sinnvoll hält, weiß nun auch gleich, warum sie nicht zuhören muß. Das macht ein *Principium*, das aus einer Inhaltserklärung der kommenden Rede besteht, auch rein pädagogisch gesehen, sinnlos.

Die *Insinuatio*, die indirekte Eröffnung hingegen, würde hingegen in etwa so klingen:

«Hallo, ich heiße Göran Hägg, und ich bin Tierarzt. Ich helfe kleinen Tieren und mache sie gesund, wenn sie krank sind und Schmerzen haben. Ich habe eine kleine Katze. Sie heißt Sixten, ist braun und weiß und ist tatsächlich schon bald zwölf Jahre alt. Einmal, vor fünf Jahren, war sie schrecklich krank und hatte eine Entzündung an der Vorderpfote. Da haben wir es geschafft, sie mit Penicillin und Kortisonspritzen wieder gesund zu machen.

Diese Medikamente haben wirklich eine sehr interessante Geschichte, und man hat lange auf unterschiedliche Weise geforscht, um …»

So nähert man sich ganz diskret dem schwierigen Thema.

Ich muß hinzufügen, daß das fast immer funktioniert, auch wenn das Publikum weiß, was für ein Typ man ist und mit welchem Ziel man angetreten ist. Es gelingt dem Redner sogar hier, seine Tierliebe darzustellen. Haustiere sind überhaupt immer gut, auch wenn es nicht um Veterinärmedizin geht. Das einzige, was nicht passieren darf, ist, daß das Publikum glaubt, wir wollten es für dumm verkaufen. Es darf nicht einmal so aussehen, als würden wir uns für unsere Ware oder unser Ziel schämen – darauf werden wir später noch zurückkommen. Doch im übrigen ist es fast immer das Klügste, sich das Thema für dessen natürlichen Platz aufzusparen, und das ist stets *nach* der Einleitung und am besten sogar nach der Hintergrunderzählung, der *Narratio*, die möglichst das Interesse der Hörer wecken sollte.

An dieser Stelle, *Insinuatio* im *Exordium*, kommen Witze und Anekdoten am besten zur Geltung, vor allem, wenn sie in irgendeiner Weise mit dem folgenden Hauptthema verbunden sind. In unseren Breiten ist überdies die Wahrscheinlichkeit sehr groß, daß – wenn schon ein anderer gesprochen hat – der vorangegangene Redner, selbst wenn er seine Sache gut gemacht hat, sehr ernsthaft war. Und dann ist es noch viel wichtiger, daß man versucht, die Stimmung erst ein wenig zu heben, ehe man sich einem unangenehmen Thema zuwendet. Es darf aber nicht so wirken, als hätten wir etwas zu verbergen.

Die Bescheidenheit, *Humiliatio*, kann an dieser Stelle vorteilhaft wirken, wenn sie sich zu einer gewissen Fahrigkeit ausweitet. Ganz im Gegensatz zu allem, was amerikanische Management-Handbücher uns weiszumachen suchen, ist die Verwirrtheit, die man als Mitteleuropäer auf dem Podium so fürchtet, oft eine sehr effektive Methode, die Zuhörer versöhnlich zu stimmen. Und dann nehmen sie leichter an, wovon wir sie überzeugen wollen.

In einer seiner letzten Reden zu der tragikomischen Lewinsky-Affäre, am 11. September 1998 gehalten, stand Bill Clinton vor der fast unmöglichen Aufgabe, im Beisein seiner Ehefrau sein Verhältnis zu der Praktikantin des Weißen Hauses vor einem Publikum zu schildern, das aus freikirchlichen Pfarrern, Priestern und Rabbinern bestand. Diese waren zum jährlichen «Erntedankfrühstück» eingeladen worden – ein Ereignis, das natürlich in diesem Jahr nicht abgeblasen werden konnte, denn das hätte ja einen noch schlechteren Eindruck gemacht. Für den Redner wurde die Sache auch nicht gerade dadurch leichter, daß der Staatsanwalt Kenneth Starr, der sich der Lewinsky-Affäre in besonderer Weise angenommen hatte, am selben Tag mit seinem saftigen Bericht über den Fall an die Öffentlichkeit ging, was natürlich kein Zufall war.

Clinton beginnt damit hervorzuheben, wie sehr er und seine Frau sich in diesem Jahr – wie in jedem Jahr – auf dieses Erntedankfrühstück gefreut haben. Sehr gut! Alle Welt liebt einen Kämpfer. Dann betont er ganz bescheiden, doch ohne auf die Ursache näher einzugehen, daß es ihm dennoch an diesem Tag besonders schwerfällt zu sprechen:

«Vielleicht wird es mir heute nicht so leichtfallen wie in den vorigen Jahren, Worte zu finden, und ich bin gestern abend sehr lange aufgewesen und habe gebetet und darüber nachgedacht, was ich heute wohl sagen sollte.»

Die Wendung, daß er müde sei, weil er lange auf war und für das Vaterland gearbeitet hat, ist ein rhetorischer *Commonplace*, auf den Clinton regelmäßig zurückgreift – so zum Beispiel im Januar desselben Jahres, als er sich zum ersten Mal gegen die Beschuldigung verteidigte, er habe mit Fräulein Lewinsky Sex gehabt. Die ausgesandten Gebete vermerkt man hier natürlich im Hinblick auf das Auditorium als elegantes kleines Detail. Doch dann wartet der Präsident mit einer völligen Überraschung auf. Er, der spontanste, beste und entspannteste aller Redner nestelt ein geschriebenes Manuskript heraus. Das wäre in jedem anderen Zusammenhang ein klares Minus, aber hier ist es ein sehr wirkungsvoller Schachzug:

«Obwohl das für mich sehr ungewohnt ist, habe ich doch versucht, es aufzuschreiben. So, und ich bitte um Nachsicht, werde ich mein Bestes tun, um das zu sagen, was ich Ihnen sagen will. Aber jetzt muß ich meine Brille rausholen, damit ich auch lesen kann, was ich geschrieben habe!»

Blendend! Schafft Mitleid und Spannung. Wird er es schaffen? Für einen Augenblick sind sowohl Lewinsky als auch Starr vergessen. Und Clinton kann, auf einer Welle von Neugierde und Sympathie reitend, sich vorsichtig dem schmachvollen Thema nähern. Wie er das tat, darauf werden wir in einem späteren Kapitel noch eingehen.

Ein vergleichbares Einkreisen des Themas kann man in antiken und modernen Verteidigungsreden immer wieder erkennen. Doch leider bringt die moderne Mediensituation hier Probleme mit sich. Die Voraussetzung für eine gute *Insinuatio* – wie auch für vieles andere der kunstvollen Darstellung, die die antike Rhetorik uns lehrt – ist ja die gewöhnliche Rednersituation Auge in Auge mit der Bestie, da das Publikum auf seinem Platz sitzt und den Raum kaum verlassen will oder kann und uns deshalb zumindest zu Beginn unweigerlich zuhören wird. Und wenn wir geschickt genug sind und das Interesse unserer Zuhörer am Leben erhalten können, dann wird es unserer Argumentation so folgen, wie wir uns das gedacht haben. Doch im Fernsehen läuft man immer Gefahr, gecuttet und neu zusammengeklebt zu werden, so daß am Ende ein schwieriges Thema dem Zuschauer doch allzu direkt vorgesetzt wird.

Der grundsätzliche Rat in einem solchen Fall ist, vor allem wenn man ein wirklich schwieriges Thema zu vertreten hat, sich ausschließlich live zu äußern. Dort muß man sich zwar immer sehr kurz fassen, aber man schafft es immer noch, etwas zu sagen, das Sympathien weckt, ehe man auf die Dummheiten eingeht, derer man bezichtigt wird. Und dann kann man sich zu Hause im stillen Kämmerlein ja ein paar Sätze ausdenken, die so konstruiert sind, daß sie, auch wenn sie beschnitten werden, immer sowohl unserer Sympathie förderlich sind als auch die Verteidigung der Sache enthalten, ohne daß die Verständlichkeit darunter leidet. Das ist schwer, aber es geht. Ein alter, total abgenutzter, aber in der Sache völlig richtiger Trick ist das Klischee: «Ich bin froh, daß Sie das fragen, denn das gibt mir die Möglichkeit zu erzählen, daß …» Oder: «Das ist eine gute Frage, es ist nämlich so, daß …» Diese Tour ist zwar völlig verschlissen und wirkt heute manchmal etwas komisch, aber im Prinzip ist sie völlig richtig. Oder versuchen Sie es mit etwas in der Art: «Als Katzenbesitzer bin ich froh, sagen zu können, daß auch in diesem Land endlich ein Verbot gegen Tierkadavermehl im Futter für unsere Lieblinge ausgesprochen wurde …» (Als Antwort darauf, warum wir so lange zugelassen haben, daß es anders war.)

Oder: «Vor allem in diesen Zeiten der Feste und Examina ist es natürlich verständlich, daß sich so viele über die Senkung der Alkoholsteuer freuen, auch wenn diejenigen unter uns, die der Ansicht waren, daß die EU unseren Sonderweg in dieser Frage respektieren sollte, das natürlich als Rückschlag empfinden.»

Oder: «Ich habe immer die tiefste Abscheu gegen das Sowjetsystem und Diktaturen überhaupt gehegt. Deshalb ist es mir um so wichtiger, Norwegen und die Norweger ehrlich um Entschuldigung für die Dummheiten zu bitten, die ich gesagt habe, als ich dachte, das Mikrophon sei schon abgeschaltet! Ich habe in dieser Sache wirklich gelernt ...»

Vielleicht hilft es wenigstens ein bißchen.

6. Unterlegenheit gegenüber einem rhetorisch überlegenen Gegner

oder: Wie man Jesus begegnet!

Was aber macht man, wenn man einem Redner begegnet, der ein unglaublich geschicktes Mundwerk hat? Einem, der Profi darin ist, auch in schwierigen Situationen Sympathien zu wecken? Einem, der im schlimmsten Fall zudem auch noch eine ungeheure Glaubwürdigkeit besitzt. Einer Person, die konstitutionell ein einnehmendes Wesen besitzt und außerdem vielleicht eine Stellung in der Gesellschaft innehat, die das größte Vertrauen erweckt? Jemand, der das in sich vereint, was die antike Theorie *Ethos* nennt, die Verbindung von *Charisma* und moralischer Instanz? Einer dieser Gegner, die auch noch auf wichtigen Positionen der Medienlandschaft eine Reihe eifriger Bewunderer und Nachplapperer haben?

Da gibt es natürlich kein Patentrezept, wie man sich verhalten sollte. Schließlich üben wir uns in Rhetorik, um selbst ein klein wenig zu einer solchen Person zu werden.

Aber es gibt ein paar hilfreiche Tricks.

Am 14. Juni 2001 wurde das erstinstanzliche Urteil gegen den früheren Vorsitzenden von *Amnesty International* in Schweden,

den Journalisten, Juristen, Bürgerrechtskämpfer und Kulturschaffenden Jesús Alcalá gefällt. Das Urteil lautete auf Unterschlagung von Beitragszahlungen, versuchten Diebstahl von Millionenbeträgen, Betrug, Urkundenfälschung und vieles mehr. Alcalá wurde in den meisten Punkten für schuldig befunden und zu anderthalb Jahren Gefängnis verurteilt.

Es gab kaum einen Menschen, den anzuklagen und zu verurteilen schwieriger gewesen wäre. Alcalá wurde von einem phantastischen und durchaus verdienten Wohlwollen getragen. Er besaß die energische und auch öffentlich geäußerte Unterstützung von Personen des kulturellen Lebens, der Verwaltung und der Massenmedien. Die viel zu weitgehende und zudem nach Meinung der Unterstützer von Alcalá ungerecht negative Publizität, die dieser Fall bei seinem früheren Auftraggeber, der großen Tageszeitung *Dagens Nyheter*, und in anderen Medien fand, wurde von einem großen, positiv gestimmten Aufgebot an Berühmtheiten mit großer Glaubwürdigkeit wettgemacht. Darüber hinaus ist Alcalá selbst unbestreitbar eine sehr sympathische Person und ein äußerst geschickter Redner. Ich habe ihn selbst oft in Podiumsdiskussionen erlebt und fand ihn immer charmant und beeindruckend – ein Eindruck, der definitiv vom restlichen Publikum geteilt wurde. Außerdem wurde er vom derzeit rhetorisch wohl geschicktesten Anwalt Schwedens, nämlich Leif Silbersky, verteidigt.

Die Strategie der Verteidigung zielte unter anderem darauf, daß alles nur auf einem großen Mißverständnis beruhte. Dieser liebenswerte, sympathische, unbürokratische, südländische Schlamper war in einen riesigen Wust von schwer verständlichen Transaktionen geraten. Er hatte auch nicht die geringste Ahnung gehabt, was passiert war, was auf wessen Konto gelandet war und woher es kam, und plötzlich sah er sich einer beispiellosen Hexenjagd der Medien ausgesetzt und, und, und.

Zumindest in der öffentlichen Meinung kam diese Version an und wirkte auch bis ein paar Tage vor dem Urteil. Wir möchten natürlich hoffen, daß Gerichte nicht von Debatten in der Presse und von Meinungsumschwüngen beeinflußt werden. Doch wie auch immer, es war eine einzige Passage in dem ohnehin sehr geschickten Plädoyer des Staatsanwalts, die zumindest außerhalb des Gerichtssaales die Meinungslage völlig veränderte. Vielleicht trug es auch innerhalb des Gerichtssaales, unabhängig von den Massenmedien, letztlich zu dem Urteil bei oder ließ doch wenigstens die Richter und Schöffen die echten Sachargumente in einem anderen Licht sehen.

Ein Zitat aus *Dagens Nyheter* vom 6. Juni 2001:

«‹Alcalá ist als ein gutherziger Schlamper beschrieben worden. Aber er ist nicht schlampig›, behauptete der Staatsanwalt. ‹Er hält sein Geld sehr gut zusammen und hat sogar eine Quittung über 14 Kronen für eine Straßenbahnfahrt eingereicht, damit er das Geld dafür wiederbekam.›»

Das war in dieser Situation rhetorisch perfekt.

Auch der Rest des Vortrags war sehr überzeugend und handelte von allen möglichen Dingen. Aber an dieses Detail erinnerte sich jeder. Mit einem Schlag waren alle Behauptungen der Verteidigung über den nonchalanten Charakter des Angeklagten vom Tisch gewischt. Das schadete der Glaubwürdigkeit von Alcalá mehr als alle mystischen Briefe und Dokumente, die im Laufe der Verhandlung aufgetaucht waren. Dadurch, daß diese Quittungsgeschichte so kleinlich wirkte, warf sie einen verstörend wirkenden Schatten auf Alcalá, und vor allem war sie knallhart beweisbar, auch wenn das Straßenbahnticket überhaupt nichts mit der Anklage als solcher zu tun hatte.

Fact is king. Fakten siegen immer. Kleine harte Fakten schlagen große diffuse Wahrheiten.

Das ist eine Grundregel in schwierigen Fällen. Es ist eine der wenigen Sachen, die man immer gegen einen rhetorisch überlegenen Gegner ausprobieren kann. Greifen Sie den Gegner immer mit etwas Konkretem an. Entzaubern Sie ihn mit einer beweisbar unwahren Behauptung oder einem beweisbar schlechten Verhalten seinerseits in einer Kleinigkeit. Und begeben Sie sich erst dann, wenn Glaubwürdigkeit und Wohlwollen, *Ethos*, derart ruiniert sind, auf das weitere, viel schwierigere Terrain, auf dem sich der Konflikt eigentlich abspielt.

In den klassischen Fällen geht es einfach um Rechtsangelegenheiten. Man könnte nun meinen, daß vor Gericht nur Fakten zählen. Das mag sein, aber es gibt immer Fälle, in denen sich jemand, der in der Sache selbst im Recht war, dieser Methode der kleinen Fakten bedienen mußte, um ein Hindernis in Form einer rhetorischen Überlegenheit oder eines starken *Ethos* des Gegners zu überwinden.

Ein berühmter, erschreckender und spektakulärer Fall ist das Gerichtsverfahren wegen Ehrverletzung gegen den Marquis von Queensberry im Old Bailey in London am 3./4. April 1893. Queensberry war der Vater von Lord Alfred Douglas, welcher der Liebhaber des homosexuellen Ästheten und Schriftstellers Oscar Wilde war. Auf einer Visitenkarte, die in Wildes Club abgegeben worden war, hatte der Marquis Wilde öffentlich beschuldigt, sich als «Somdomit» (sic!) zu gerieren. (Natürlich meinte er «Sodomit», aber der Marquis war kein Mann des Wortes.) Gewiß war Wilde homosexuell, und er war es gern, und das war gut so. Nichtsdestoweniger mußte er mit Rücksicht auf sein Publikum und seine gesellschaftliche Stellung die Gerüchte zum Schweigen bringen und den Marquis wegen Ehrverletzung anzeigen. Seine Ausgangsposition war gut. Wilde stand auf dem Höhepunkt seiner literarischen Karriere. Er war ein gern gesehener Vortragender und Londons meist bewunderter Redner.

Wildes Anwalt, Sir Edward Clarke, trug die Klage vor und wurde mit der Behauptung der Gegenseite konfrontiert, das Werk Wildes, vor allem der Roman «Das Bildnis des Dorian Gray», habe homosexuelle Tendenzen. Wenn es solche Tendenzen dort gab, dann hätte das bedeutet, daß die Ehrverletzung gerechtfertigt und nach damaligem englischen Gesetz erlaubt gewesen wäre. Daraufhin verhörte Clarke seinen Klienten vorsichtig über sein Privatleben, nachdem er wie üblich Alter – 39 Jahre –, Anschrift und Beruf angegeben hatte. Wilde war gleichzeitig bescheiden und brillant. Eine Alptraumsituation für die Gegenseite, deren Anwalt Edward Carson auch noch schlimm erkältet war. Doch als Carson an der Reihe war, kam es zum berühmtesten Kreuzverhör in der Rechtsgeschichte.

Carson begann mit dem furchtbaren Satz: «Sie haben angegeben, Sie seien 39 Jahre alt. Ich glaube, Sie sind über vierzig. Sind Sie nicht am 16. Oktober 1854 geboren?»

Wilde machte die Sache noch schlimmer, indem er sich wand: «Ich habe überhaupt keine Veranlassung, mich jünger zu machen, als ich bin. Sie haben meine Geburtsurkunde, und das entscheidet die Sache ja wohl!»

Carson aber ganz eigensinnig: «Aber wenn Sie 1854 geboren sind, dann sind Sie doch älter als vierzig.»

Wilde hatte offenkundig gelogen.

Er hatte über sein Alter gelogen. Das war eine Kleinigkeit. Aber wie sollte man ihm nun all die anderen Sachen glauben, die sich im Verlauf der Sache als wichtig herausstellten? Im Hinblick auf den Anlaß und die Fragen, die über seine Beziehungen zu jungen Männern gestellt wurden, war es natürlich besonders schlecht, daß er versucht hatte, jünger zu wirken. Aber vor allem war die Sache scheußlich konkret. Unser Unterbewußtsein, auf das die Rhetorik zielt, hat überhaupt keinen Sinn für Verhältnismäßigkeit. Richter und Schöffen machen da keinen Unterschied. Nichts von allem, was Wilde sagte, konnte fürderhin noch wirklich glaubwürdig sein.

Schon hier begann der Prozeß, sich zu einem Prozeß gegen Wilde und die Kläger zu entwickeln. Doch Wilde verteidigte sich mit brillantem Geschick. Er war, wie gesagt, der größte Rhetoriker seiner Zeit, auch wenn sein *Ethos* nun schon etwas befleckt war. Viele seiner Repliken waren blendend, manchmal selbstironisch, manchmal humorvoll auf Kosten Carsons. Wilde gelang es zu zeigen, daß Carson keine Ahnung von Kunst hatte. Doch leider ging es bei diesem Prozeß nicht um Kunst.

Statt dessen verlegte sich Carson darauf zu zeigen, Wilde habe halbkriminelle Jünglinge mit Alkohol, Champagner und Geld versorgt. Doch Wilde war immer noch rhetorisch überlegen. Und er hatte die Lacher auf seiner Seite.

«Haben Sie selbst auch von dem Champagner getrunken?», fragte Carson.

«Wilde: «Yes, iced champagne is a favourite drink of mine – strongly against my doctor's order.» («Ja, eiskalten Champagner trinke ich besonders gern – gegen die ausdrückliche Anweisung meines Arztes.»)

Lachen.

Carson, etwas irritiert: «Never mind your doctor's orders!» («Die Anweisungen Ihres Arztes interessieren mich nicht.»)

Wilde: «I never do!» («Mich auch nicht.»)

Lautes Lachen im Saal. Allerdings zum letzten Mal.

Gleich darauf wurde Wilde gefragt, ob er bei einem Abendessen, dessen homosexuellen Charakter Carson eifrig andeutete, einen Kellner geküßt habe. Wilde verneinte das heftig, fügte aber im Spaß hinzu: «Er war leider furchtbar häßlich. Er hat mir einfach leid getan!»

Carson war sofort dabei: «Haben Sie ihn deshalb nicht geküßt?»

Wilde versucht zu protestieren, aber Carson biß sich fest: «Ist das die Erklärung, die Sie abgeben wollen, warum Sie ihn nicht geküßt haben?»

Wilde protestierte wieder und wieder, jetzt den Tränen nahe. Carson wiederholte die Frage immer in leicht veränderter Form. Und jeder Protest von Wildes Seite gab der Sache noch mehr Bedeutung.

Carson: «Warum haben Sie überhaupt die Häßlichkeit des Jungen erwähnt?»

Und so weiter.

Man beachte, daß der kleine dumme Satz einer Sache galt, die der Redende in der Tat nicht getan hatte, nicht vorgehabt hatte und die auch mit dem möglichen Vergehen nichts zu tun hatte. Trotzdem wirkte er fatal, denn Wilde hatte gesagt, was er gesagt hatte. Alle hatten es gehört. Oder sie hörten es zumindest, als Carson in die Kerbe hieb und die Sache dadurch immer weiter ins Bewußtsein der Hörer hob.

Jeder Versuch, sich zu verteidigen, wurde zu einer weiteren Bekräftigung dessen, was er gesagt hatte. Wilde mußte die Klage zurückziehen. Das hieß unabweislich, daß er sich zumindest als homosexuell «geriert» hatte.

In zwei folgenden Gerichtsverfahren, nun gegen Wilde, wurde der Fragen nach seinen homosexuellen Handlungen nachgegangen. Das erste endete damit, daß sich die Jury nicht einigen konnte, das andere damit, daß Wilde zu einer Gefängnisstrafe verurteilt wurde, daß sein Leben ruiniert war und er aus dem Land floh und im Jahre 1900 verfolgt, verlassen und verarmt starb. Eine Tragödie. Allerdings sollte nicht unerwähnt bleiben, daß Edward Carson, der in dem ersten Gerichtsverfahren den Marquis so geschickt vertrat, zu jenen gehörte, die sich ganz vehement gegen eine nachfolgende Anklage Wildes aussprachen und den Oberstaatsanwalt bestürmten, den laufenden Prozeß zu stoppen. Es heißt sogar, er habe sich angeboten, Wilde in dem dritten Prozeß zu verteidigen.

Die Lüge über das Alter von Wilde machte die vagen Wahrheiten, um die es bei dem Prozeß eigentlich ging, verständlich und glaubwürdig. Das Detail mit dem häßlichen Kellner wurde zu einem überzeugenden Argument hinsichtlich Wildes sexuellen Präferenzen überhaupt.

Ebenso verhielt es sich mit dem Straßenbahnticket von Alcalá.

Fact is king.

Lügen Sie niemals in Kleinigkeiten! Unterschätzen Sie nicht die kleinen Details. Leiten Sie einen Angriff oder einen Gegenangriff immer dadurch ein, indem Sie sich auf etwas Kleines und Konkretes konzentrieren. Vor allem gegenüber einem ethisch und rhetorisch überlegenen Gegner!

7. Unterlegenheit gegenüber einem intellektuell überlegenen Gegner

oder: Superman trifft Dummerjan

Etwas anders liegen die Dinge, wenn der Gegner intellektuell überlegen ist. Ein ausgezeichnetes Beispiel dafür ist die Wahlkampagne zur Präsidentschaftswahl in Amerika im Herbst 2000.

Auf dem Papier und im vorhinein sah es ganz so aus, als würde es ein Triumph für den demokratischen Kandidaten Al Gore. Er war der amtierende Vizepräsident eines auf wirtschaftlichem Gebiet ungeheuer erfolgreichen Präsidenten. Er war Kriegsveteran und ultramoralischer Familienvater. Er war belesen, bekanntermaßen bewandert in vielen Sachfragen und im Umgang mit der Politik in Washington. Er hatte eine geeinte Partei hinter sich und die Unterstützung wichtiger Minderheiten. Er vertrat ein unternehmerfreundliches Programm der Mitte, das man dem Mittelstand gut verkaufen konnte, seit Präsident Clinton die Partei stärker nach rechts ausgerichtet hatte. Aber sein Programm war dennoch mit leicht eingängigen Umweltschutzgedanken und Resten sozialliberaler Wohlfahrtspolitik versehen, die eine gewisse Unterstützung der Intellektuellen und der Armen garantierten, welche ja auf der linken Seite keine andere Alternative fanden, der sie sich zuwenden konnten. Zunächst führte Gore sämtliche Meinungsumfragen an. Alle professionellen Wahlbeobachter teilten die Auffassung, daß er gewinnen würde. Vom Aussehen her ist Al Gore ein stattlicher Mann, er erinnert fast an Christopher Reeve, der ja vor seinem folgenschweren Unfall eindrucksvoll die Rolle des Superman im Film interpretierte.

Gores Gegner, der Gouverneur von Texas, George W. Bush, hatte fast alle und alles gegen sich, abgesehen einmal von seiner bei den Konservativen beliebten Einstellung zu Todesstrafe, Waffenhandel und Abtreibungen, womit er allerdings die europäischen Beobachter gegen sich aufbrachte. Bush stand entweder als vollkommen verrückt da oder auf jeden Fall als höchst unkundig in den meisten Fragen, und das selbst auf den traditionell stärksten Gebieten der Konservativen: Wirtschaft und Verbrechensbekämpfung. Er war kaum jemals im Ausland gewesen, und seine Unwissenheit bezüglich der Welt außerhalb der USA wirkte einfach nur komisch. Seine Versprecher und diese bizarren, sich selbst widersprechenden Aussagen wurden in unterhaltsamen Kolumnen unter dem Titel «Brush up Your Bush» gesammelt. Er war ein Papasöhnchen, in die etablierte Gesellschaft hineingeboren, Sohn eines früheren Präsidenten, der auch noch acht Jahre zuvor von dem Paar Clinton-Gore aus dem Amt gekickt worden war. Er hatte reichlich Alkoholprobleme gehabt. Er wurde von der Tabakindustrie, von Ölfirmen und von die Umwelt verschmutzenden Großunternehmen unterstützt, deren unpopuläre Ziele er in seine wenigen klar formulierten Vorschläge offen einband.

Die Republikanische Partei war gespalten und durch den Versuch beschädigt, Clinton abzusetzen, der heftig zurückgeschlagen und viele führende Republikaner mit einer Aura der Kleingeistigkeit und Sexbesessenheit umgeben hatte. Bush wirkte in allen Debatten ganz genauso langsam, träge im Denken und schlecht vorbereitet, wie ihn die Presse geschildert hatte und wie er eben in seinen Reden auch agiert hatte. Was das Aussehen angeht, erinnert er mehr an den Schauspieler Chevy Chase, eine komische Type, die ungefähr zu der Zeit, als Reeve den Superman gab, die Hauptrolle in Filmen wie «Die schrillen Vier auf Achse» spielte.

Und trotzdem hat er gewonnen.

Für Gore ging alles schief.

Man kann sagen, daß Bush mit Hilfe der seltsamen Eigenschaften des amerikanischen Wahlsystems gewonnen hat. Tatsächlich bekam er ja einige Stimmen weniger als sein Gegner. Aber das Erstaunliche ist doch, daß er überhaupt eine amerikanische Präsidentschaftswahl gewinnen konnte, erstaunlich, selbst wenn man die Regeln mitberücksichtigt, die ja schon immer galten. Es ist, wie die zumeist Gore-freundliche Presse schon im Frühherbst schrieb, als die ganze Sache sich zu Bushs Vorteil zu verschieben begonnen hatte: Al Gore müßte sich eigentlich in den Arm kneifen, um zu sehen, ob er träumt! Bush führt die Meinungsumfragen an!

Natürlich spielten hier auch noch andere amerikanische politische Realitäten eine Rolle: die niedrige Wahlbeteiligung, die Sympathie gut organisierter Gruppen für eben diejenigen Ideen von Bush, die die europäische Opposition so gar nicht leiden mochte: Abtreibungsverbot, Todesstrafe und das Recht, Schußwaffen zu tragen und so weiter.

Doch es war auch eine unerhört geschickte Rhetorik eines Unterlegenen, die Bush oder besser gesagt seine *spin doctors* und Redenschreiber aufboten. Nehmen wir einmal die Rede, in der die beiden Herren jeder für sich ihre Nominierung zum Präsidentschaftskandidaten vor dem jeweiligen Parteikonvent annehmen:

Das ist keineswegs eine Rede in Überlegenheitssituation, wie zum Beispiel die Inaugurationsrede. Hier geht es vielmehr darum, Außenstehende und Menschen aus dem anderen Lager zu überzeugen, Stimmen von der anderen Partei zu gewinnen und, noch mehr als das, die eigenen Wähler unbedingt dazu zu bringen, hinzugehen und ihre Stimme abzugeben.

Gore hat sich eigentlich wacker geschlagen. Vor allem, wenn man sie im nachhinein liest, ist seine Rede imponierend. Rhetorisch geschickt aufgebaut und dennoch bewußt retouchiert, damit sie nicht rhetorisch wirkt.

Die Einleitung, *Exordium*, enthält wie gewöhnlich den Dank an die Wähler, die Gegner und den gerade gekürten Kandidaten für das Amt des Vizepräsidenten. Und natürlich an Ehefrau und Kinder:

«Meine liebe Frau Tipper! Wir haben das Glück gehabt, einander in jedem Stadium unseres Lebens neu und ganz zu finden, und vor kurzem erst haben wir unseren dreißigsten Hochzeitstag gefeiert. Ich möchte unseren vier Kindern Kristin, Sarah und Albert, unserer ältesten Tochter Karenna und ihrem Ehemann Drew für ihre Unterstützung danken und natürlich auch unserem jüngsten Familienmitglied, das am 4. Juli vor einem Jahr geboren wurde, unserem Enkelsohn Wyatt!»

Der Redner zeigt seine Rührung, indem er mit Grammatik und Logik frei umgeht. Das Detail mit Wyatt, der am Nationalfeiertag geboren worden ist, ist fast zu schön, um wahr zu sein, aber natürlich würde es kein Kandidat wagen, in einer solchen Sache zu bluffen. Gore hat einfach wirklich Glück gehabt mit seiner Familie. Das Ganze ist sehr gefühlsbetont, um das gängige Bild von Gore, dem kühlen Technokraten, etwas auszugleichen. Unkonventionell ist lediglich die sehr kurz gefaßte Erwähnung von Präsident Bill Clinton und der Dank an ihn. Gores Stab hatte beschlossen, sich von dem durch den Lewinsky-Skandal moralisch befleckten Kollegen zu distanzieren. Hier kommt es auf die *family values* an – die sauberen Werte der sauberen amerikanischen Familie!

Der zweite Teil der Rede, die Erzählung, *Narratio*, beginnt jedoch mit einer Aufzählung der großen wirtschaftlichen Erfolge, welche die USA unter der Clinton-Gore-Administration erlebt hatte.

Dabei wird eine andere Erzählung an die erste gefügt, diesmal die Geschichte von dem Paar Gore (*family values*!), was Studium, Kinder und politische Karriere angeht. Gore hegte starke Zweifel gegenüber dem Vietnamkrieg, doch er zog trotzdem in den Krieg, weil er es als seine Bürgerpflicht empfand. Und die Rede über die eigenen Kinder mündet dann in Betrachtungen für die Zukunft zum Thema Wohlfahrt und Umwelt.

Eine dritte Erzählung, beziehungsweise eine Gruppe von Erzählungen, besteht aus einer Aufzählung einer Reihe armer Menschen und ihrer Träume über die Zukunft – daß sie ihre Kinder aufs College schicken und freie medizinische Versorgung wollen und so weiter. Außerdem erfahren wir, daß jeder von ihnen anwesend ist, eingeladen, um zu hören, was getan werden wird, um sein besonderes Problem zu bewältigen. Das ist ungeheuer wirkungsvoll und ein Trick, den Gore auch in späteren Reden und Debatten während der Wahlkampagne in verschiedenen Variationen anwendet. Dieser Trick ist verwandt mit einem rhetorischen Kniff aus der Antike, der *Prosopopoeia* genannt wird, bei dem man abstrakte Wesen wie Staaten oder Gesetze reden läßt oder bei dem man nicht anwesende Personen – Ahnen oder abgelegene Volksgruppen – als eine Art Zeugen beruft. In Gores Redesituation aber sind, wie gesagt, die Zeugen direkt vor Ort. Und doch wieder nicht. Sie werden nicht vortreten, und sie können genausogut auch ausgedacht sein, wenngleich man natürlich bei einem solchen Anlaß kaum das Risiko eingehen wird, beim Mogeln erwischt zu werden.

Dann folgt die *Probatio*, der Beweis. Das ist, wie bereits erwähnt, der Teil der Rede, der einen Vorschlag enthält, *Propositio*, und Argumente, die ihn bekräftigen, *Confirmatio*. Gore verspricht eine konkrete Gesundheitsreform. Und ein besseres Bildungssystem:

«In einer Zeit, in der ein Taschenrechner mehr Daten enthält als das Raumschiff, das Neil Armstrong auf den Mond brachte, werden wir unserem ganzen Volk lebenslanges Lernen und neue Möglichkeiten für die besser bezahlten Jobs der Zukunft eröffnen!»

Dazu die Aufrüstung der Schulen. Und die Steuersenkungen für die Armen.

Es ist schon häufig bemerkt worden, daß hier und in vergleichbaren amerikanischen Reden es immer «wir» sind, die es machen werden. Aber wer ist eigentlich dieses «wir»? Der Redner? Die Partei? Die Zuhörer? Alle fühlen sich teilhaftig, aber keiner ist direkt verantwortlich dafür, daß das Versprechen auch eingelöst wird.

Nur ein einziges Mal wird der Feind ausgemacht. Aber nicht Bush ist der Gegner, sondern «Big tobacco, big oil, the big polluters, the pharmaceutical companies ...» («Die großen Tabakfirmen, die großen Ölkonzerne, die großen Umweltverschmutzer, die pharmazeutische Industrie ...») Sie sind es, von denen man annimmt, daß sie gegen die Reformen eingestellt sind. Aber zufällig sind es auch diese Unternehmen, die die Kampagne des Gegners Bush finanziert haben. Gegen die muß man manchmal einfach «... gewillt sein, aufzustehen und nein zu sagen – damit die Familien ein besseres Leben haben.» Wieder die Familie als Wert.

Und der Abschnitt mündet in: «Also sage ich heute zu Ihnen: Wenn Sie mir das Amt des Präsidenten anvertrauen, dann werde ich für Sie kämpfen!»

Daraufhin folgen noch einige weitere Beispiele, wofür Gore kämpfen wird: Elternzeiten, freie Abtreibung («das Recht zu wählen» lautet die amerikanische Umschreibung) und so weiter. Und dann noch Beispiele dafür, wogegen er kämpfen wird: Pornographie im Internet, Waffenhandel, Drogen, Gewalt. An diesem Punkt würden nach den Regeln der klassischen Rhetorik selbst Gegenargumente aufgegriffen werden, *Refutatio*, doch Gores Berater haben sich statt dessen dafür entschieden, möglicherweise entstandene Zweifel mit Hilfe einer anderen *Narratio*-Variante, nämlich der rührenden Geschichte über Al Gores Eltern, zu zerstreuen:

«Mein Vater wuchs in einem kleinen Ort mitten in Tennessee auf, der Opossum Hollow hieß. Mit 18 Jahren bereits begann er als Lehrer in einer Schule zu arbeiten, die nur aus einem einzigen Raum bestand.

Dann kam die Depression, und er lernte noch mehr, wie hart das Leben sein kann. Da beschloß er, Politiker zu werden und den Armen zu helfen. Als Kongreßabgeordneter und später als Senator kämpfte er immer weiter für die Benachteiligten. Meine Mutter war genauso arm, und während des Studiums arbeitete sie als Serviererin, ehe sie dann Anwältin wurde. Mein Vater ist gestorben, aber meine Mutter Pauline lebt. Sie ist heute abend hier!»

Die Eltern waren, das kann man daraus schließen, eigentlich in der Gesellschaft sehr gut gestellt. Doch Gore möchte hier sagen, daß er doch auf eine völlig andere Weise als sein Gegner die Erinnerungen an die Armut in sich trägt und Verständnis für die Probleme der breiten Unterschicht hegt. Deshalb möchte er die Kluft zwischen den gesellschaftlichen Gruppen verringern, und das ist der Grund dafür, daß er Serviererinnen und Lehrer bewundert, die sich so schinden wie sein Vater und seine Mutter. Deshalb ist er auch bereit, unpopuläre Beschlüsse zu fassen, um auf lange Sicht der ganzen Nation zu helfen!

Und schon sind wir bei der abschließenden Passage:

«In dieser Stadt der Engel (das Treffen fand in Los Angeles statt) können wir die besseren Engel aufbieten, die wir in uns tragen. Wir wollen uns nicht dort ausruhen, wo wir stehen. Wir wollen alles tun, um Amerika zu alledem zu machen, was es werden kann. Danke! Gott segne Sie! Und Gott segne Amerika!»

Sehr amerikanisch und an dieser Stelle sehr wirkungsvoll.

Die Rede ist, insgesamt besehen, ein Meisterstück. Sie hat der Kampagne von Gore noch einmal neuen Schwung gegeben. Nun, da wir wissen, wie die Sache ausging, kann man durchaus darauf hinweisen, daß ein paar Fehler, die die Kampagne hatte, bereits hier zu erkennen sind. Doch zu der Zeit beurteilt, war diese Rede ein ausgezeichnetes Stück Arbeit. Und Gore war in der Tat ein ausgezeichneter Kandidat. An jeder anderen Stelle hätte die Organisation der Kampagne und die Rhetorik, die dazu verwandt wurde, genügt, um Superman zur Macht zu verhelfen. Doch das einzigartige Wahlkampfteam von Bush, das mit riesigen Geldmengen von eben jenen Kräften finanziert wurde, die in der Rede von Gore genannt worden waren, schaffte es offenbar, das Unmögliche möglich zu machen.

Die Taktik ist bereits in Bushs Rede vor dem Kongreß erkennbar. Er sprach vor Gore, hatte aber einen völlig anderen Ton angeschlagen, an den sich Bush dann in der folgenden Kampagne strikt hielt. Obwohl nun wirklich niemand den charmant ungebildeten George W. Bush für einen Träger des klassischen Kulturerbes halten würde, ist er bei näherem Hinsehen auf eine ganz andere Weise als Gore der gelehrige Schüler von Cicero und der klassischen lateinischen Rhetorik.

Das *Exordium* beginnt auf klassische Weise, wenn eine Unterlegenheitssituation vorliegt, mit einem Scherz:

«Herr Vorsitzender, Abgeordnete und Mitbürger, ich nehme Ihre Nominierung an. Vielen Dank für diese Ehre! Gemeinsam werden wir die Zielrichtung Amerikas erneuern, die ja von den Gründern unseres Staates hier in Philadelphia zum ersten Mal formuliert wurde. Ben Franklin war hier. Thomas Jefferson. Und natürlich George Washington (Kunstpause) oder, wie seine Freunde ihn nannten: ‹George W.›!»

Lachen. Freundliche Stimmung. Entspannende Selbstironie.

Dann folgt noch mehr Dank. Der Kandidat für das Amt des Vizepräsidenten, Cheney, wird genannt. Den republikanischen Gegnern im Kampf um die Nominierung wird gedankt: «Ihre Überzeugungen stärken unsere Partei.» Höchst unklar, was damit gemeint ist, aber es klingt ziemlich gut. Der Familie wird insgesamt und im einzelnen gedankt: «Um die Hand von Laura anzuhalten, war die beste Entscheidung, die ich je getroffen habe.» Die Töchter, die jetzt aufs College gehen sollen, werden ermahnt, abends nicht zu lange auszugehen: «Und schickt Eurem alten Papa manchmal eine Mail, das könnt Ihr ja wohl tun.» Bush folgt strikt einem Schema und bringt deshalb hier den Herzenstrick: «Und Mama, alle lieben dich, und ich auch!»

Nachdem er die Mutter angesprochen hat, baut der Redner diese wärmende Wendung mit der folgenden Erklärung an das Publikum aus: «In meiner Kindheit hat sie mir tausende und abertausende gute Ratschläge geschenkt. Ich habe ihr graue Haare geschenkt.» Im Anschluß daran wird ein ernsthafterer Ton angeschlagen, als es darum geht, dem Vater, dem Präsidenten, zu danken. Dem Kriegshelden. Und der ganzen Generation, die heimgekehrt war, nachdem sie «Strände gestürmt, Konzentrationslager befreit und uns vom Bösen errettet» hatte. Und allen denen, die nicht heimkehrten. Und allen denen, die dann die Auszeichnungen in die Schublade legten und das neue Amerika aufbauten.

Jetzt, fügt Bush hinzu, ist es an der Zeit für uns, ihre Söhne und Töchter, sich ihrer würdig zu erweisen: «Was wird von uns verlangt?»

Diese rhetorische Frage ist die Einleitung zur *Narratio*, der Erzählung. Diese ist extrem kurz, aber auch extrem rhetorisch angelegt, beginnend bei der ersten rhetorischen Frage, die dem «Wir»-Kollektiv gestellt wird, das wir bereits als das natürliche Ziel für diese Art Rede ausgemacht haben. Im Unterschied zu Gore scheint Bush nicht im geringsten Angst zu haben, hier primär als Rhetoriker erlebt zu werden. Vielleicht aber rechnet er auch ganz kalt und vollkommen richtig damit, daß nur irgendwelche Beckmesser und Kaffeebohnenritzensäger wie Sie und ich dasitzen und den Text durchflusen werden, und das auch erst lange hinterher, und nur, um selbst zu lernen, wie man es besser macht. Hin und wieder soll das Publikum von Rhythmen und Klangeffekten mitgerissen werden, die weniger über die analysierende Vernunft als über die Magengrube direkt ins Unterbewußtsein vordringen. Was auf dem Papier sehr gestylt wirkt, kann, wenn es richtig gemacht wird, für das Ohr ganz spontan wirken:

«So tonight *we v*ow to our nation. *We w*ill seize this moment of great American promise. *We w*ill use these good times for great goals. *We w*ill confront the hard issues, *threats to our* national security, *threats to our* health and retirement security, before the *ch*allenges of our time become *c*rises for our *ch*ildren.» («Heute schwören wir unserer Nation. Wir werden diesen Augenblick großer amerikanischer Erwartungen nutzen. Wie werden diese guten Zeiten für große Ziele nutzen. Wir werden den Problemen begegnen, den Bedrohungen unserer nationalen Sicherheit, den Bedrohungen unseres Gesundheits- und Rentensystems, ehe die Herausforderungen unserer Zeit zur Krise für unsere Kinder werden.»)

Hier wird Alliteration benutzt, der Rhythmus von Buchstaben, wenn zum Beispiel der w-Laut nicht weniger als achtmal in diesem Zitat als Anlaut in einem Wort vorkommt, oder das «g» als Anlaut dreimal in derselben Wortgruppe. Ferner kommt das Stilmittel der Anapher (stets mit den gleichen Worten anlautende, aufeinanderfolgende Sätze) vor, wenn das Einleitungswort mehrmals wiederholt wird, hier fast in biblischer Weise: *we will, threats to our*. Dann der sich steigernde Rhythmus in klassischer Form in dem stattlich aufgebauten Abschnitt: drei parallel aufgebaute Sätze, von *we will* eingeleitet, von denen der letzte noch mit zwei weiteren Elementen, eingeleitet mit *threats to*, verstärkt wird, dessen letzter wiederum in einem weiteren Höhepunkt ausklingt, der mit den Alliterationen *challenge-children* und dem Kontrast zwischen *challenge* und *crises* gesteigert wird.

Im Anschluß daran folgt sogleich ein weiteres Prachtstück:

«And *we will* extend the *pro*mise of *pro*sperity to every forgotten corner of this country. *To every* man and woman *a chance* *to* succeed. *To every* child *a chance to* learn. *To every* family *a chance to* live with dignity and hope.» («Und wir werden den Wohlstand auf jeden vergessenen Winkel dieses Landes ausdehnen. Die Chance für jeden Mann und jede Frau, Erfolg zu haben. Die Chance für jedes Kind, etwas zu lernen. Die Chance für jede Familie, in Würde und Hoffnung leben zu können.»)

An manchen Stellen sind diese stattlichen alliterierenden Sätze fast von einem Versrhythmus getragen: «The nation ist daring and decent and ready for change.» («Die Nation ist mutig und ehrbar und zum Wandel bereit.») Wenig sachlicher Inhalt, aber viel Gefühl. Der Bericht über die Herausforderungen der aktuellen Lage endet in einem in diesem Zusammenhang ungewöhnlich harten Angriff auf den Gegner, in dem jeder längere Abschnitt mit exakt demselben Satz beschlossen wird, welcher den Zuhörern auf diese Weise viermal eingehämmert wird: «They had their chance. They have not led. We will.» («Sie hatten ihre Chance. Sie haben es nicht geschafft. Wir werden es schaffen.»)

Probatio, die Passage mit den neuen Vorschlägen und unterstützenden Argumenten, wird durch eine Reihe von Sätzen eingeleitet, die zwar auch mit «we will» angeführt werden, insgesamt aber sehr vage formuliert sind. Wenn es zu konkreten Verbesserungsvorschlägen kommt, wird ganz stark eine Variante der Miniversion einer *Insinuatio* für den Gebrauch in Medien benutzt, die wir im vorletzten Kapitel vorgestellt haben:

«Die Krankenversicherung (medicare) bedient nicht nur die Bedürfnisse unserer Alten, sondern sie spiegelt auch die Werte unserer Gesellschaft wider. Wir werden sie auf eine finanziell gesicherte Grundlage stellen und rezeptpflichtige Arzneimittel jedem Rentner, der sie benötigt, zugänglich machen.»

Es sind gerade die drei Wörter «der sie benötigt», die hier den Kern der neuen Politik darstellen. In Wirklichkeit bedeuten sie nämlich eine Ablehnung der Forderung des Gegners nach freier medizinischer Versorgung für alle. Das können die konservativen Wähler heraushören, ohne daß sich diese Einleitung für alle anderen unangenehm anhören würde. Der Schock wird nicht so groß sein, vielleicht sogar ganz ausbleiben. Über ein gewagtes Gleichnis kommen wir dann auf das Gefüge der sozialen Sicherheit zu sprechen. Das ist in den Worten Bushs schon mal «die Oberleitung der amerikanischen Politik» genannt worden, die man nicht berühren kann, ohne einen Schlag zu bekommen. «But if you don't touch it, you can't fix it. And I intend to fix it.» («Aber wenn man es nicht anfasst, kann man es nicht reparieren. Und ich werde es reparieren.») Das ist witzig, selbstironisch und phantasievoll. Man sieht ihn förmlich über den Gleisen herumklettern. Was es bedeutet, wenn er sagt, er wolle das System «reparieren», das dürfen wir uns alle selbst denken. Die Redenschreiber scheinen sich zumindest zu sagen, daß ein konservativer Wähler schon begreifen wird, daß hier von Sozialabbau die Rede ist, während die übrigen womöglich glauben, das System werde durch die Reparatur verbessert. Wie auch immer – das Ganze scheint zumindest auf kurze Sicht funktioniert zu haben.

Dieser Teil der Rede ist bei Bush länger, wenn auch unbestimmter. Genau wie schwedische und britische Regierungspolitiker hält sich auch Bush gern bei der bis hin zum linken Flügel populären Forderung der Rechten nach besseren Schulen, Ausbildung für alle sowie Ordnung und Gerechtigkeit auf. Wenn man bedenkt, daß in den USA, wie in vielen anderen Ländern, die Schulen gänzlich kommunal getragen und finanziert werden, wenn sie überhaupt öffentlich sind, dann ist das eine Forderung, die zu erheben sehr einfach und ungefährlich ist. Und doch ist sie so beliebt. Daraufhin wendet er sich konkreteren, stärker kontroversen Themen zu, die – vor allem für seine reichen Unterstützer – weit wichtiger sind. Auch hier setzt er die *Insinuatio* ein:

«Jede Familie, jeder Landwirt und jeder kleine Unternehmer sollte das Recht haben, sein Lebenswerk denen zu übergeben, die er liebt. (Pause). Deshalb werden wir die Erbschaftssteuer abschaffen.»

Danach folgt das Versprechen, militärisch aufzurüsten, das fast schon in Versform gehalten ist:

«When America uses force in the world, the cause must be just, the goal must be clear, and the victory must be overwhelming.» («Wenn Amerika seine Truppen in der Welt einsetzt, dann muß es für die gerechte Sache sein, das Ziel muß klar sein, und der Sieg muß überwältigend sein.»)

Im nächsten Atemzug kommt das Versprechen, sich dafür einzusetzen, daß Atomwaffen reduziert werden. Dieser Satz endet zumindest, wenn man ihn leise liest, auf verblüffende Weise in einem Versprechen, das Raketenabwehr-Programm wieder aufleben zu lassen, das früher «Krieg der Sterne» genannt wurde. «Jetzt ist es an der Zeit, nicht veraltete Vorhaben, sondern das amerikanische Volk zu verteidigen.» Das heißt im Klartext: Ich habe vor, geltende internationale Absprachen über die Einschränkung von Kernwaffen einseitig aufzukündigen.

Hier wechselt die Darlegung von den unterstützenden Argumenten für die eigene Politik zur Auseinandersetzung mit der Gegenseite – der *Refutatio*, die Bush im Gegensatz zu Gore ausführlich und nach allen Regeln der Kunst pflegt. Gleichzeitig ist, ganz in Ciceros Tradition, die Rede an den heiklen Stellen mit einer Portion Humor gewürzt. Was «my opponent» in diesem Zusammenhang und andernorts über die «Risiken» von Bushs Politik gesagt hat, ist in Wirklichkeit nichts anderes als «eine Politik der Straßensperren und eine Philosophie der Stoppschilder». Bush erwidert lächelnd:

«Wenn er bei der Mondlandung dabei gewesen wäre, dann wären das ‹riskante Raketenpläne› gewesen. Wäre er dabei gewesen, als Edison die Glühbirne erfand, dann hätte er das ‹riskante Antikerzenlichtpläne› genannt. Wäre er dabei gewesen, als das Internet erfunden wurde, na ja ... soweit ich weiß, war er ja dabei.»

Das ist sowohl lustig als auch verhöhnend. Es erfüllt die doppelte Funktion, sich auf Gores schwächsten Punkt einzuschießen und mit dem Witz schnell die empfindsamen Hörer das eben über die Kernwaffen Gesagte vergessen zu lassen. Gore hatte ja nun mal die unglückliche Angewohnheit, mit der Wahrheit selbstherrlich und ungenau umzugehen, wenn es darum ging, sich selbst Verdienste zuzuschreiben. Daß er die Idee zum Internet gehabt habe, war sicherlich die dümmste Behauptung, die Gore je während seiner politischen Laufbahn vom Stapel gelassen hatte. Spricht man von *Ethos* und *Image*, dann war diese Behauptung für jemanden wie Gore besonders vernichtend, weil seine ganze Strategie auf Wissen, Kompetenz und Sorgfalt aufbaute. Bush hingegen konnte so viele falsche Behauptungen aufstellen, wie er wollte, und doch immer noch seinen besonderen Typ von *Ethos* bewahren. Gore konnte sich das nicht leisten. Und der Spruch mit dem Internet wirkte zudem auch noch unglaublich anmaßend. Bush tut sehr richtig daran, weiter in diese Richtung zu arbeiten. Er selbst ist ja nur ein einfacher Junge vom Lande in Texas:

«Diesem Hintergrund fehlt es vielleicht an der richtigen Washingtoner Politur. Aber dann wiederum fehlt es mir auch an vielem, was man sich in Washington zulegt. Ich habe keine Feinde, mit denen ich streiten muß. Ich habe kein Interesse an den erbitterten Kämpfen, die in den letzten Jahren hier stattgefunden haben. Ich möchte den Umgangston in Washington verändern, es sollen Freundlichkeit und Respekt herrschen.»

Es ist eines der zahlreichen Wunder dieser Kampagne, wie der Sohn des Präsidenten, der Ölmagnat und das verwöhnte Baby Bush, es geschafft hat, das Bild vom einfachen Jungen vom Lande zu verkaufen. Natürlich versucht auch Gore, ohne jedoch glaubwürdig zu sein, in dieselbe Kerbe zu hauen, wenn er an der Stelle in seiner Rede von der Armut seiner Eltern spricht. Nach dem Hinweis auf die ländliche Freundlichkeit und den Respekt kommen wir zu einer kurzen Rechtfertigung, wie Bush Texas als «compassionate conservative», als «mitfühlender Konservativer», regiert hat, wie er mit den Schwarzen in den Gefängnissen fühlt und wie er für Verantwortung und Rechtschaffenheit steht.

Nun arbeiten wir uns von der humorvollen Tonlage zur ungewöhnlich feierlichen Stimmung der Schlußpassage vor. Synagogen, Kirchen und Moscheen werden hier, wie auch später immer wieder in der Kampagne, als Hilfsmittel in der sozialen Frage beschworen. Hier wird die von der Bibel geprägte religiöse Predigtsprache bemüht, die Anaphern folgen immer dichter aufeinander: «I believe ... I believe ... I believe.» «I know ... I know ... I know.» Der Redner arbeitet auch mit *Epiphora*, der Wiederholung von Wörtern am Ende aufeinanderfolgender Sätze – eine Figur, die vor allem in heutiger Zeit nur noch selten zu hören ist. «Our country is ready for high standards and new leaders, and it won't be long now. An era of tarnished ideals is giving way to a responsibility era, and it won't be long now.» («Unser Land ist für höhere Ansprüche und neue Anführer bereit, und es wird nicht mehr lange dauern. Eine Zeit der trüben Ideale macht einer Zeit der neuen Verantwortlichkeit Platz, und es wird nicht mehr lange dauern.») Der Satz «it won't be long now» wird insgesamt fünfmal wiederholt.

Diese letzten Sätze enthalten auch feierliche Bilder mit Bergen und Sonnenschein und enden mit den Worten:

«Die Nacht schwindet. Und wir sind bereit für den morgigen Tag. Danke! Und Gott segne Sie!»

Bush hat ganz deutlich weniger zu sagen als sein Kontrahent, doch er spielt auf viel mehr Gefühlsregistern als der im Vergleich so steife Superman Gore. Von Humor zu Pathos, von Pathos zu Humor und wieder zurück zu Pathos. Er wagt es, offen rhetorisch zu sein, aber wir merken es nicht – wir wollen angerührt werden und Spaß haben, und zwar auf Gores Kosten. Selbst jemand, der Gore eigentlich schätzt, wird einsehen, daß er ein steifer und etwas aufgeblasener Langweiler ist. Bush hingegen wird als unintellektuell, ungebildet und unkonkret angesehen, aber so etwas hat einem volksnahen Politiker noch nie geschadet. Und wie wir gesehen haben, verfügen zumindest seine Redenschreiber über weitaus mehr Bildung in klassischer Rhetorik als die von Gore. Der Text könnte mit seinen kunstvollen Antithesen, Klangeffekten und stilistischen Figuren durchaus von Cicero selbst stammen. Oder, um bei Größen unserer Zeit zu bleiben, von Winston Churchill, als dieser sich zu Zeiten, da England im Zweiten Weltkrieg äußerst bedrängt war, an die Briten wandte.

Was die Kampagne betrifft, so können wir sehen, wie es Bush diskret gelingt, die urkonservative Botschaft rüberzubringen, die seine Kerntruppen unter den Wählern an die Urnen locken soll. Gore hingegen vergißt in seiner Angst, den Mittelstand zu verschrecken, völlig die Versprechungen, die die Farbigen, die minderbemittelten Weißen und andere Minoritäten dazu bringen sollen, sich aufzumachen und zur Wahl zu gehen.

«Es ist sehr gerissen, seine Gerissenheit zu verbergen», sagte einst La Rochefoucauld. Ist Bush wirklich so dumm, wie behauptet wird? Wer weiß. Wenn es so ist, dann ist er auf jeden Fall von großartigen Beratern umgeben, die ihre Gerissenheit hinter seiner Haltung des guten Jungen verbergen, die auch noch auf der Mattscheibe so wunderbar rüberkommt.

Ich habe für einen schwedischen Fernsehsender das erste große Fernsehduell zwischen Gore und Bush verfolgt und unter rhetorischen Gesichtspunkten kommentiert. Diese Debatte wird als die einzige angesehen, in der Gore wirklich siegte, weil es dabei größtenteils um seine Themen wie Umwelt und Gesundheitsreform ging. Doch selbst hier hat Bush aus einer tatsächlichen Unterlegenheitssituation heraus sehr erfolgreich zurückgeschlagen. Einerseits hat er in einer Art *Humiliatio*, die nur selten ihr Ziel verfehlt, wieder den Jungen vom Lande gegeben. Das ist dieselbe Rolle, die CSU-Größen gerne im Bierzelt spielen, um volksnah zu wirken. Das Erstaunliche daran, ist, wie gesagt, daß dies dem Präsidentensohn und Ölunternehmer Bush gelungen ist. Aber schon in der Einleitung seiner Erwiderung macht er klar: «We come from different places ...» («Wir kommen aus verschiedenen Gegenden ...»), was so viel heißen soll wie: Gore gehört zur Machtelite in Washington, ich stamme aus der Prärie und aus dem Volk.

Darüber hinaus ist Bush in wenigstens einer weiteren Sache ein Volltreffer gelungen, und zwar mit einem Thema, das wir bereits kennen. Gore hat sich ganz hervorragend geschlagen, indem er seine Vorschläge zur Sozialpolitik pädagogisch perfekt und mit überzeugenden Zahlen untermauert dargestellt hat. Bush antwortet nicht direkt darauf, wendet sich aber nach einer Weile direkt an die Zuschauer: «This is a man that's got great numbers ... Soon he'll tell us he invented the calculator!»

Lachen. Die Wirkung der Zahlen Gores ist zunichte gemacht. Statt dessen wird die Erinnerung an Gores katastrophal-törichte Behauptung heraufbeschworen, er habe die Idee zum Internet gegeben: «Dieser Mann hat ein Händchen für Zahlen. Gleich wird er uns noch erzählen, daß er auch den Taschenrechner erfunden hat!»

Überdies hat sich Gore in den späteren Debatten immer schlechter verkauft. Es sind dabei noch mehr Dinge im Stile der Internetgeschichte aufgetaucht. Eine guter Junge vom Lande kann viele Fehler machen und dadurch auch Sympathien gewinnen, aber Superman darf mit der Wahrheit nicht nachlässig umgehen, seien die Anlässe auch noch so unbedeutend.

Es ist nie falsch, gegenüber einem ausreichend intellektuellen Gegner ein wenig dumm zu wirken, wenn man gleichzeitig den Eindruck erweckt, ehrlich zu sein. Ist der Gegner auch noch hyperseriös und selbstherrlich, dann werden Humor und dumme

Witze zu tödlichen Waffen. Vor allem, wenn der scheinbar Unbeholfene sich in Wirklichkeit sehr wohl bewußt ist, was er tut, dies aber geschickt verbergen kann. Der Ton bewirkt zudem, daß das Publikum noch mehr Bilder, Pathos und Gefühle verträgt, ohne die Dinge in Frage zu stellen. Die beiden Wahlreden haben die Wahl letztendlich nicht entschieden. Dennoch zeigen sie die verschiedenen rhetorischen Strategien auf, die die Kandidaten hernach verfolgt haben, darunter vor allem die geschickte Gegenstrategie, die das Lager von Bush entworfen hat und die es dem Kandidaten möglich machte – mit etwas Glück und etwas Wahlmathematik – eine scheinbar hoffnungslose Unterlegenheitssituation in einen Sieg zu verwandeln.

Al Gore hat nie richtig kapiert, was ihm da eigentlich widerfahren ist.

Ein rhetorisches Geheimnis.

8. Ein feindseliges Publikum

Kehren wir wieder zu unserem Erntedankfrühstück im Weißen Haus, zwei Jahre zuvor, am 11. September 1998, zurück. In einer anderen Demokratie als der amerikanischen hätte die groteske Geschichte von der Affäre des Präsidenten mit der leicht pummeligen Praktikantin Monica Lewinsky wohl kaum politischen Sprengstoff geboten, geschweige denn, das höchste Gericht beschäftigt. Das Theater um die ganze Geschichte ist eine Mischung aus Kleinkariertheit und Ödnis. Doch gerade der absolute Wahnsinn der ganzen Story, die bis auf höchste politische Ebenen vordrang, hat Clinton bei seiner Verteidigung eine rhetorische Geschicklichkeit sondergleichen abverlangt, die er bei diesen Anlässen mit Hilfe seines Stabes, aber offenkundig auch mit eigenen Ideen und Worten, wirklich bewiesen hat.

Es kam darauf an, mit äußerster Vorsicht Andeutungen und Themen zu behandeln, über die man in den USA ansonsten nicht öffentlich spricht. Die drei wichtigsten Reden hatten unterschiedliche Ausgangspunkte. Die erste im Januar, die ich in meinem letzten Buch schon näher analysiert habe, wurde in einer Lage gehalten, in der man immer noch die Beschuldigungen einfach zurückweisen und dabei glaubwürdig wirken konnte. Das machte Clinton einfach großartig. Ich habe ihn in einer Direktübertragung gesehen und ihm voll und ganz geglaubt. Es war nur einer Reihe von unglücklichen Umständen zu verdanken, daß die schmuddelige Wahrheit dann doch noch ans Licht gezerrt und seine Behauptungen umgeworfen und gegen den Präsidenten gewendet werden konnten.

Die zweite große Rede, die am 17. August an die Nation gerichtet wurde, enthielt ein vollständiges Eingeständnis und zielte darauf, die Sympathien des breiten, im Grunde Clinton nicht negativ gesonnenen Fernsehpublikums wieder zu gewinnen. Wir werden später darauf zurückkommen. Die Lage hingegen, die den Hintergrund der Rede an die Kirchenmänner einen Monat später bildete, kann getrost als eine rhetorische Extremsituation bezeichnet werden, in der ein offen feindseliges Publikum gewonnen werden mußte, das nichts lieber gesehen hätte, als wenn Clinton sich verhaspelt hätte, um hernach in Stücke gerissen zu werden.

Die christliche Rechte haßte Clinton von Anfang an, lange bevor man irgendetwas über seine Freizeitaktivitäten im Oval Office erfuhr. Und nach dem, was aus den Berichten des Staatsanwalts Starr am Tag zuvor an die Öffentlichkeit gedrungen war, glich es einem rhetorischen Alptraum, vor diese Versammlung treten zu müssen.

Die äußerst geschickte Eröffnungspassage haben wir bereits untersucht. Clinton hat Mitgefühl und Spannung erzeugt. Was jetzt? Wird er es schaffen? Gleichzeitig hat er sich kämpferisch gezeigt, er war nicht ängstlich oder wehleidig. Erweckt man diesen Eindruck, dann ist man nämlich sofort erledigt. Die feindselige Volksmasse wittert Blut und verwandelt sich von einem erwartungsfrohen Publikum in einen Lynchmob – und das ist das gefährlichste und feigste Tier, das es gibt. Nun war die Gefahr, daß man innerhalb des Weißen Hauses in Gesellschaft einiger überalterter Prälaten einen blutigen Aufruhr erleben würde, in der Vor-Bush-Ära wohl eher gering. Doch das Prinzip war dasselbe.

Wie bereits beschrieben, las Clinton seine Rede ab. Er bot darin eine Reihe von Entschuldigungen, die zum Teil so übertrieben waren, daß sie auf seine Kritiker in den Medien und im Kongreß zurückschlugen:

«Ich stimme denen zu, die gesagt haben, daß ich während der ersten Rede nach meinem Geständnis nicht reumütig genug gewesen sei.»

Damit ist der 17. August gemeint, als tatsächlich größere Teile der Allgemeinheit scheinbar auf die Seite des Präsidenten umgeschwenkt waren, während die christliche Rechte und Clintons Gegner im Kongreß trotzdem weitermachten und sich, wie man im nachhinein den Eindruck hat, im Schmutz wälzen wollten. Die nächsten Entschuldigungen richteten sich an die Familie, die Freunde, den Stab, die Regierungsmitglieder. Diese waren immer alle auf seiner Seite und wurden außerdem schon zu einem früheren Zeitpunkt um Entschuldigung gebeten. Doch hier geht es rhetorisch darum, noch mal und noch mal in die Kerbe zu hauen und zu übertreiben. Deshalb:

«Es ist wichtig für mich, daß alle, die verletzt wurden, wissen, daß die Trauer, die ich empfinde, ehrlich ist. Zuerst und vor allem meine Familie. Dann meine Freunde, meine Mitarbeiter, meine Regierungsmitglieder. Monica Lewinsky und ihre Familie. Und das amerikanische Volk. Ich habe sie alle um Verzeihung gebeten.»

Die Mehrheit der zuletzt Genannten, des amerikanischen Volks, hatte verläßlichen Untersuchungen zufolge ihm zu diesem Zeitpunkt bereits verziehen. Und man weiß, daß man im amerikanischen Volk keineswegs der Meinung war, er habe sich bei Monica Lewinsky entschuldigen müssen. Zwar hatte der Präsident das Verhältnis zunächst abgestritten, doch das war ja genau, was Monica gemäß der gesellschaftlichen Regeln von einem Gentleman erwarten durfte. Als Gespielin mußte sie ja wohl als das angesehen werden, was die angelsächsische Gerichtsbarkeit «a consenting adult» nennt, einen erwachsenen Menschen, der selbstbestimmt und einverstanden ist. Und schließlich war ja sie diejenige gewesen, die mit der Sache hausieren gegangen war.

Doch alles das machte die Entschuldigungen des Präsidenten nur noch sympathischer, vor allem vor diesem geistlichen Publikum, das von Berufs wegen anders und strenger ist als das Volk im allgemeinen. Gleichzeitig wird die Schmuddelaffäre mit keinem Wort berührt. Starr und die Republikaner mochten sich darin wälzen, während Clinton hier stand und etwas ganz anderes aufzeigte:

«Aber ich glaube, damit einem verziehen wird, muß man noch mehr als ehrliche Trauer zeigen. Dazu gehört auch echte Reue und die Entschlossenheit, sich zu ändern und die Schäden zu reparieren, die man selbst verursacht hat. Ich habe bereut. Und ich habe das, was meine Bibel ‹eine demütige Seele› nennt. Die Einsicht, daß ich Gottes Hilfe benötige, um der Mensch zu werden, der ich sein will ...»

Und weiter in diesem Stil.

In der Wortwahl unglaublich gut an das Auditorium angepaßt, doch auch rein prinzipiell in der Darstellung völlig richtig! Nun ist die Passage der Erzählung vorüber, und der Präsident eröffnet kraftvoll die *Probatio*. Er wird seine Anwälte zu einer guten Verteidigung in der Verhandlung vor dem höchsten Gerichtshof animieren. «Doch die juristische Sprache darf nicht die Tatsache überdecken, daß ich moralisch gesehen einen Fehler begangen habe!» Außerdem wird er weiter auf dem Büßerweg schreiten und die Hilfe eines Priesters suchen! Und vor allem:

«Drittens werde ich meine Anstrengungen verstärken, unser Land und die Welt zu Frieden und Freiheit, Wohlstand und Harmonie zu führen, in der Hoffnung, daß ich mit einer demütigen Seele und einem immer noch sehr starken Geist von noch größerem Nutzen sein kann, denn wir haben vieles, für das wir dankbar sein müssen, aber viele Herausforderungen und viel Arbeit stehen uns noch bevor!»

Dieses Thema reizt er weiter aus, bittet um Unterstützung im Gebet und kommt dann immer wieder auf die biblische Formulierung über die «demütige Seele» zurück: «Wenn ich es schaffe, eine demütige Seele und einen starken Geist zu bewahren, dann kann das für unser Land, ebenso wie für mich und meine Familie nur Gutes bedeuten!»

Spontaner Applaus. Doch Clinton wäre nicht Clinton, wenn er irgendetwas ungetan ließe. An diesem Punkt soll nun die *Refuta-*

tio – die Verteidigung und die Gegenargumente – folgen, um die letzten Zweifel aus den Köpfen der Zuhörer zu fegen. Clinton entscheidet sich dafür, einen langen Abschnitt aus einem Gebetbuch vorzulesen, das er «von einem jüdischen Freund» erhalten hat. «Die Tore zur Buße» heißt das Buch, und es enthält eine «phantastische Passage aus der Liturgie zum Laubhüttenfest.» Die Buße wird darin unter anderem mit so wichtigen Sätzen beschrieben wie: «Es gehört dazu, das Gesicht zu verlieren. Es gehört dazu, neu zu beginnen. Und das tut immer weh.»

Wenn jemand hier das Gesicht verloren hat, dann ist es ja der sympathische Redner. Sicherlich hat Clintons Stab lange suchen müssen, um einen echten religiösen Text zu finden, der die Lage des Präsidenten exakt beschreibt. Doch es funktioniert einfach glänzend. Denn schließlich spricht hier Gott, oder zumindest eine der großen Religionen.

Dann wendet sich Clinton in der *Peroratio*, der Schlußpassage, direkt mit einer Bitte um Glauben und ein reines Herz an Gott. Und dann an die Versammlung:

«This is what I wanted to say to you today. Thank you. God bless you.» («Das wollte ich Ihnen heute sagen. Vielen Dank. Gott schütze Sie.»)

Selbst der konventionelle Abschluß, den wir schon bei so vielen früheren Anlässen gehört haben, bekommt hier eine zutiefst persönliche Note. Noch größerer Applaus.

Vor einem sehr feindseligen Publikum kommt es also darauf an, äußerst bescheiden zu wirken. Das ist jedoch ein schwieriger Balanceakt. Zum einen weckt es wenig Sympathien, wenn man ängstlich und zart besaitet wirkt. Die Menge darf ja, wie gesagt, kein Blut riechen. Das ist dann nämlich genau so, als würde man auf dem Schulhof gemobbt. Je ängstlicher Sie sich zeigen, desto übler wird Ihnen zugesetzt werden. Und wenn die Zuhörer uns als besonders schwach ansehen, dann können wir ja auch nicht auf ein Wir-Gefühl bauen oder ein solches beschwören. Deshalb ist in dieser Situation eine überraschende Einleitung, die unerfahrene Redner immer besonders schlecht zu finden verstehen, eben sehr wirkungsvoll.

Clinton schafft durch den Trick mit dem Redemanuskript, das er hervorzieht und abliest, eine Spannung, die das Publikum ruhig hält und gleichzeitig neugierig macht. In seinen Entschuldigungen übertreibt er, was ihm eine gewisse Stärke verleiht. Dann kann er die Wende vollziehen und die Gedanken des Publikums in die Zukunft richten. Es gelingt ihm, ohne einschmeichelnd oder albern zu wirken, die Sprache seiner Gegner zu sprechen: biblische Wendungen und Teile aus Gebeten. Das Thema der Versammlung macht den Einsatz von Humor unmöglich, der ja sonst in allen Unterlegenheitssituationen ein wirkungsvolles Mittel darstellt, das Mißtrauen zu überwinden oder das Publikum für einen Moment seinen Widerwillen vergessen zu lassen, während man es gleichzeitig für sich einzunehmen versucht. Diese problematische Ausgangslage macht Clintons Auftritt noch bewundernswerter.

Heutzutage ist es eher ungewöhnlich, daß man sich vor Gericht selbst verteidigt. Deshalb ist das Publikum einem Verteidiger gegenüber kaum feindlich gesonnen. Er ist nur in der schwierigen Lage, eine anfechtbare Botschaft zu vermitteln, nämlich die Unschuld des Klienten, oder zumindest dessen allgemeine Verdienste darzulegen. Doch in der Antike gab es Angeklagte, die sich selbst vor eine Volksversammlung stellten, welche im Grunde ein Mittelding zwischen Schöffengericht und Lynchmob war. Die überlieferten Reden aus solchen Situationen, die von vertrauenswürdigen Ghostwritern geschrieben wurden, leben vom Einsatz von Humor, Selbstironie, mildem Trotz und einer Art Stolz, die den Mob daran hindern sollen, loszubrechen. Ebenso wie Clinton versuchte man jedoch auch damals schon, sich am Anfang dankbar dafür zu zeigen, daß man vor dieses feindselige Publikum treten durfte. Endlich durfte man seine Sache darlegen!

Das *Exordium* zu der Rede, die der Ghostwriter Lysias (ca. 400 v. Chr.) für einen Invaliden schrieb, dessen Krankenrente vom Staat Athen eingezogen werden sollte, weil er seine Behinderung angeblich nur vortäuschte, beginnt folgendermaßen:

«Mitglieder des Rates! Ich bin meinem Ankläger fast dankbar dafür, daß er mich vor dieses Gericht gezwungen hat. Noch nie zuvor hatte ich irgendeinen Grund, über mein Leben zu sprechen, doch jetzt habe ich diese Gelegenheit durch ihn erhalten.»

Daraufhin folgt eine Darstellung, die man fast als Karikierung der körperlichen Schwächen des Redners selbst bezeichnen kann.

Vielleicht hat er seine Krankenrente behalten – jedenfalls ist die Rede immer noch sehr unterhaltsam zu lesen und wurde als Paradebeispiel in die Rednerschulen aufgenommen.

Clintons Trick mit dem Gebetbuch findet sich in den antiken Handbüchern nicht, ist in heutiger Zeit aber relativ weit verbreitet. Man greift in einer Situation, in der das Publikum uns selbst voraussichtlich nicht glauben wird, auf die Worte einer anderen Person zurück, die unsere Zuhörer respektieren und auf deren Autorität sie hören müssen.

Neulich habe ich einen alten italienischen Politiker im Fernsehen gesehen, der als Landesverräter galt, weil er 1943–45 das Quislingregime in Saló unterstützt hat. In dieser Fernsehsendung brachte er das widerstrebende oder teilweise sogar offen feindselige Publikum auf seine Seite, indem er die ergreifenden Worte seines verstorbenen Sohnes über das Vaterland zitierte.

Ein ehemaliger Lagerkommandeur kann sicher schöne Worte der Vergebung von Mutter Teresa finden, ein Bomberpilot ein paar anrührende Zeilen aus einem Gedicht über Hiroshima und die Kollektivschuld. Das ist unmoralisch, aber wirkungsvoll.

Dieser Kniff ist natürlich eine moderne Variante des Tricks, den man *Prosopopoeia* nennt, die rhetorische Personifikation eines Standpunkts. Die Strategie liegt hier ein wenig anders, ist aber in der Situation gegenüber einem feindseligen Publikum nicht ungewöhnlich: Bringen Sie sie dazu, das anzuhören, was Sie zu sagen haben, indem Sie jemanden zitieren, den sie einfach ernst nehmen müssen.

Freude, Dankbarkeit und, wo es möglich ist, ein wenig Humor sollte man anwenden, wenn man einem feindseligen Publikum gegenübertreten muß. Bescheidenheit, aber keine Furcht. Entschlossenheit, wenn man auf sein eigentliches Anliegen und die Argumente dafür zu sprechen kommt. Sprechen Sie durch bekannte Autoritäten, wenn Sie sich verteidigen müssen. Und betonen Sie Ihr Vertrauen in das sichere und gute Urteilsvermögen des Publikums.

9. Ein überlegenes Publikum

Ähnlich liegt der Fall, wenn das Publikum uns sehr überlegen ist. Das kann eine Versammlung sein, in der die meisten reicher, bekannter oder besser ausgebildet sind als man selbst. Vielleicht handelt es sich um Experten auf einem bestimmten Fachgebiet, vielleicht sind sie höhergestellt, älter, vermutlich klüger, oder was auch immer Ihnen eine echte Unterlegenheit verschafft.

Manchmal ist diese Unterlegenheit aber auch nur eingebildet. Es gibt in der Populärpsychologie eine ganze Theorie, die sich um das so genannte *impostor syndrome* dreht. Damit ist das vor allem unter skrupulösen und seriösen Menschen verbreitete Gefühl gemeint, daß man selbst eigentlich ein Dünnbrettbohrer ist, daß alle anderen mehr wissen und man überhaupt nicht verstehen kann, warum die alle kommen konnten, um einer Null wie einem selbst zuzuhören. Und man fragt sich ständig: Wann werden sie mich enttarnen?

Es ist sehr gesund, dieses Gefühl zu haben. Gute Menschen empfinden so. Die wirklichen Bluffer glauben nämlich ganz fest an sich selbst.

Auf der anderen Seite kommt es tatsächlich öfter vor, als man glaubt, daß wir zu einem überlegenen Publikum sprechen müssen, in dem fast alle Zuhörer mehr wissen oder ein höheres Prestige haben als wir selbst.

Stellen Sie sich vor, Sie sollen als Schülervertreter das Lehrerkollegium ansprechen und allen für das vergangene Schuljahr danken. Sie sind eingeladen worden, um über die Plazierung einer Fußballmannschaft zu sprechen, in der jeder einzelne Spieler in einer Saison mehr verdient als Sie in Ihrem ganzen Leben. Sie sollen vor einer Reihe von Herzchirurgen, Regierungsmitgliedern oder Wirtschaftsbossen einen Vortrag über Rhetorik halten und so weiter.

Selbst wenn Sie sich auf Ihrem Gebiet auskennen, werden Sie doch den meisten Experten in den jeweiligen Fachgebieten unterlegen sein.

Das hier ist einer der Fälle, in denen es besonders wichtig ist, ein gut durchgearbeitetes *Exordium* zu haben, eine Einleitung, in der man ein äußerstes Maß an *Humiliatio*, Bescheidenheit, aufweist.

An dieser Stelle wäre es völlig falsch, sich durch Laxheit oder gar Unverschämtheit profilieren zu wollen. Sowohl auf der öffentlichen Bühne – wie auch im Privatleben – stößt man immer auf Menschen, die eine solche Vorgehensweise regelmäßig in den falschen Hals bekommen. Man glaubt, der Promi, die Expertengruppe oder wer auch immer würde sich von dem Mut und der Unabhängigkeit, die man an den Tag legt, beeindruckt zeigen, wenn man ein wenig ausfallend wird oder ihre letzten Ausführungen zu dem Thema, um das es geht, kritisiert: Man sagt dem Filmstar sofort, wie schlecht man seinen letzten Film fand. Man erklärt seiner königlichen Hoheit, daß man Republikaner ist, oder läßt den Herzchirurgen sogleich wissen, daß man jeglichen chirurgischen Eingriff für unnötig hält, zumal die eigene Großmutter an den Folgen einer schlecht ausgeführten Operation verstorben sei – offensichtlich haben viele Menschen das Bedürfnis, auf diese Weise zu zeigen, daß sie sich durch nichts beeindrucken lassen. Sie verhöhnen ein wenig «scherzhaft» Menschen, denen gegenüber sie sich unterlegen fühlen. Es steht natürlich jedem frei, sich im Privatleben unverschämt zu benehmen und dafür den Preis einer immer größer werdenden Einsamkeit zu bezahlen.

Doch wenn man eine Versammlung überzeugen will, dann ist es keine gute Idee, sie gleich von vornherein zu verhöhnen. Im Gegenteil.

Je höher die Wertschätzung ist, die einer Gruppe bereits entgegen gebracht wird, desto größer ist ihre Anfälligkeit für weiteres Lob. Die Gewöhnung an diese Droge ist ungeheuer, und damit die Dosis auch wirkt, muß sie stets kräftig erhöht werden. Der größte und zynischste Redner aller Zeiten, der britische Premierminister Benjamin Disraeli, drückte die Sache zu seiner Zeit so aus: «When you flatter royalty, you must put it on with a trowel!» Wenn man königlichen Hoheiten schmeichelt, dann muß man mit der Maurerkelle zu Werke gehen.

Es ist immer gut, dem Publikum in der Einleitung zu schmeicheln. Aber vor einem überlegenen Auditorium gilt dies noch viel mehr, und es macht sich sehr gut, wenn man es mit Bescheidenheit und Selbstironie kombiniert.

Die Eröffnung der klassischen schwedischen Scherzrede ist in diesem Fall eigentlich ganz wunderbar geeignet: «Ich bin einfach der Kleinste in dieser Versammlung, und das sagt nicht wenig!» Dieser Witz wird bei den Zuhörern nicht als Ironie aufgefaßt werden, sondern als gesunde Selbstironie.

Zumindest aus der Sicht der umschmeichelten Gruppen erscheint es nicht im geringsten einschmeichelnd, wenn man sie ausführlich für das lobt, wofür sie stehen. Jeder läßt sich gern loben. Sagen Sie dem schnellen Läufer, daß Sie ganz beeindruckt davon sind, wie schnell er läuft – das wird ihm gefallen. Bitten Sie die Fußballspieler um Autogramme und zeigen Sie sich dann begeistert davon, selbst wenn er seinen Namen falsch geschrieben hat. Das scheint dem durchschnittlichen mitteleuropäischen Redner sehr schwerzufallen. Doch auch die Auditorien in Ihrer Heimat sind süchtig nach Lob, sie sind nur, ebenso wie der Redner selbst, in dieser Hinsicht etwas schüchtern. Sagen Sie den Herzchirurgen, wie aufgeregt Sie sind, vor einer derartigen Ansammlung von Experten sprechen zu dürfen. Und wenn Sie gleichzeitig noch eine selbstironische Bemerkung über die eigene Hypochondrie und die Angst vor weißen Kitteln machen, dann befördert das Ihre Sache nur.

Diese Regel gilt jedoch nur, wenn Sie direkt zum Publikum oder im privaten Kreis reden. Allerdings dürfen Sie sich dem überlegenen Publikum gegenüber auch nicht kriecherisch zeigen. So ist der allzu untertänige Hofberichterstatter bei einem Fernsehauftritt eine Katastrophe. Wenn Sie aber vor einer Menge stehen, beherzigen Sie folgenden Rat: In der amerikanischen Filmdramaturgie sagt man, beim Schreiben eines Drehbuches solle man eine Menschenmenge wie eine Person behandeln, «Treat a crowd as a person!». Das gilt auch bei einem echten Publikum, dem man gegenübertritt. Das Publikum ist eine Persönlichkeit mit einem ganz klaren kollektiven Charakter. Den müssen Sie ansprechen und ebenso umschmeicheln, wie Sie Ihren Chef oder Ihre Geliebte umschmeicheln würden. Im Gegensatz dazu gibt es, wie gesagt, keinen Grund, sich vor Publikum unterwürfig zu zeigen. Im Gegenteil.

Vielleicht kann man diesen Fall verstehen, wenn man den herausragenden Werbefilm von Åke, der im Lotto gewonnen hat, betrachtet. Wir sehen den Chef, der wie üblich den armen Underdog Åke quält, woraufhin Åke plötzlich den Affen mimt und seinem Chef widerspricht. «Haben Sie irgendwelche Probleme?», fragt der Chef herablassend. «Hassu Probleeeme?», höhnt Åke und zieht Grimassen. Wir lieben ihn für seine Frechheit, aber natürlich wird man gefeuert, wenn man sich so benimmt. Und das ist genau der Punkt. Das Witzige ist, daß Åke sich ein einziges Mal im Leben so daneben benehmen kann, wie wir es alle gern täten. In der normalen Redesituation ist das Publikum Ihr Chef, und Sie müssen sich auch so verhalten.

An und für sich muß jedes Publikum umschmeichelt werden, selbst und gerade dann, wenn die überlegene Versammlung ganz besonders versessen darauf ist. Sind Sie selbst überlegen, dann sollten Sie erst recht versuchen, für die Einleitung etwas zu finden, worin Ihr Publikum besser ist als Sie selbst.

Schon wenn Sie ihnen versichern, daß sie bald zu den überlegenen Personen auf dem Themengebiet gehören werden, über das Sie gerade sprechen, werden Ihre Sympathiewerte steigen und Ihre Hörer gern die Thesen glauben, die Sie aufstellen. Wer an einem derart regnerischen Abend kommt, um Ihnen zuzuhören, anstatt vor dem Fernseher zu hängen, der muß doch einfach zur intellektuellen Elite des Ortes gehören, nicht wahr? Und schon gar die Leute, die an einem elend kalten Tag wie diesem zu nachtschlafender Zeit aufstehen, um Ihnen zu lauschen – die erst recht. Sagen Sie es ihnen! Wer von seinem Chef zu der anspruchsvollen Fortbildung geschickt wird, die im Kursprogramm versprochen und von Ihnen geleitet wird, der muß in seinem Job ja wirklich besonders gut sein! Sie wissen schon, was Sache ist, aber sie können sich künftig auf einem noch viel höheren Niveau bewegen als vorher, wenn sie hier gut zuhören – das muß Ihre Botschaft an das Auditorium sein.

Und eine Versammlung mit Nobelpreisträgern braucht einfach ein paar kräftigere Injektionen der Anerkennung, um ebenso zu reagieren.

Wir sprechen also nicht, zumindest nicht in der Einleitung, darüber, wie die Experten ihren Job machen sollen. Von unserem sehr bescheidenen Ausgangspunkt aus wollen wir einfach nur einen kleinen Aspekt beitragen, den sie in ihrer Hochgelehrtheit zu behandeln natürlich bislang noch nicht für nötig erachteten.

Am Ende danken wir dem erlauchten Publikum dafür, daß wir selbst so viel im Umgang mit ihm gelernt haben. Das mögen die Leute gern, und das glauben sie auch, selbst wenn sie nicht mehr zur Sache beigetragen haben als einen sehr warmen Applaus.

10. Schwer verkäufliche Botschaften

oder: Niemand ist wütend auf Kannibalen!

Etwas anders liegt der Fall, wenn die Zuhörer uns vielleicht mögen, unsere Botschaft aber besonders schwer verkäuflich ist.

Daß ein feindseliges Publikum sich nicht spontan mit uns einig zeigen wird, liegt sozusagen in der Natur der Sache. Es kann aber auch schwierig werden, wenn das Publikum uns gegenüber aufgeschlossen und freundlich ist und unsere Kompetenz anerkennt – und zwar dann, wenn die Zuhörer ganz einfach die Idee oder das Produkt, das zu verkaufen wir angetreten sind, nicht mögen. Vielleicht handelt es sich ja auch um eine Idee oder ein Produkt, das überhaupt kein normaler Mensch ohne Vorbehalte mögen würde.

So etwas kann seine Ursache in lokalen oder allgemeinen Vorurteilen haben, oder es liegt an den Personen, die die Sache vor uns betrieben haben, oder daran, daß die Sache für diejenigen, die wir überzeugen wollen, wirklich besonders unvorteilhaft ist. Doch im Unterschied zu dem vorangegangenen Kapitel hat das nichts mit unserer Person zu tun. Vielleicht ist es uns aber trotz der widrigen Voraussetzungen gelungen, die Zuhörer durch ein besonders bescheidenes oder humorvolles Auftreten für uns zu gewinnen. Jetzt müssen wir sie nur noch dazu bringen, uns auch unsere Ware oder unsere Sicht der Dinge abzukaufen.

Hier gilt als absolut grundlegende Regel, daß man nicht schüchtern sein darf. Man muß wirklich an seine Botschaft glauben und stolz darauf sein.

Das scheint zunächst ein Widerspruch zum vorigen Kapitel sein. Doch der Unterschied zur Rede vor feindseligen Zuhörern ist der, daß wir jene durch Rhetorik erst einmal für uns als Person gewinnen, während wir hier weiter gehen müssen, um sie außerdem noch dazu zu bringen, unsere Meinung zu übernehmen oder das zu machen, was wir wollen.

Als Individuen bleiben wir nach wie vor bescheiden, doch wir sind stolz und glücklich, daß wir unserem großen Ziel dienen dürfen. Dafür bitten wir nicht um Entschuldigung!

Einer der großen Rhetoriker und Demagogen in der schwedischen Politik war der Führer der Christdemokraten, Alf Svensson. Schon allein die Tatsache, daß er es geschafft hat, in unserem Land, in dem es keine wirkliche christliche oder fundamentalistische Rechte wie in den USA oder in Norwegen gibt, eine christliche Partei in den Reichstag und an die Position der zweiten oder dritten Partei im Land zu führen, ist erstaunlich. (Natürlich kann man sagen, daß der Auszug aus der Wüste ziemlich lange gedauert hat, doch das schmälert nicht die Leistung Mose.) Und natürlich geschah das Ganze auf Kosten der ursprünglichen Botschaft, doch der Parteichef hat es gleichwohl geschafft, den gewichtigen Ton der Moral beizubehalten, der neben der Freundlichkeit, die er ausstrahlte, die große Anziehungskraft seiner Partei ausmachte.

Es gibt politische Parteien – man denke an die SPD –, die sich in zunehmendem Maße für bestimmte Teile ihrer traditionellen Botschaft zu schämen scheinen, die für sie und ihre Klientel unverzichtbar sind – und doch tun sie alles, was möglich ist, um diese Grundpositionen zu verbergen. Im Gegensatz dazu scheint der Schwede Alf Svensson immer noch ganz verliebt in sein Ideengepäck zu sein, das er jedoch, wie sich bei näherem Hinsehen erweist, im Verlauf seiner politischen Genesis größtenteils verloren zu haben scheint. Als einziger aller Parteigrößen bezeichnet er sich zur Zeit zwar nicht als Feminist, hat aber groß «christliche Ethik» auf sein Banner geschrieben, anstatt wie die meisten Kirchenleute mit gewissem Recht darauf hinzuweisen, daß er damit ganz normale Moralvorstellungen meint, denen sich die meisten Kulturen und Gesellschaften verschrieben haben.

In gewisser Weise ist Svenssons bevorzugte Redetaktik ein Beispiel für die rhetorische Figur, die in der Antike *Concessio*, das

Eingestehen von Fakten, genannt wurde: Wenn man einer Sache beschuldigt wird, dann kann es ungeheuer effektvoll sein, sie einfach einzugestehen, denn dann steht der Gegner plötzlich ohne Waffen da.

«Sie wollen die Uhr zurückdrehen!», sagt die Gegenseite.

Sie antworten: «Genau. Ich will die Uhr zurückdrehen. Zurück zu einer Zeit, in der Gerechtigkeit herrschte! Zurück zu einer saubereren Umwelt! Zurück zu menschlichen Werten und einem ruhigeren Arbeitstempo! Zurück zu einer Zeit, als es noch Hoffnung und Zukunft gab!»

Oder was Ihnen auch immer in diesem Kontext einfällt.

Das hier ist übrigens einer der wenigen rhetorischen Tricks, die auch im Privatleben ganz wunderbar funktionieren. Gegenüber Beschuldigungen und Erpressung mit Gefühlen kann man immer sagen: «Ich verstehe ja, daß Dir das so vorkommt, ja, ich bin sogar fast Deiner Meinung.» Oder: «Ja, so bin ich. Das stimmt.» «Wenn Du findest, daß ich ein machochauvinistischer Sadist bin, dann ist das sicher richtig für Dich.» Ungeheuer wirkungsvoll.

Andererseits aber ist es natürlich nicht ganz leicht, wenn man ungerechterweise beschuldigt wird, so daß es in einem schreit und man sich verteidigen, sich rechtfertigen, seine gute Absichten darstellen, sich von Schuld reinwaschen und alles klarlegen möchte, womit man natürlich nur wieder neue Angriffe und Erpressungsmanöver heraufbeschwören würde.

In der Rhetorik ist es jedoch leichter, einen kühlen Kopf zu bewahren.

Nehmen wir einmal an, Sie werden beschuldigt, ein «Moralist» zu sein. Im ultramoralischen Schweden ist das paradoxerweise so ziemlich das Häßlichste, was man zu jemandem sagen kann.

Fangen Sie bloß nicht an, sich zu verteidigen! Sagen Sie nicht: «Nein, ich bin kein Moralist, und darauf bin ich auch stolz! Ich will mich einfach nur für eine menschenwürdige Welt einsetzen!»

Antworten Sie lieber: «Du hast recht! Natürlich bin ich ein Moralist, und ich bin stolz darauf!» Und dann gehen Sie zu Ihrer eigentlichen Botschaft über: «Bei meiner Moral geht es darum, den Schwachen zu helfen, den Moglern das Handwerk zu legen und die Wahrheit vor denen zu schützen, die alle Probleme weglügen wollen...» Oder worum es auch immer geht bei Ihrer Moral.

Wenn jemand behauptet, Sie seien ein Nazi, Sie es aber nicht sind, dann sollten Sie das natürlich vehement verneinen. Doch wenn Sie wirklich ein Nazi sind (was ich natürlich nicht hoffe) und wollen, daß die Leute Ihre unmöglichen Wertvorstellungen teilen, dann ist es viel besser, das gleich zuzugeben, wenn Sie beschuldigt werden, anstatt dazustehen und zu heucheln und zu murmeln. Natürlich hoffen wir, daß sich das Publikum dennoch nicht von Ihren Argumenten überzeugen lassen wird, aber das würde in diesem Fall an der Botschaft selbst liegen. Zum Glück gibt es Fälle, in denen mittlerweile keine Rhetorik der Welt mehr hilft.

Doch die Heuchler machen uns immer noch die größten Probleme.

Die mickrigen Nazigrößen, die im Nürnberger Prozeß behaupteten, daß sie ja keine Ahnung von der Judenvernichtung hatten und daß sie glaubten, die Partei, in der sie waren, sei einfach nur eine Art überuniformierte Pfadfinderbewegung gewesen, die verwirkten den letzten Respekt, den sie bei ein paar Schwachköpfen noch hätten wecken können. Sie wurden gehängt, ohne daß selbst die eifrigsten Gegner der Todesstrafe protestiert hätten. Ein übler Organisator der Sklavenarbeit, der Rüstungsminister Albert Speer hingegen, der seine Mitarbeit an den Lagern bekannte, entging dem Galgen. Als er freikam, wurde er zu einem in gewisser Weise respektierten Experten für das Dritte Reich und seine Verbrechen. Seine Verteidigung in Nürnberg war eine ebenso unangenehme wie geschickte Kombination aus selbstsicherem Geständnis und kriecherischem Flehen um Gnade.

Es ist, wie der amerikanische Standup-Comedian Lenny Bruce in den 60er Jahren in einem meiner liebsten Sketche sagte:

«Was ist eigentlich so schlimm an Kannibalen? Wenigstens stehen sie offen zu dem, was sie gern tun: ‹Wir essen Menschen, weil wir finden, daß sie gut schmecken›. Zwar gefällt uns nicht, was sie machen, und wir versuchen, sie daran zu hindern, aber es gibt doch wirklich niemanden, der herumläuft und sagte: ‹Mein Gott, was bin ich sauer auf die Kannibalen! Ich werde wahnsinnig wütend, wenn ich an sie denke!›» Es sind die Heuchler, die wir nicht leiden können.

Auch auf Alf Svensson ist niemand richtig wütend, selbst wenn vielen Menschen seine Botschaft nicht gefällt.

«Nein, es stimmt, ich bin kein Feminist. Ich will, daß sowohl Mann als auch Frau wählen und ihre Möglichkeiten entwickeln können, wie sie wollen.» Oder wie auch immer er seine konservative Botschaft in der Familienpolitik formuliert.

Mona Sahlins – einer einstens beliebten schwedischen Politikerin – großer Durchbruch geschah mit dem genialen, geradezu klassischen Satz: «Ich finde es ganz schön hart, Steuern bezahlen zu müssen!» Und dann kam gleich die Erklärung all der schönen und wichtigen Sachen, die mit Steuergeldern finanziert werden.

Noch effektiver wirkt bei schwer verkäuflichen Botschaften, was man die *Übertriebene Concessio* nennen kann, bei der man mit Stolz noch mehr auf sich nimmt, als der Gegner einem schon aufladen wollte. Auch das ist eines der Spezialgebiete von Alf Svensson. Sein Meisterstück in diesem Genre bot er in der abschließenden Fernsehdebatte zur Wahl 1998: Birger Schlaug von der Umweltpartei sitzt da und bramabasiert über eines seiner weniger glücklichen Themen: «Alle anderen Parteien haben alte Ideen. Wir von der Umweltpartei sind die einzigen, die neue Ideen haben. Ihr andern habt alle Ideen, die mehr als hundert Jahre alt sind ...»

Oder so ähnlich. Man hört Alf Svensson im Hintergrund rufen, und schon bald ist die Kamera auf ihn gerichtet. Schnell gedacht, Inspiration des Augenblicks. Eine kurze, eilige Replik, aber ein Meisterwerk. So in der Art: «Mehr als tausend Jahre! Zweitausend Jahre, Herr Schlaug!»

Solch einen Debattierer muß man doch einfach lieben!

Deshalb liegt auch momentan die Parteiführerin der Zentrumspartei, Maud Olofsson, in den Meinungsumfragen ganz vorn. Im Unterschied zu ihrem Vorgänger Daléus scheint sie stolz darauf zu sein, das zu verkörpern, was ein Parteigänger der Zentrumspartei eben angeblich ist. Thatcher, Reagan und Bush der Jüngere haben sich noch nie geschämt, konservativ zu sein, und waren mit dieser Haltung recht erfolgreich –, aber Gore schämte sich durchaus, zu den Liberalen zu gehören, und ging damit baden.

Eine andere Sache ist, daß man so wie Bill Clinton oder Tony Blair wegen der Fähigkeit gewählt werden kann, seine Meinung zu ändern. Man kann, indem man Teile des Programms der Gegenseite übernimmt, versuchen, neue Wähler zu locken, während den Anhängern der früheren Parteiposition nichts bleibt, als in die Kissen zu schlagen, wenn sie unzufrieden sind. Hat man ein hoffnungslos schlechtes Programm, dann kann es immer eine gute Idee sein, die Meinung zu wechseln, vorausgesetzt, daß man einfach nur gewählt werden will. Aber, und darum geht es uns ja hier, wenn man wirklich Meinungen verkaufen will, dann kann man nicht damit hinterm Berg halten oder gar schummeln. Genausowenig, wie wenn man eine Ware verkauft. Man muß stolz darauf sein.

Eine Ursache für Gores schmachvolle Niederlage war sicher die Art und Weise, wie er mit Clintons Erbe umging. Jetzt, wo wir den Wahlausgang kennen, können wir sagen, daß er sich völlig verrechnet hat, und das gilt selbst für die oben zitierte Nominierungsrede, die auf dem Papier so wunderbar aussah. Gore schämte sich für die schlechte Sexualmoral Clintons und zeigte dies deutlich, indem er sich sofort von allem distanzierte, was mit Clinton zu tun hatte. Ein derartiges Auftreten ist sehr ungewöhnlich und unnatürlich für jemanden, der als Vizepräsident einem doch sehr erfolgreichen Präsidenten nachfolgen will. Man merkte einfach, daß Gore sich schämte. Und genau das wirkte wenig kameradschaftlich! War es nicht Bill, dem Al alles verdankte? Natürlich erinnerten sich alle an die Sache mit Clinton und seiner Praktikantin. Glaubte Al, die Leute wären so dumm, das zu vergessen? Bush mußte es ja kaum erwähnen, so präsent war die Sache.

Es wäre nicht zuletzt in rhetorischer Hinsicht viel besser gewesen, wenn Gore Clinton umarmt, seinen Einsatz in höchsten Tönen gelobt und sich hinter seinen Freund gestellt hätte.

Schulbücher im Fach Geschichte hießen lange Zeit so ähnlich wie: «Lebendige Geschichte», «Geschichte und Leben» oder «Zeiten und Menschen», um die unangenehme Tatsache zu verbergen, daß Geschichte zum überwiegenden Teil von schlimmen Ereignissen, von Toten und eben von vergangenen Zeiten handelt, was nicht jeder spannend findet. Man hat selten den Eindruck, daß irgendein Schulbuchautor wirklich stolz auf seine Bücher oder von ihrer Bedeutung überzeugt gewesen wäre. Warum aber sollten die Kinder dann davon begeistert sein?

Bush gelang es, wie wir gesehen haben, sowohl seine extrem konservativen Ansichten erhobenen Hauptes darzustellen als auch sie auf eine pfiffige und zugleich beruhigende Weise zu präsentieren. Gore hingegen schien sich für die sozialen Reformen zu schämen, die er trotzdem zu einem Hauptthema machte. Kein Abtreibungsgegner wird sich von der Phrase «für freie Wahl» hinters Licht führen lassen, aber man hört dabei schon, daß der, der sie ausspricht, sich für die Botschaft hinter diesem Slogan schämt.

Hingegen kann man durchaus dafür gewählt werden, daß man verspricht, etwas anderes zu tun, als man eigentlich will.

Wenn man das für sinnvoll hält.

11. Neue Tricks für das Decorum

oder: Lennart und der Seehund

Es gibt aber auch Teile Ihrer Botschaft, über die Sie Stillschweigen bewahren sollten. Man sollte, wie gesagt, unbedingt stolz auf seine Botschaft oder sein Produkt sein, aber es gibt einige Dinge, die man zwar spontan gern anbringen würde, die aber – oft zum Erstaunen des Redners – in Propaganda oder Werbung immer katastrophal wirken.

Nehmen wir zum Beispiel den armen Lennart, den Vorgänger von Maud Olofsson und früheren Parteiführer der schwedischen Zentrumspartei, Lennart Daléus. Was wissen wir von ihm? Woran erinnern wir uns? Er sah aus wie ein Seehund. Ein toter Seehund. Ja, genau! Hatte die Zentrumspartei nicht ein in Gelb und Grauschwarz gehaltenes Plakat mit einem toten Seehund darauf? Und darunter stand: «Das hier ist Lennart!» Und das im Wahlkampf 1998.

Wenn man etwas über Lennart Daléus sagen kann, dann vor allem, daß dieser Mann äußerst geschickt war – eine Art politisches Genie, weil er es geschafft hat, seine Partei trotz der hirnrissigen Wahlpropaganda, mit der man ihn flankierte, über die Vierprozentklausel in den Reichstag zu bringen und sie dort auch einige Zeit zu halten.

Die katastrophale Plakat-Kampagne der Zentrumspartei von 1998 enthielt natürlich so nicht den oben genannten Satz. Aber die Botschaft war es, an die sich jeder Autofahrer und Reisende erinnerte, wenn er an die unglaublich häßlichen Plakate dachte. Der Gedanke dahinter war tatsächlich ein völlig anderer. Man wollte auf das Engagement des Zentrums gegen Umweltverschmutzung und Dreck, für die Tiere und die Zukunft hinweisen. In dem gelben Kasten unter dem toten Seehund, der noch appetitlich mit Schweröl verschmiert war, stand in Wirklichkeit: «Lennart hat nicht vor, herumzuhocken und zuzusehen!»

Der Spruch: «Das hier ist Lennart!», stand auf dem Plakat daneben, darüber ein Foto von Lennart in derselben Farbskala wie der Seehund und mit fast dem gleichen Gesichtsausdruck. Wie auch immer, die meisten Leute erinnern sich heute nur noch daran, daß Lennart doch der war mit den toten Seehunden und dem Schweröl.

Was lernen wir daraus?

Sagen Sie nie etwas Unangenehmes! Zeigen Sie, wenn es vermieden werden kann, in Ihrer Propaganda nie etwas Unangenehmes, selbst wenn es nur besagt, daß Sie dieses Unangenehme oder Eklige bekämpfen wollen. Wer etwas Unbehagliches sagt, wird selbst damit assoziiert und als unangenehm aufgefaßt.

Das läßt sich in dem antiken literarischen und rhetorischen Prinzip des *Decorum* zusammenfassen. Dieses Wort wird gewöhnlich als «das Passende» übersetzt, doch ich würde es, wie ich es in meinem Buch «Die Kunst, überzeugend zu reden» vorgeschlagen habe, lieber mit «dem Prinzip des Nett-Seins» übersetzen. Wer nett ist und nichts Schlimmes sagt, ist auch gut und vertrauenswürdig – das findet jedenfalls unser Unterbewußtsein.

Mit Hilfe dieses Stilmittels gingen die Zentrumsleute in die Falle, und es wäre wirklich schwer gewesen, das nicht zu tun. Man hatte sich ja schließlich aufgemacht, um einen Mißstand zu beseitigen. Sollte man das nicht zeigen dürfen und die Leute zu einer Reaktion zwingen?

Nein, wie gesagt, nein! Auf gar keinen Fall, wenn es sich vermeiden läßt. Hier haben es vor allem Umweltschützer natürlich besonders schwer. Oder Unzufriedenheitspolitiker. Oder die Gegner von Tierversuchen, Abtreibungen oder Todesstrafe.

Auch Hygieneprodukte zu verkaufen, ist die Hölle. Oder haben Sie schon jemals einen Werbefilm für Toilettenpapier gesehen, der zeigt, wozu man es eigentlich braucht? Nein, da sind kleine Lämmchen, die in die Einkaufstaschen springen oder dergleichen.

Wir sollten zwar auch bei solchen «anrüchigen» Themen sehr stolz auf unsere Meinung oder unser Produkt sein, doch wir müssen nur das Gute zeigen, das daraus entsteht. Lennarts Fürsorge für lebendige Seehunde statt für tote wäre vielleicht der Knüller gewesen. Lennart in Badehosen mit einem lebendigen kleinen Heuler auf dem Arm! «Lennart sorgt sich um das Leben!» Vielleicht hätte man hierzu sogar seinen notorischen Hang zum Nudistentum (Stolz!) ausnutzen können, wenn ein nackter Lennart anstelle der Badehosen den Seehund vor sich gehalten hätte. «Lennart ist natürlich!» Oder: «Lennart schützt die Natur!» Die Möglichkeiten sind unendlich, wenn man sich nur mal die Zeit nimmt, die Sache in Ruhe zu betrachten.

In der Zeit der modernen Massenmedien ist es eher selten, daß jemand einen derartigen Fehler macht, wie in diesem Falle die Zentrumspartei. Doch selbst die Moderaten schafften es, in der Stockholmer Kommunalwahl mit einem Plakat in der Untergrundbahn ziemlich viele Wähler zu vergraulen. Dort war eine blau geschlagene Frau zu sehen, und darunter stand: «Die rohe Gewalt nimmt zu – Die Moderaten».

Natürlich hätte man statt dessen lächelnde Politiker, vielleicht gemeinsam mit lächelnden Mitbürgern zeigen müssen und über die Sicherheit zu Hause und auf der Straße schreiben sollen.

Allerdings hat es in Schweden durchaus auch erfolgreiche negative politische Propaganda gegeben. Man denke zum Beispiel an die sogenannte «Kosakenwahl» 1928, die nach einer berüchtigten Plakatkampagne von der Rechten gewonnen wurde. Die Sozialdemokraten, die gemeinsam mit dem linken Forum und den Kommunisten unter der Volksfrontbezeichnung «Arbeiterpartei» an den Start gingen, wurden damals als Handlangertruppen der Sowjetunion bezeichnet. Auf den Plakaten waren häßliche Bilder in Rot und Schwarz, die Kosaken darstellten, welche dabei waren, das Vaterland zu plündern und schwedische Frauen zu vergewaltigen. Und dabei verrieten diese widerlichen Ergüsse mit keinem Wort, wer dahinter steckte. Der Text lautete: «Frauen Schwedens! Jeder, der für die ‹Arbeiterpartei› stimmt, der stimmt für die Auflösung der Familienbande, die Verwilderung der Kinder und den Verfall der Sitten.»

Mehr nicht. Die Kosaken wurden einfach nur mit dem Wort «Arbeiterpartei» assoziiert. Hätte dort statt dessen irgend etwas über die «Rechtspartei» (oder den «Allgemeinen Wahlmännerverband», wie sie damals hieß) gestanden, dann wäre der Effekt sicher der umgekehrte gewesen. Man hätte sogleich das Gefühl gehabt, daß die politische Rechte hier mit sehr üblen Tricks arbeitet. Wahrscheinlich funktionierten die Wahlplakate vor allem dadurch, daß sie die Linkswähler davon abhielten, überhaupt zu wählen, denn das Unterbewußtsein sagte ihnen, daß zumindest die Frauen im Schoß der Arbeiterbewegung ein schlimmeres Schicksal erwartete als der Tod.

Das erfolgreichste aller schwedischen Wahlplakate scheint jedoch das der Sozialdemokraten zugunsten der allgemeinen Rentengesetzgebung im Jahre 1957 gewesen zu sein: «Gerne Medaillen – aber erst eine anständige Rente!» Großartig! Der Stolz auf den eigenen Vorschlag, der von der Gegenseite als der erste Schritt zur Sowjetisierung bezeichnet worden war. Das Versprechen einer echten Verbesserung. Und dann auf dem Bild der nette alte bürgerliche Onkel mit seiner Medaille in einem altmodischen ovalen Fotorahmen. Und jetzt soll er aber auch eine anständige Rente bekommen. Schon das System, über das wir hinaustreten wollen, ist nett. Die Medaille wird als etwas Positives wahrgenommen. Und so soll es auch bleiben. Das nagende Mißtrauen, daß der sympathische alte Mann es vielleicht mit Essen und Wohnung doch nicht so gut hat, muß der, der das Plakat ansieht, selbst aushalten. Die Wahlbeteiligung war am Ende sehr hoch, und der Erfolg für die Rentengesetzgebung und die Sozialdemokraten sehr groß.

Es gibt immer etwas Angenehmes, worüber man reden kann.

Wählen Sie zukünftige Wirkungen anstelle von altem Elend! Lassen Sie die Konkurrenten von Fettflecken reden, Sie verkaufen hier eine saubere Küche. Lassen Sie den Staatsanwalt von irgendwelchen Schweinereien mit Praktikantinnen reden, während Sie die Hände zum gefühlvollen Gebet erheben, um Vergebung bitten und Ihrer Hoffnungen für die Zukunft Ausdruck verleihen. Göran Persson steht richtig sympathisch da, wenn er eine fette Wurst ißt, während Margareta Winberg geradezu lästig wird, wenn sie über irgendwelche Tiertransporte jammert. Im Fernsehen wollen wir glückliche Schweine sehen. Das kann zynisch wirken, aber je mehr Sie ein ideelles Ziel verfolgen, desto mehr sollten Sie darüber nachdenken und Ihre Propaganda dem anpassen – wenn Sie wirklich Erfolge sehen wollen.

12. Eine miese Sache verteidigen

Dieses Kapitel würde man am liebsten gar nicht schreiben.

Lüge ist keine Rhetorik, genausowenig wie man jemandem seine eigene Auffassung mit Gewalt oder durch Mißhandlung aufzwingen kann. Wie wir bereits gesehen haben, ist die Lüge in den meisten Fällen ohnehin kontraproduktiv. Die Gefahr, entlarvt zu werden, ist immer sehr groß, und auch die kleinste Unwahrheit wirkt absolut vernichtend, wenn sie entdeckt wird.

Dennoch gibt es immer wieder den Fall in der höheren Rhetorik, daß sich der Redner in einer Lage befindet, in der sein größtes Problem die Wahrheitsliebe ist. Er muß glaubwürdig wirken. Und in vielen dieser Fälle, selbst in den erfolgreichen, wird im nachhinein klar, daß der Redner oder der Klient, um den es ging, durchaus Dreck am Stecken hatte. Rhetorisch gesehen, macht es eigentlich auch keinen Unterschied, ob der Angeklagte zu Recht oder zu Unrecht beschuldigt wird. In beiden Fällen handelt es sich um eine extreme Unterlegenheitssituation, in der die Jury, der Richter oder die Allgemeinheit gegen alle Unbill und bekannten Fakten von der Unschuld des Protagonisten überzeugt werden müssen.

Zunächst einmal kommt es darauf an, das Wohlwollen, das es trotz allem immer gibt, hervorzulocken und damit zu spielen.

Es gibt einen Wunsch, selbst gegen besseres Wissen an das Gute zu glauben und den Angeklagten freizusprechen. Mit diesem

Wunsch können wir spielen, denn hier wartet man nur auf einen guten Grund, Wohlwollen zu zeigen. Natürlich ist es auch wahr, daß die Öffentlichkeit, im angelsächsischen Recht durch die Jury, in den meisten anderen nordeuropäischen Staaten durch die Schöffen vertreten, fast immer blutrünstiger und eher bereit ist, zu verurteilen und zu strafen, als die Richter. Doch die Aufgabe der Rhetorik ist es hier, die andere, weichere Seite hervorzulocken, die es auch gibt, und sie zu stärken und zu versorgen, zunächst bei einigen wenigen, dann bei immer mehr der Angesprochenen – seien es Richter oder Schöffen.

Im zweiten Oscar Wilde-Prozeß, in dem Wilde selbst auf der Anklagebank saß, war sein Anwalt Sir Edward Clarke viel besser drauf. Die Jury «hing», was heißt, daß man sich uneins war, da es Clarke gelungen war, so viel Sympathie für die Person von Wilde und die unglücklichen Umstände zu wecken, daß einige der Jurymitglieder bereit waren, von «ernsthaften Zweifeln» zu sprechen, die ihnen von der Verteidigung nahegebracht wurden. (Der dritte unglückselige Prozeß hätte sicher gar nicht stattgefunden noch wäre er von der Krone so unnachgiebig verfolgt worden, wäre es nicht darum gegangen, leitende Beamte von dem sehr begründeten Verdacht zu befreien, daß viele von ihnen seit der Internatszeit insgeheim Wildes Neigungen teilten.)

Cicero gelang es manches Mal, das Argument, man müsse an die römische Jugend als solche glauben, geltend zu machen. Schließlich seien diese Jugendlichen die Zukunft! Da sei es doch nebensächlich, daß sie manchmal ausrasten und in schlechte Gesellschaft geraten. Man müsse an sie glauben!

Im Prozeß gegen den schwarzen amerikanischen Football-Star O. J. Simpson, der seiner weißen Exfrau und einem Kellner, von dem er glaubte, daß er ihr Liebhaber sei, die Kehle durchgeschnitten hatte, lief die Grundstrategie der Verteidigung darauf hinaus, der aus Farbigen zusammengesetzten Jury Möglichkeiten zu zeigen, wie sie trotz der erdrückenden Beweislage noch ein klein wenig Raum für Zweifel entdecken könnte. Nachdem man zunächst einmal die Tatsache etabliert hatte, daß die eigentlich dafür viel zu vermögende öffentliche Persönlichkeit Simpson immer noch «einer von uns» war und daß die weiße Hure im Grunde doch nur bekommen hatte, was sie verdiente – natürlich sprach man das so nicht aus –, bot man den Mitgliedern der Jury die Möglichkeit an, ihr Gewissen mit «reasonable doubts» – «vernünftigen Zweifeln» – zu erleichtern. Einige von ihnen drückten hinterher aus, daß sie von Simpsons Schuld überzeugt gewesen seien, aber doch meinten, daß «die Sache ja nicht bewiesen» sei. Auf diese Taktik werden wir gleich noch zurückkommen.

Auch hier muß man also zunächst um Sympathie für den Klienten werben, und zwar muß er so sympathisch wirken, daß man uns wider besseres Wissen helfen wird.

Die wichtigste Methode jedoch, der wir uns zuwenden müssen, nachdem wir Wohlwollen erzeugt haben, ist, die Sache in ihren richtigen Zusammenhang zu stellen. Wir fangen nicht damit an, uns zu verteidigen, sondern in unserem *Exordium* sprechen wir von etwas Angenehmem. Je schlimmer das Vergehen ist, das zur Anklage gebracht wurde, desto angelegentlicher und geduldiger hört das Publikum an, was wir zu sagen haben. Deshalb haben wir es überhaupt nicht eilig, zum Thema zu kommen, sondern verwenden die Zeit darauf, den Leuten erst einmal eine Menge wichtiger Informationen zukommen zu lassen. Wir haben das Wort, und diese Situation nutzen wir zu unserem Vorteil, ehe wir uns den weniger angenehmen Dingen zuwenden. Unsere Geschichte erzählen wir in der *Narratio*. Die besteht aus positiven Wahrheiten und stellt die größeren Zusammenhänge her, in denen man die Sache sehen muß, um sie überhaupt verstehen zu können.

Unsere Unschuld stellen wir daraufhin in der *Probatio* unter Beweis. Wie könnte jemand, nachdem er das eben Gesagte gehört hat, noch auf die Idee verfallen, uns oder unseren Klienten zu verdächtigen? Wie könnte jemand den fiesen Gerüchten Glauben schenken, die da umgehen?

Erst dann gehen wir in der *Refutatio* dazu über, den miesen, ekeligen und kleingeistigen Behauptungen zu begegnen, mit denen der Staatsanwalt oder die Skandalpresse aufgekreuzt ist. Und dann nutzen wir bis zum Äußersten, obwohl alle ja die Anklage genau kennen, die *Insinuatio*.

Der Verteidiger von O. J. Simpson verwandte den Erzählteil seines Schlußplädoyers darauf, die wahre Geschichte von O. J. zu entrollen. Wie er im Slum aufgewachsen, dann im Football groß geworden war und schließlich zu einem Vorbild für die Farbigen in den USA wurde. Welche Freude es war, ihn auf dem Spielfeld zu sehen, was für ein guter Sportsmann er war und wie er doch immer «unser O. J.» geblieben war, derselbe alte Kumpel wie immer. Wie er nach Hollywood kam und trotzdem der alte O. J. blieb, der den Kontakt zu seinen Wurzeln nicht verlor. Was für ein guter Vater er auch nach der Scheidung für seine Kinder geblieben war – und man fragt sich einfach nur, wie irgend jemand glauben kann, daß er so etwas getan haben könnte. Dann ging man, getreu den Regeln, dazu über, sich gegen die haarsträubenden Behauptungen zu verwehren, mit denen die Staatsanwaltschaft gekommen war.

Hier sollte man noch einmal darauf hinweisen, welchen Vorteil man oft hat, wenn man sich gegen wirklich fiese Anschuldigungen verteidigen muß. Wir, die wir uns verteidigen müssen, können das *Decorum* so richtig auskosten.

Der unabhängige Staatsanwalt Kenneth Starr war es, und nicht etwa Clinton, der während der Lewinsky-Affäre täglich im Fernsehen zu sehen war, der sich in Sexdetails wälzte. Wer kleine Kinder hatte, schaltete den Apparat ab, sowie Starr auf der Mattscheibe erschien. Mehr als der Präsident wurde der Sonderermittler zum verhaßten Schweinigel der Nation. Auch im Prozeß um O. J. Simpson war es die Aufgabe der Staatsanwaltschaft, in den Direktübertragungen die Gerichtsmediziner zu befragen und detailliert die aufgeschnittenen Kehlen zu beschreiben. Hier hatte man immerhin zu dem Trick gegriffen, nicht die charmante Staatsanwältin Marcia Clark oder ihren beliebten schwarzen Assistenten Chris Darden mit den Medizinern reden zu lassen, sondern einen unbekannten Zuarbeiter, der weder weiße noch schwarze Haut hatte, sondern indischer Herkunft war. Doch sowohl Marcia Clark als auch Kenneth Starr verloren ihren Prozeß gegen die allgemeine Meinung – und im Anschluß daran auch im Gerichtssaal. Die Verteidigung hatte in beiden Fällen, was das *Decorum* anging, einen Vorteil, und nutzte diesen bis zum Äußersten aus.

Wenn wir in der *Refutatio* endlich auf die Beweise der Gegenseite eingehen, die man uns vorhält, dann müssen wir vor allem wieder an das Prinzip des Nett-Seins denken und uns auf keinen Fall mehr als unbedingt notwendig, wenn überhaupt, in Details ergehen. Diese Sache ist ja einfach überhaupt nicht so passiert! Jedenfalls uns nicht! Wir müssen uns vor allem in die Beweggründe der Gegenseite einarbeiten und versuchen, dort den Stachel der Unschuld zu plazieren – doch auch dann darf man nicht ekelig werden. Man kommt ja auch mit Andeutungen schon ziemlich weit.

Dann müssen wir nun in umgekehrter Form als Mittel der Verteidigung einsetzen, was wir bei der Betrachtung des Alcalá- und des Wilde-Falles gelernt haben. Wir leiten die *Refutatio* damit ein, daß wir hart und schonungslos zurückschlagen, und zwar auf einen kleinen, aber klaren sachlichen Fehler, den die Anklage begangen hat. Eine Sache findet sich immer, besser noch zwei.

Im Fall von O. J. Simpson zielte die Strategie der Verteidigung zunächst darauf, alle Detailuntersuchungen, die die Polizei durchgeführt hatte, in Frage zu stellen, und zwar nicht so sehr, um den Umgang mit Blutflecken oder Haarproben in Zweifel zu ziehen, sondern um die Glaubwürdigkeit in größeren Fragen ins Wanken zu bringen. Außerdem gelang es zu beweisen, daß der wichtigste Zeuge der Polizei in einer Sache, die mit dem Prozeß überhaupt nichts zu tun hatte, gelogen hatte. Er hatte ein paar Jahre zuvor das Wort «Nigger» im Zusammenhang mit Farbigen benutzt. Die Wirkung auf die aus Schwarzen bestehende Jury war enorm, und dies gab ihren Mitgliedern noch eine weitere Entschuldigung, eine Person, die sie mochten, wider besseres Wissen freizusprechen, und das trotz Augenzeugen und DNA-Beweisen.

Quintilian rät uns außerdem, größere Beweiszusammenhänge in kleinere Teile zu zerpflücken.

Die überwältigende Menge von Blut, das von den Opfern stammte, auf den Strümpfen von Simpson, in seinem Auto und in seiner Dusche wie auch Flecken von seinem eigenen Blut am Tatort und Blut sowohl von den beiden Opfern als auch von ihm selbst auf seinen Handschuhen und so weiter – das alles konnte man natürlich nur schwer wegerklären. Man hätte eine Konspiration aus Hunderten von schweigenden Polizisten gebraucht, um das in Nullkommanix im Dunkel der Nacht zustande zu bringen, und hinterher hätte niemand dafür angeklagt oder auch nur verdächtigt werden dürfen. Doch in monatelanger Arbeit – das ansehnliche Vermögen von O. J. ging dafür drauf, all diese Zeit der Anwälte zu bezahlen –, beschäftigte man sich damit, über jeden einzelnen Blutfleck und die Frage zu diskutieren, ob er nicht unter extrem seltsamen Umständen auch von jemand anders dort hätte angebracht werden können. Und das funktionierte – reichte zumindest aus, um der immer besser vorbereiteten Jury vor sich selbst eine Entschuldigung zu präsentieren, um zu sagen, daß in dieser Sache «ernsthafte Zweifel» bestünden.

Hier müssen wir, wenn auch aus der anderen Perspektive, noch einmal die wichtigste Lehre bedenken, die wir aus dem ersten Wilde-Prozeß ziehen konnten. Niemals bei Kleinigkeiten lügen! Wenn man schuldig ist und glaubt, damit durchkommen zu können, dann kann man lügen, aber nur in der einen großen Sache! Und dann so einfach und rundheraus lügen wie möglich. Wenn man unschuldig ist, darf man nicht versuchen, seine Unschuld mit Halbwahrheiten und frisierten Detailgeständnissen aufzubessern! Wenn man dabei erwischt wird, dann ist das ebenso schlimm, als wäre man in der großen Sache, um die es eigentlich geht und in der man doch eigentlich unschuldig ist, bei einer Lüge ertappt worden. Keine einzige Antwort und keine Lüge von Clinton im Verlauf der Lewinsky-Affäre – während der er und seine Ratgeber rund um die Uhr arbeiteten und es vermieden, solche Fehler zu begehen – hat dem Ex-Präsidenten so viel Gelächter und Probleme eingebracht wie die Erklärung viele Jahre zuvor, als er zugab, als junger Mann Haschisch geraucht zu haben, sich aber damit entschuldigte, er habe ja keinen Lungenzug genommen.

Das war eine Lüge, ganz klar. Auf jeden Fall sah es aus wie eine Lüge. Wir hätten mehr Respekt vor ihm gehabt und ihm vielleicht sogar geglaubt, wenn er selbst im Angesicht der Zeugen alles einfach geleugnet hätte. (Oder wenn er den ganzen Mist eingestanden und dann, gern übertrieben und ausschweifend, Besserung gelobt hätte.)

Doch in unserer näheren Umgebung haben wir ja schon schlimmere Schnitzer erlebt. Es ist doch nur unser eigentümliches schwedisches Wahlsystem und die Abschaffung der Personenwahl, die immer wieder den Chef der Dienstleistungsgewerkschaft, den Landesvater, Wirtschaftsminister und Pornoclubfantasten Björn Rosengren rettet, auch bekannt als «der Mann, der nicht weiß, wo er ist».

Schlimm genug, daß er das Geld der Gewerkschaftsmitglieder benutzt, um umgerechnet ein paar Monatsgehälter für einen Besuch im Sexclub zu investieren. Aber es ist noch schlimmer, sich mit dem Satz zu entschuldigen: «Es war so verraucht dort, daß ich gar nicht gemerkt habe, daß ich in einem Pornoschuppen gelandet war.»

Würde man von diesem Mann eine gebrauchte Telekomaktie kaufen?

(Das Seltsame daran ist übrigens, daß der Aktienmarkt scheinbar völlig anderen Gesetzen gehorcht als die politische, juristische oder wirtschaftliche Rhetorik. Wir scheinen bereit zu sein, auf diesem Gebiet fast jedem fast alles zu glauben, ganz gleich, wessen er sich früher einmal schuldig gemacht hat. Ansonsten wäre es völlig unmöglich, daß Fondskommissare, Analysten oder Wirtschaftsabteilungen überhaupt noch arbeiten. Woran liegt das? Ich hoffe, daß diese Frage einmal erforscht werden wird.)

Wie auch immer: Im Idealfall haben wir (oder unser Anwalt) inzwischen erst einmal einen netten Eindruck gemacht, der die Versammlung dazu bringt, uns glauben zu wollen. Wir haben die größeren Zusammenhänge geklärt, haben gezeigt, was für ein netter Typ wir sind und wie unsere ganze Lebensgeschichte in krassem Gegensatz zu der Anklage steht. Wir haben freimütig unsere Unschuld beteuert. Wir oder unsere Gutachter haben wenigstens ein paar der lächerlichen Detailbehauptungen heruntergespielt, mit denen die Gegenseite gekommen ist, und haben somit die ganze Sache in Zweifel gezogen.

Jetzt richten wir in der Schlußpassage, der *Peroratio*, wieder den Blick auf höhere Ziele und größere Zusammenhänge.

Wie Simpsons Verteidiger Johnnie Cochran denken wir daran, wie wichtig es ist, O. J. Simpsons Freiheit zu erhalten, denn er ist ein Vorbild für die Schwarzen, und er muß sich um seine armen mutterlosen Kinder kümmern (tatsächlich ist ein solcher Satz gefallen).

Wie Cicero sprechen wir davon, wie wichtig es ist, den jungen und des Giftmords verdächtigen Playboy Marcus Caelius Rufus seinem alten Vater und dem Vaterland zu erhalten. Außerdem verspricht der Papa, daß Caelius sich für das Vaterland, für die Richter und für deren Kinder einsetzen wird, so daß auf diese Weise alle in den Genuß der reichen Früchte, die seine Arbeit tragen wird, kommen werden.

Wie Sir Edward Clarke in dem zweiten, erfolgreichen Wilde-Prozeß sprechen wir von all den Menschen, die hoffen, daß unser Klient freigesprochen wird, und davon, wie wichtig es ist, einen der berühmtesten und erfolgreichsten Vertreter der englischen Literatur (und damit die Literatur selbst) von diesen schrecklichen Verdächtigungen zu befreien: «Und wenn Sie ihn befreien, dann werden Sie auch die ganze Gesellschaft vom Schmutz reinwaschen!» Wir appellieren an das Wohlwollen der Zuhörer, das sich am besten auf Dritte richtet, wie zum Beispiel die Kinder von Simpson, den Vater von Caelius oder die Leser von Wilde, und dann appellieren wir an die Sorge der Zuhörer für sich selbst und die Gesellschaft im ganzen.

Und sollte es entgegen aller Vermutung dennoch geschehen, daß wir verurteilt oder enttarnt werden, dann müssen wir beim nächsten Mal statt dessen zu der Sorte Rede greifen, die wir im folgenden Kapitel behandeln werden.

13. «Habe ich mich wieder einmal daneben benommen?»

Ganz gleich, ob wir auf frischer Tat mit dem Finger im Honigtopf erwischt wurden oder ob wir im Verlauf eines Prozesses oder einer Medienverfolgung von Beweisen erdrückt und enttarnt wurden – wir müssen uns natürlich verteidigen. Wir können versuchen, den Schaden zu begrenzen oder in manchen Fällen auch ganz einfach Sympathien zu gewinnen und damit Punkte zu machen.

Das Publikum mag den, der für das einsteht, was er getan hat. Und von diesem Ausgangspunkt können wir uns immer weiter vorarbeiten.

Ein modernes Meisterwerk auf diesem Gebiet ist die Fernsehansprache von Clinton, die er am 17. August 1998 gehalten hat, nachdem er vor einer sogenannten «Grand Jury» alles über die Affäre mit Monica Lewinsky gestanden hatte.

Nun haben wir ja bereits gesehen, wie er in der Rede vor ein paar Pfarrern um Verzeihung gebeten hat, aber das war schließlich eine besondere Gelegenheit und vor einem besonderen Auditorium. Es besteht kein Zweifel, daß die anrührende Rede vom 17. August die Meinung im Lande zu seinen Gunsten wendete. Man sieht hier aber auch, wie absolut hoffnungslos und peinlich die Lage für den Redner ist. Er hat nicht nur all die kleinen schmutzigen und teilweise auch etwas komischen Sachen mit der Praktikantin Monica gemacht, die behauptet wurden. Außerdem hat er noch öffentlich gelogen; selbst das jetzt vor dem Fernseher sitzende Publikum hat er angelogen. Zwar hatte er mit seiner Lüge zunächst Erfolg, doch als er dann dabei ertappt worden war, wirkte die ganze Sache um so peinlicher und gefährlicher – man vergleiche den Fall Wilde.

Im Fernsehen sieht er erschüttert, etwas rotgesichtig und reuevoll, aber doch gefaßt aus. Er beginnt zögernd, mit rauher Stimme, sieht aber nach einer Weile auf und in die Kamera und – wie man annehmen darf – in den Teleprompter. Es wirkt aber so, als würde er tatsächlich frei reden, als würden die wohlberechneten Sätze mit wachsender Festigkeit aus einem erschütterten, aber grundguten Herz kommen:

«Guten Abend. Heute nachmittag habe ich in diesem Zimmer, auf diesem Stuhl hier vor der Delegation der unabhängigen Staatsanwaltschaft und der Grand Jury Zeugnis abgelegt. Ich habe ihre Fragen wahrheitsgetreu beantwortet, auch Fragen über meine Privatleben, Fragen, die kein amerikanischer Bürger je würde beantworten wollen. Und doch muß ich die volle Verantwortung für alle meine Handlungen, sowohl die öffentlichen wie auch die privaten, übernehmen. Und deshalb spreche ich heute abend zu Ihnen.»

Dieses *Exordium* ist zwar typisch für das Genre und die Situation, in der sich der Redner befindet, doch ist es gleichwohl auch ein Meisterstück. Wenn man erwischt wird, dann ist es ungeheuer wichtig, die volle Verantwortung zu übernehmen. Und zwar so schnell wie möglich. Es hat niemals jemand anders schuld. Es sind niemals die Umstände, die schlechte Kindheit oder etwas Vergleichbares. Dann erweckt man nur den Eindruck, nicht reuevoll genug zu sein, und man wird ja auch wieder denselben Umständen oder derselben schlechten Kindheit unterworfen sein. Außerdem gelingt es Clinton hier auf diskrete Weise, große Sympathien für seine Person und seine Lage zu gewinnen: «Questions no American citizen would ever want to answer.» («Fragen, die kein amerikanischer Bürger je würde beantworten wollen.») Was hat er denn schließlich, wenn man es mal genau bedenkt, sich zuschulden kommen lassen, abgesehen von etwas beiläufigem Sex? Selbst wenn man nun zu den echten Moralisten gehören würde, dann war das, was da auf der Betriebsweihnachtsfeier im Kopierraum passiert ist, doch viel peinlicher. Zwar wird das Publikum das nicht Wort für Wort so denken, doch alle werden es fühlen. Ein Wir-Gefühl! Und Bill hat da gesessen, wo er jetzt sitzt, und ist genötigt worden ... Und doch steht er zu dem, was er getan hat ... Und er spricht ja mit uns darüber:

«Wie Sie wissen, bin ich im Januar in einer Zeugenvernehmung über mein Verhältnis zu Monica Lewinsky befragt worden. Obgleich meine Antworten juristisch gesehen korrekt waren, habe ich freiwillig keine weiteren Informationen erteilt. Es ist so, daß ich tatsächlich mit Miss Lewinsky ein Verhältnis hatte, das unangemessen war. Es war einfach falsch. Es bewies ein katastrophal schlechtes Einschätzungsvermögen und ein persönliches Defizit meinerseits, für das ich allein voll und ganz verantwortlich bin.

Doch ich habe heute vor der Grand Jury gesagt, und heute abend sage ich es zu Ihnen, daß ich zu keiner Zeit jemanden gebeten habe, zu lügen oder Beweise zu vernichten oder zu verbergen oder sich auf irgendeine andere Weise ungesetzlich zu verhalten.

Ich weiß, daß meine öffentlichen Aussagen und mein Schweigen zu dieser Sache einen falschen Eindruck vermittelt haben. Ich habe Menschen betrogen, darunter auch meine Ehefrau. Und das tut mir ungeheuer leid.»

Man könnte jetzt sagen, daß der Redner hier ganz schön dick aufträgt, aber er klingt aufrichtig. Und gleichzeitig weckt er gerade dadurch neue Sympathien und den Gedanken, daß die ganze Geschichte so schlimm nun wirklich nicht war. Außerdem benennt er mit keinem Wort die Sache selbst – dafür sind wir selbst und der mit Dreck werfende Staatsanwalt zuständig. Wer würde denn in solch einem Fall sofort nach Hause laufen und der Ehefrau das Ganze erzählen – oder gar damit vor laufende Fernsehkameras treten? Was ist hier eigentlich los?, fragt sich ganz spontan unser Unterbewußtsein, ohne daß Clinton auch nur eine

Andeutung machen muß. Doch das echte Meisterstück ist natürlich das Geständnis selbst, im Original noch viel besser: «Indeed, I had a relationship with Ms Lewinsky that was not appropriate.» («Es ist tatsächlich so, daß ich mit Miss Lewinsky ein Verhältnis hatte, das unangemessen war.») Gelinde gesagt. Wir wollen schon gerade anfangen zu glauben, daß das hier eine Ausrede ist, als der ehrlich Bill nach einer Kunstpause noch einmal nachlegt: «In fact, it was wrong!» («Es war einfach falsch.») Klar, kompakt und reuevoll bis zum Anschlag. Und gleichzeitig kein einziges schmutziges Wort!

Nach dieser Klarstellung des Hintergrunds, der *Narratio*, in der sowohl seine Ehrlichkeit deutlich gemacht, Sympathie geweckt und das ganze Problem ins richtige, positive Licht gerückt wurde, kann der Redner zur *Probatio* übergehen, zum eigenen Standpunkt und den eigenen Beweisen in der Sache:

«Ich kann Ihnen nur sagen, daß ich von vielen Faktoren geleitet wurde. Zunächst und vor allem von dem Wunsch, mich selbst davor zu schützen, mich für mein Verhalten schämen zu müssen.»

Wieder dieselbe Figur. Es klingt, als würde er jetzt etwas wegerklären oder entschuldigen wollen. Doch dann folgt eine Verschärfung der Schuld und des Eingeständnisses. Danach ist wieder Zeit für mildernde Umstände: «Es ging mir natürlich auch darum, meine Familie zu schützen. Die Tatsache, daß diese Fragen in einem politisch ausgerichteten Gerichtsverfahren gestellt wurden, das später dann niedergeschlagen wurde, hat mein Verhalten ebenso beeinflußt.

Außerdem war ich wegen einer Untersuchung einer Sonderkommission wirklich und ernsthaft beunruhigt, in dem es um private Geschäftstransaktionen aus einer Zeit vor 20 Jahren ging. Transaktionen, so möchte ich hinzufügen, bei denen eine unabhängige staatliche Institution vor zwei Jahren keinerlei Anhaltspunkte für ein unrechtmäßiges Verhalten seitens meiner Ehefrau oder mir feststellen konnte. Die Untersuchung der Sonderkommission konzentrierte sich dann auf meinen Beraterstab und meine Freunde – und dann auf mein Privatleben. Und jetzt ist die Untersuchung selbst Gegenstand einer Untersuchung.»

Wie man sieht, ist es eine schwierige Gratwanderung, wenn man nicht den Eindruck erwecken will, man wolle sich entschuldigen, aber gleichzeitig den Schatten des Zweifels auf die Bemühungen des Klägers werfen möchte. Ohne das einleitende Geständnis und die Manöver im ersten Teil der Rede wäre das gar nicht möglich gewesen. An dieser Stelle nun hat Clinton es geschafft, sowohl seinen Standpunkt klarzustellen als auch Verständnis dafür zu erlangen. Jetzt kann er zum schwierigsten Teil der Rede übergehen, der *Refutatio*, in der er den Vorwürfen der Gegenseite begegnen muß. Aber Achtung, hier geht es nicht um die Behauptung, er habe Sex mit Miss Lewinsky gehabt. Es geht auch nicht um die Tatsache, daß er gelogen hat. Die Frage, um die es letztendlich geht, ist, ob er noch weiter Präsident sein darf und ob er es schafft, weiteren politischen und juristischen Untersuchungen aus dem Weg zu gehen:

«Das hier geht jetzt schon viel zu lange, und es hat viel zu vielen unschuldigen Menschen Schmerzen zugefügt.» Mit den Unschuldigen sind nach seinem starken und umfassenden Geständnis sicher Miss Lewinsky und ihre Familie sowie Hillary Clinton und seine Tochter Chelsea gemeint. Und es klingt so, als sei es der Staatsanwalt Starr – der doch nie mit Namen genannt wird! –, der ihnen weh tut. Das ist jedenfalls das Gefühl, das wir vermittelt bekommen. Clinton geht weiter, in positivem Geist:

«Nun ist das hier aber eine Sache zwischen mir, den beiden Menschen, die ich am meisten liebe – meine Ehefrau und meine Tochter – und unserem Gott.» Sehr amerikanisch. Sehr stark. In diesem Zusammenhang einfach glänzend. Der Präsident spricht ganz ruhig weiter:

«Ich muß diese Sache richtigstellen, und ich bin bereit, das zu tun, ganz gleich, was es mir abverlangen wird. Es gibt nichts, was für mich persönlich wichtiger ist. Aber es ist eine Privatsache, und ich bin fest entschlossen, mein Familienleben wieder für die Familie zurückzuerobern. Außer uns geht diese Sache niemanden etwas an. Selbst Präsidenten haben ein Privatleben. Es ist an der Zeit, daß man damit aufhört, das Leben von Privatpersonen zu zerstören und darin herumzuwühlen, und sich statt dessen wieder dem Leben der Nation zuwendet. Unser Land ist von dieser Sache viel zu lange in Anspruch genommen worden, und ich übernehme die Verantwortung für meinen Teil darin. Das ist das einzige, was ich tun kann.»

Hat er nicht recht? Keine Ausflüchte, und doch spüren wir, daß wir jetzt mit ihm weitergehen wollen. Er hat seine Schuld bekannt. Es tut ihm leid. Er hat davon gesprochen, was er für die Familie tun wird. Jetzt, in der *Peroratio*, richten wir unsere Gedanken auf die Nation als Ganzes und darauf, was er für sie tun kann und will und was wir alle miteinander tun müssen:

«Jetzt ist es Zeit, ja, höchste Zeit, weiterzugehen. Wir haben wichtige Arbeit zu tun, wirkliche Gelegenheiten zu ergreifen, wirkliche Probleme zu lösen und wichtige Sicherheitsfragen zu klären. Und deshalb bitte ich Sie heute abend, sich nun von dem Schauspiel der vergangenen sieben Monate abzuwenden, die Formen für unseren nationalen Dialog wiederherzustellen und unsere Aufmerksamkeit wieder auf alle die Herausforderungen und Verheißungen des nächsten amerikanischen Jahrhunderts zu richten. Vielen Dank, daß Sie zugeschaut haben. Und gute Nacht.»

Die Schlußpassage ist mehr rhetorisch gehalten – mit Aufzählungen, Binnenreimen und Anrufungen –, sie ist aber auch «gespielt spontan» mit bewußt falschen grammatikalischen Übergängen – «Ich bitte *Sie* ... *unsere* Aufmerksamkeit ...» – und dem am Ende ganz einfachen alltäglichen «Danke, daß Sie zugeschaut haben!»

Ich habe mich bei dieser Rede so lange aufgehalten und sie zur Gänze zitiert, weil sie sowohl diese Situation als auch viele Probleme der höheren Rhetorik vortrefflich illustriert. Darüber hinaus ist sie ein unglaublich professionelles rhetorisches Produkt, von einem großen Stab von Medienexperten erarbeitet, das trotzdem – oder vielleicht gerade deshalb – völlig spontan wirkt. Die Rede weicht ein wenig von den Grundregeln ab, weil man selbst bei einem derart ungewöhnlichen Thema gezwungen war, das blasierte Nachmittagspublikum vor dem Bildschirm zu halten – ein Problem, das man vor einem Gericht oder bei einer Massenveranstaltung nicht hat.

Die Grundregeln für diese Art von Reden oder Vorträgen – das, was das Publikum unter allen Umständen hören will, völlig unabhängig von der Länge der Rede und den Umständen im allgemeinen – lauten:

1. Daß man seine Schuld voll und ganz eingesteht und auf sich nimmt.
2. Daß einem die ganze Sache furchtbar leid tut.
3. Daß man vorhat, etwas in der Sache zu unternehmen, und sagt, wie das konkret aussehen wird.

Der schwedische Klassiker auf diesem Gebiet ist natürlich Gudrun Schymans Geständnis im Frühstücksfernsehen, daß sie tatsächlich auf Premierenveranstaltungen und Galadiners in alkoholisiertem Zustand aufgetaucht sei. 1. Sie gestand ihre Schuld ein. 2. Es tat ihr leid – sie verlor kein Wort über den Druck, dem sie als weibliche Parteiführerin ausgesetzt war oder wie anstrengend es war, Mutter und Geliebte zu sein, oder was für eine Kindheit sie hatte. In dem Fall wäre sie zwar bemitleidenswert gewesen, man hätte ihr allerdings nicht zugetraut, daß sie sich ändern würde, da die Umstände ja dieselben bleiben würden. 3. Jetzt würde sie eine Therapie machen und ein besserer Mensch werden – ja, sie würde alle Menschen, die Probleme haben, jetzt noch besser verstehen als zuvor.

Dieses Manöver hat sie sogar noch mehrmals bei Rückfällen wiederholt und wurde dadurch immer noch beliebter. Erstaunlicherweise schien sogar Björn Rosengren, als er wiederkehrte und Minister wurde, aus früheren Fehlern auf diesem Gebiet gelernt zu haben. Im Glauben, daß die Mikrophone abgeschaltet seien, hat er sogar einmal während der scheiternden Verhandlungen zwischen der schwedischen und der norwegischen Telefongesellschaft etwas gesagt wie: «Norwegen ist die letzte Sowjetrepublik.» Da aber hat er alles richtig gemacht. Er hat sofort seine Schuld eingestanden. Er hat gesagt, daß es ihm leid tue. Er bat die Norweger ein ums andere Mal um Entschuldigung. Er deutete an, daß er aus der Geschichte etwas gelernt habe und sich bessern würde. Auf irgendeine Weise verlor er so keine Sympathien, und die scheinbar gar nicht so kleine Gruppe von Schweden, die fand, daß er in der Sache mit der Sowjetrepublik gar nicht so unrecht habe, schätzte ihn weiterhin. Das hat etwas von jener rhetorischen Figur, die man *Reprehensio* nennt, und die beinhaltet, daß man über jemand anders etwas ganz Übles behauptet, es dann zurücknimmt, sich berichtigt und um Entschuldigung bittet, weil man in der Eile etwas Falsches gesagt habe.

Hätte er nicht kurz darauf einen großen Teil des schwedischen Volkes betrogen, indem er ihnen Telia-Aktien zu überhöhten Preisen verkaufte und dann auf üble Weise alle Schuld von sich schob, wäre aus ihm vielleicht noch ein richtig beliebter Politiker geworden.

Vielleicht.

14. «Wir haben uns getäuscht – vertrauen Sie uns!»

OK – Sie haben in letzter Zeit in Deutschland durch die Superprofis des Toll-Collect-Konsortiums und der Bundesregierung Abenteuerliches erlebt; aber tatsächlich haben in puncto Werben um Vertrauen trotz staunenswerter Minderleistungen Behörden und Firmen in dieser Hinsicht in den letzten Jahren einiges dazugelernt.

So hört man doch immer seltener Aussprüche wie: «Ich habe nur Befehle ausgeführt», «alle anderen Betriebe in der Telekommunikationsbranche sind auch runtergegangen» oder «meine Untergebenen haben geschlampt, und es ist heutzutage ja wirklich schwer, qualifiziertes Personal zu bekommen».

Eine besondere Variante ist: «Auch keiner der anderen Analysten hat den Rückgang bei Ericsson vorausgesagt – deren Prognosen waren vielmehr noch optimistischer als unsere.»

Es ist nämlich ganz übel, die Schuld von sich zu weisen und zu behaupten, jemand anders habe den Fehler gemacht. Damit zeigt man, daß man die Dinge nicht unter Kontrolle hat und daß man, wenn die Umstände schwierig sind, denselben Fehler wieder machen und sein Versprechen nicht halten wird. Aber es ist genauso schlimm, mit Hilfe von Worten oder Anwälten zu tricksen und zu behaupten, das, was man gesagt hat, würde eigentlich etwas anderes bedeuteten, als alle gehört haben. Dann wissen die Zuhörer nämlich genau, daß sie das nächste Mal, wenn ich mich zu einer Sache äußere, und sie drauf und dran sind, mir zu glauben, wieder genauso reingelegt werden.

Doch werden diese Verhaltensweisen immer seltener.

Statt dessen ist es in der ganzen Welt immer gebräuchlicher geworden, Fehler einzugestehen, zu zeigen, daß sie einem leid tun, und zu versprechen, daß man etwas ändern wird. Und das nicht nur, um Sympathien zu gewinnen, wenn man in schwierigen Situationen festsitzt, sondern auch, um Kritik im Keim zu ersticken. Diese Stilfigur könnte man nennen: «Wir haben uns getäuscht – vertrauen Sie uns».

Natürlich kann ein solcher Trick auch inflationär wirken, oder das Publikum lernt, ihn in allzu offenkundigen Fällen zu durchschauen.

Wie viele deutsche Politiker sind eigentlich in den letzten zwanzig Jahren trotz krassen Versagens zurückgetreten? Die Zahl ist recht übersichtlich – wie in anderen europäischen Ländern auch. Statt dessen hat die erwähnte rhetorische Figur Hochkonjunktur. Sie funktioniert immer noch ausgezeichnet.

Papst Johannes Paul II. hat auf diese Weise um Entschuldigung für das insgesamt passive Verhalten – sieht man von einigen höchst ehrenwerten Menschen ab – der katholischen Kirche während der Judenverfolgung gebeten, und er hat die Kreuzzüge, die mittelalterlichen Ketzerprozesse, die Übergriffe gegen die griechisch-orthodoxe Kirche und vieles mehr öffentlich bedauert.

Die schwedischen Sozialdemokraten haben sich kürzlich dazu verstiegen, sich für Fehler in der Wirtschaftspolitik zu entschuldigen, die eine frühere sozialdemokratische Regierung vor fünfzehn Jahren beging. Und um Entschuldigung für echte oder vermutete Übergriffe gegen Indianer, Samen und andere Urvölker zu bitten, ist unter westlichen Politikern geradezu Routine geworden.

In keinem der typischen Fälle trifft den Redner persönlich auch nur die geringste Schuld an dem Geschehenen, denn schließlich haben Vorväter und Vorgänger sie begangen. Das macht das Geständnis nur noch charmanter und selbstloser und beschmutzt die eigene Weste keinesfalls so, wie ein Verbrechen, dessen man sich wirklich schuldig gemacht haben könnte. Sicher werden Sie noch erleben, daß sich Ihre Politiker entschuldigen für das jahrzehntelange Versagen der politischen Klasse in Deutschland, trotz der bekannten problematischen Bevölkerungsentwicklung nicht längst ein potentes Konzept zur Sicherung der Sozialsysteme entwickelt und eingesetzt zu haben – das hilft Ihnen zwar nichts, klingt aber nett und soll Sie für die nächsten Wahlen milde stimmen.

Man muß dieses Verhalten jedoch vom Umgang mit einer akuten Krisensituation unterscheiden. Es ist wohl eher ein Beweis dafür, wie wirkungsvoll der Einsatz des Bescheidenheitstricks sein kann.

Selbst in der Grundsituation, da die Bescheidenheitsgeste so gut ankommt, aber auch in ihrer Weiterentwicklung kann man die aus ihr abzuleitende Erkenntnis wirkungsvoll für ein höheres Ziel einsetzen:

Natürlich ist zunächst vor allem wichtig, ein beschädigtes Vertrauen zu reparieren und das Wohlwollen wieder zu gewinnen. Doch im besten Fall schafft man es sogar, das Geschehene in etwas Positives zu verwandeln.

Der erste Schritt, wenn wir getreu dem vorangegangenen Kapitel unsere Schuld bekannt, um Entschuldigung gebeten und versprochen haben, daß wir an der Sache arbeiten werden, ist, auch nicht zu vergessen, den eingeschlagenen Weg zu gehen. Wir müssen ganz klar tun, was wir versprochen haben. Möglicherweise müssen wir erneut beteuern, wie leid es uns tut. Wir dürfen auf gar keinen Fall den Eindruck erwecken, daß wir die Sache, wenn wir erst einmal dem ersten Schrecken und der Schande entronnen sind, gar auf die leichte Schulter nehmen.

Also dürfen wir kein «time-out» in irgendeinem tropischen Ferienparadies nehmen oder schon wieder mit der Gräfin im Pool plantschen, obwohl unsere Schutzbefohlenen gerade in haarigen Schwierigkeiten stecken. Wir gehen höchstens auf eine Bergwanderung, machen eine Fastenkur oder reisen nach Bangladesh, um die Arbeit der dort tätigen Hilfsorganisationen zu studieren.

Wir haben ja bereits gesehen, wie Clinton noch mehr Schuld auf sich nimmt und vor den Pfarrern noch mehr Buße verspricht.

Gudrun Schymans weitere Fehltritte in Sachen Alkohol verringerten ihre Popularität keineswegs, da sie sich jedesmal noch strengere Regeln aufzuerlegen schien. Und es ging ja auch nicht um ein Vergehen, das ihren Wählern oder der Wirtschaft des Landes geschadet hätte. Am Ende kam sie an einen Punkt, an dem die Probleme und die Buße ein Teil ihrer öffentlichen Persönlichkeit geworden waren, was sie mit der Aura der Einfachen und menschlich Verständnisvollen umgab.

Doch selbst ein echter Mißgriff oder eine echte Katastrophe können auf diese Weise abgewickelt werden. Nachdem der schwedische Tiefbaukonzern Skanska 1997 den Skandal um die Bohrungen und die Vergiftungen im Boden in Hallandsåsen zunächst sehr zögerlich behandelt hatte, ging er dann methodisch dazu über, mehr Schuld auf sich zu nehmen, als rein juristisch gesehen eigentlich erforderlich gewesen wäre. Man machte das Ganze zu einem Teil des neuen reformierten *Image* oder *Ethos*, wie der klassische Rhetoriker sagen würde:

«Das Geschehene ist natürlich völlig inakzeptabel. Direkt nach dem Unglück haben wir unsere Arbeit für die Umwelt intensiviert. Spätestens Ende 1999 werden alle unsere Betriebe ein Umweltleitsystem und ein Jahr später werden alle Einheiten des Konzerns ein Zertifikat für Umweltverträglichkeit haben.»

Klingt ziemlich gut, nicht? Die haben wirklich was gelernt. Und durch das Unglück, das geschehen ist, sind sie noch besser geworden. Denen würden wir doch vertrauen und sie den Job machen lassen, wenn wir die Müllverbrennungsanlage und die Schwimmhallen unserer Gemeinden umbauen wollen!

15. Auf zur Bastille!

Soweit dazu, wie man das Publikum beruhigt und erst mal wieder sein Vertrauen gewinnt – bis zum nächsten Totalversagen.

Ebenso alltäglich, aber leider viel anstrengender, ist die rhetorische Situation, in der man die Leute nicht nur auf lange Sicht für sich einnehmen muß, sondern sie darüber hinaus zu einer unmittelbaren Reaktion bewegen will.

Das kritische Moment in dieser rhetorischen Situation ist die Zeit:

Ein Staatsanwalt will erreichen, daß das Gericht seine Entscheidung in seinem Sinne fällt, ein Werbemann muß mit einer Kampagne innerhalb einer bestimmten Zeit Erfolge vorweisen können. Oder die Abendzeitung, die ihre Auflage erhöhen will, der Demonstrant, der erreichen will, daß die Regierung endlich handelt. Schließlich der Revolutionär, der die Volksmassen dazu bewegen will, ihm zu folgen und die Bastille zu stürmen.

Andererseits bietet gerade diese Situation die Chance, daß man eine direkte Rückmeldung durch das folgende Geschehen bekommt. Haben meine Worte Wirkung gezeigt? Habe ich Fehler gemacht? Und warum haben trotzdem alle getan, was ich wollte?

In einer solchen akuten Situation muß ich alle rhetorischen Register ziehen, ein paar Ratschläge sind jedoch von besonderer Bedeutung, wenn ich will, daß meinen Worten die Taten anderer folgen:

1. Schaffen Sie ein Wir-Gefühl!

In den beschriebenen Gerichtsverhandlungen und anhand der Rede des amerikanischen Präsidenten konnten wir studieren, wie ungeheuer wichtig es ist, bei einem direkten Appell an das Publikum ein Wir-Gefühl zu schaffen, also ganz konkret von «wir» und «uns» zu reden, anstatt von «Sie» und «Ihr». Wenn der Finanzminister spricht, müssen «wir» den Gürtel enger schnallen, nicht «Sie» oder das «schwedische Volk».

Die Aufforderung der Polizei an die Demonstranten auf der Globalisierungskonferenz in Göteborg lautete: «Ziehen Sie sich zurück», und hatte den völlig entgegengesetzten Effekt. Das «Jetzt holen wir sie uns!» der Anführer der Krawalle hingegen führte unmittelbar zu Steinwürfen und zur Erstürmung des Gebäudes.

Die blöde Phrase «Jetzt wollen wir uns mal beruhigen» ist in einem solchen Fall wirklich viel besser. Militärische Befehlssprache im Sinne von «Ziehen Sie sich zurück» funktioniert nämlich nur, wenn die Angesprochenen gewohnt sind zu gehorchen. Manchmal bedarf es schlichtweg der Androhung einer Strafe, damit sie funktioniert. «Lasset uns beten!», sagte der Pfarrer früher in der Kirche, und war selbst der erste, der die Hände faltete. Heute sagt er: «Nun wollen wir beten.»

Ist Ihnen schon einmal aufgefallen, daß selbst in der dümmsten Reklame für Bier, Fruchtsaft, Kaffee, Wurst oder was immer nur selten davon die Rede ist, was «Sie» kaufen sollen oder welche Vorteile «Sie» angeblich davon haben sollen? Statt dessen wird gezeigt, wie ein Mensch nach vorn geht, am besten in einer Gruppe mit vielen anderen. In angenehmer Gesellschaft trinken sie dann im bläulichen Gegenlicht ihr Leichtbier oder sitzen im Badeanzug da und essen kalorienfreie Margarine. Und Ihnen bietet man untergründig an, mit dabeizusein.

Große Konzerne, die ihre Marke dauerhaft bewerben wollen, setzen auf Individualität. Und Anbieter von Waren, deren Anschaffung man sich länger überlegt – Autos oder Kühlschränke – verlassen sich auf Fakten und technische Daten. Wenn Sie aber eine sofortige Reaktion erzeugen wollen, müssen Sie vorpreschen und hoffen, daß Sie in einer Weise überzeugend waren, daß die andern Ihnen folgen.

2. Nutzen Sie den Gruppenzwang!

Hier gilt ein ähnliches Prinzip: Wenn viele Menschen das gleiche tun, dann fällt es schwer, sich als Individuum dagegen zu entscheiden. Der geschickte Redner und Demagoge kann diese Tatsache ausnutzen, indem er dafür sorgt, daß das Publikum mit Leuten durchsetzt ist, die ihm zustimmen, und damit den anderen den Weg bereiten, auch zu folgen.

Besonders typisch ist das immer noch für Demonstrationen und Krawalle. Diejenigen, die die anderen mitreißen, müssen zahlenmäßig gar nicht so stark sein, wenn sie nur die Ersten und die Tonangebenden sind.

Je mehr in einer Versammlung mitgerissen werden, desto leichter stimmen die noch Verbliebenen in den allgemeinen Tonfall ein.

So heuerten im Paris des 18. Jahrhunderts Theaterregisseure manchmal eine Gruppe von Personen an, die einen Erfolg garantierten, indem sie gut verteilt im Publikum saßen und an der richtigen Stelle lachten oder weinten und jubelten und applaudierten, wenn der Vorhang fiel. Diese Methode wurde dann polizeilich verboten, aber wieder aufs neue zugelassen, als die Theaterbesucher sich beklagten. Es war einfach viel weniger aufregend im Theater, wenn die Claqueure nicht da waren.

Es ist natürlich nicht einfach, das Publikum auf diese Weise aufzuputschen, und alles in allem ist das ein Trick, den vor allem

Demagogen oder amerikanische Präsidentschaftskandidaten ausnutzen, was nicht immer dasselbe ist. Doch wenn auch nur die kleinste Möglichkeit dazu besteht, dann versuchen Sie, dafür zu sorgen, daß im Publikum wenigstens ein paar Personen sitzen, die Ihnen von vornherein zustimmen und folgen werden – sozusagen Ihr Fanclub.

3. Seien Sie überdeutlich!

In vielen anderen Fällen aber ist es wichtig, sich nicht in die Karten schauen zu lassen. Hier ist es ganz anders. Die Karten, die ausgespielt werden sollen, müssen gezeigt werden, denn Ihre Zuhörer können ja nur dann machen, was Sie wollen, wenn Sie ihnen auch genau sagen, was Sie wollen. Schon der Verbrecher Goebbels wußte, je einfacher und konkreter die Parole, desto durchschlagender ihr Erfolg – denken Sie nur an seine mörderische Rede über den «totalen Krieg».

Die Konkretisierung der Sache kann jedoch unterschiedlich vor sich gehen. Es ist immer gut, sich auf eine Person zu konzentrieren. So gelang es den schwedischen Moderaten in den siebziger Jahren tatsächlich, aus ihrer langjährigen Isolation an der rechten Außenkante des politischen Spektrums zurückzukehren, indem sie den Leuten einhämmerten: «Wählt Gösta!», was auf Schwedisch durch den Stabreim «Rösta på Gösta!» noch viel eindringlicher wirkt. Das heißt, die Partei konzentrierte sich in ihrer Wahlkampagne lieber auf den gemütlichen, erzreaktionären Parteiführer als auf irgendwelche vagen Parolen. Politisch gesehen ist die amerikanische Präsidentenwahl für den Europäer eine äußerst unklare Angelegenheit, und das ist sowohl intellektuell wie menschlich völlig verständlich. Und doch wird hier glasklar formuliert, was der Wähler konkret tun soll.

Auf der anderen Seite ist es, wie wir später noch sehen werden, nicht möglich, bei Tagespolitik oder Werbung völlig ohne Inhalte auszukommen. Man kann nicht mit allem hinterm Berg halten, es muß schon irgendein Produkt oder eine Idee oder eine versprochene Veränderung geben. Und die muß wiederum so konkret und leicht erfaßbar wie möglich sein: «Gerne Medaillen. Aber erst eine anständige Pension!»

4. Arbeiten Sie mit der Schlußpassage!

Die *Peroratio*, die Schlußpassage, ist es, die die nachfolgend angestrebte Handlungskonsequenz auslösen soll. Die muß ihren Zuhörern in den Ohren klingen, damit sie den Aufstand proben oder in den Supermarkt rennen. «Ich glaube, das war alles, was ich sagen wollte, also, vielen Dank auch!» ist als Schluß einer solchen Rede nicht besonders wirkungsvoll. «Jetzt holen wir sie uns!» ist da viel besser, doch davon später mehr.

5. Gehen Sie mit gutem Beispiel voran!

Nach der Predigt ist, wie gesagt, der Pfarrer der erste, der die Hände faltet, eine gottesfürchtige Miene aufsetzt und zu beten beginnt. Der Redner, der selbst seine Kreditkarte zerschneidet, nachdem er das ganze Auditorium aufgefordert hat, das zu tun, hat größere Chancen auf Erfolg als jener, der einfach nur sagt, «Nun gehen wir mal alle nach Hause und zerschnippeln unsere Karten». Auch wenn das vor Gericht später so dargestellt wurde, waren die Anstifter der Krawalle um den EU-Gipfel in Göteborg keineswegs so gut organisiert wie behauptet. Sie haben die anderen einfach mitgerissen, indem sie selbst die erste Attacke anführten und auf die schlagfreudigen Polizisten zurannten.

Diese Sorte Demagogie ist in jeder Situation natürlich ungeheuer riskant. Aber wenn man wirklich Erfolg haben will, dann steigen die Chancen mit dem persönlichen Einsatz.

Als abschließendes Beispiel für diese fünf wichtigen Punkte von zündenden Reden, die eine unmittelbare Handlung auslösen sollen, kann man die Schlußpassage der berühmten Ansprache nehmen, die der italienische Freiheitsheld Garibaldi am 8. November 1860 vor seinen Getreuen hielt. Er hatte kurz zuvor Neapel erobert und die Familie des verhaßten Königs «Bomba» vertrieben. Nun galt es für ihn, möglichst viele der auf dem Platz Versammelten dazu zu bringen, freiwillig nach Norden auf Rom zu ziehen, und das am besten gleich, ohne den Sieg auszukosten und erst mal ein bißchen fröhlich zu plündern:

«Die Stunde des Kampfes bringt mich wieder zu Euch ... Wir werden uns bald erneut versammeln und gemeinsam marschieren, um unsere Brüder zu befreien, die immer noch Sklaven unter fremder Herrschaft sind, bald sehen wir uns wieder, um zu neuen Triumphen zu marschieren!»

Wir-Gefühl, Gruppenzwang, Deutlichkeit, eine gut durchgearbeitete Schlußpassage und ein Anführer, der mit gutem Beispiel vorangeht. Selbst wenn es dann später andere waren, die die Früchte seines Muts und seiner Rhetorik ernteten, so folgten Garibaldi nach dieser Ansprache die Truppen doch gen Norden.

16. Beredtes Schweigen –

oder: Friggebo und Cicero

Manchmal geht allerdings alles schief. Man hat die Lage und das Publikum völlig falsch eingeschätzt. Man schaut sich um und stellt fest, daß keiner die Mahnungen ernstgenommen hat. Man rennt allein auf die Bastille oder die bereitstehenden Wasserwerfer zu. Das passiert selbst erfahrenen Rednern.

Das schlimmste Beispiel aus heutiger Zeit in Schweden ist der Besuch der Staatsministerin Birgit Friggebo, die am 5. Februar 1992 zusammen mit dem Ministerpräsidenten Carl Bildt den Stockholmer Einwanderervorort Rinkeby besuchte. Die bürgerliche Vierparteienregierung hatte nämlich Probleme mit ihrem Profil in Sachen Einwandererpolitik. Die Situation verschlechterte sich noch durch die Verbrechen des sogenannten «Lasermannes», eines Massenmörders, der einige südländische Einwanderer ermordete oder verstümmelte, indem er sie auf extrem feige Weise mit Hilfe eines Laservisiers beschoß. Bei seiner Verhaftung stellte sich heraus, daß er, wie in solchen Fällen häufig, selbst einen Einwandererhintergrund hatte, den er auf diese Weise zu verdrängen suchte.

Da reisten die Vertreter der Regierung also nach Rinkeby, dem in den Massenmedien bekanntesten Einwanderer-Brennpunkt auf dem Järvafält, nordwestlich von Stockholm. Der Hintergedanke dabei war, gute Gelegenheit zu Fotos zu bieten, während man freundlich und beruhigend auf den Pöbel einredete. Der aus den

Reihen der Moderaten stammende Premier Bildt war, wie gesagt, mit von der Partie, doch es war die Ministerin Friggebo von der Volkspartei, die sich dabei auf so einzigartige Weise lächerlich machte, daß sie dauerhaft in Erinnerung geblieben ist.

Bei dem Treffen sollte es weniger um den Lasermann gehen als um die vermutete allgemeine Gleichgültigkeit, welche die Regierung und die Behörden gegenüber den Problemen der neuen Schweden an den Tag legten. Dieser Eindruck verstärkte sich nur noch durch die einschmeichelnde Haltung, die vor allem Friggebo einnahm. Herablassend. Die Rentner in Hasse Alfredssons klassischem Sketch «Aus dem Altersheim» würden es folgendermaßen ausdrücken: «Die reden so freundlich mit einem, als wäre man ein Idiot!» Das ist eine Haltung, die sowohl in pädagogischen wie auch in rhetorischen Zusammenhängen um jeden Preis vermieden werden muß. Denn die Versammelten empfinden vielleicht Haß, aber keine Furcht. Sie verspüren Schwäche, sind aber gleichzeitig zornig über das, was man immer noch als Unterdrückung und Machtgehabe erlebt. Das ist die Atmosphäre, in der die Bauern den Aufstand proben und das Schloß des Grafen erstürmen.

Damals entstand im Saal sofort Aufruhr: Die Jugendlichen aus den Reihen der Einwanderer und die Vertreter des sozialistischen Jugendverbandes protestieren. Laute Zwischenrufe. Friggebo versucht, die Kontrolle wieder zu gewinnen, drischt dann noch ein paar widerlich schöne Phrasen und endet schließlich mit: «Jetzt finde ich, sollten wir alle gemeinsam ‹We shall overcome› singen!» Zunächst ratlose Stille. Dann noch schlimmeres Chaos.

Ich habe dieses Ereignis hinterher mehrfach auf Video gesehen. Es ist eine der schrecklichsten und peinlichsten Filmszenen, die es gibt. Man traut sich allerhöchstens mit einem Auge hinzusehen.

Der Fehler in diesem Fall bestand natürlich darin zu glauben, daß die erregten, schlecht ausgebildeten, sehr jungen schwedischen Einwanderer den großen Sechziger-Jahre-Demonstrantensong aus der amerikanischen Bürgerrechtsbewegung und Frau Friggebos schickimicki-revolutionäre Vergangenheit kennen würden.

Das Schweigen, was nun folgte, war katastrophal.

Doch es gab in dieser Situation noch mehr Peinlichkeiten, die dem Betrachter auf dem Fernsehschirm entgegensprangen. Das

Bild von der Wohltätigkeitstante der Oberklasse, die sich mit den Slumkindern beschäftigt, zum Beispiel. Die unterschwellige Behauptung, daß die schwedischen Jugendlichen aus Rinkeby mit amerikanischen Schwarzen ohne Wahlrecht verglichen werden konnten, und so weiter und so fort.

Genauer gesagt, lag der Fehler einerseits in dem Versuch, sich auf herablassende Weise beim Publikum einschmeicheln zu wollen, sich aber andererseits offenbar nicht über die wirklich herrschenden Verhältnisse informiert und drittens – unter situationspraktischem Gesichtspunkt – sich nicht vorher einer gewissen Unterstützung aus der Gruppe versichert zu haben. Warum hatte man nicht ein paar verläßliche, selbst eingewanderte Mitglieder aus dem Jugendverband der Partei hingeschickt? Oder gab es die in der Volkspartei etwa nicht?

Zusammenfassend kann man sagen, daß die ganze Situation einfach verfahren war. Friggebo und Bildt hätten nie nach Rinkeby kommen dürfen, und man kann nur hoffen, daß der verantwortliche Mann für die Öffentlichkeitsarbeit hernach gefeuert worden ist. Doch einmal vor Ort tat Friggebo alles, was man sich denken kann, um die Sache noch schlimmer zu machen.

Eigentlich konnte einem die Ministerin leid tun. Sie hatte extremes Pech. Wir hoffen wirklich, daß dieses Bild nach und nach in Vergessenheit gerät und nicht die Erinnerung an eine an sich wirklich ordentliche, ergebnisorientierte Politikerin verdecken möge. Erinnern wir uns zum Beispiel an ihren Einsatz als Wohnungsministerin und ihr Engagement für die Gartenhäuschen, deren Errichtung auch ohne Wohnberechtigungsschein sie erlaubte, weshalb diese kleinen Hütten nun auf Schwedisch «friggeboden» heißen! Nur wenige schwedische Minister haben in solch hohem Maße auch optisch unsere Umwelt beeinflußt.

Doch es gibt tatsächlich Fälle, in denen es gelungen ist, in einer vergleichbaren Lage rhetorisch das Schicksal zu wenden. Einer der berühmtesten fällt unter die Rubrik «beredtes Schweigen»: Es ist wieder unser alter Freund Cicero, den wir hier in Aktion sehen. Wir schreiben das Jahr 63 vor Christus. Am 7. November tritt der Senat im Jupiter-Tempel am Fuße des Palatin in Rom zusammen. Cicero ist einen Monat zuvor mit Hilfe der Stimmen, die seine reichen, konservativen Unterstützer kaufen konnten, zum Konsul, einem der beiden Lenker der Republik, gewählt geworden. Der andere Konsul ist sein und der Oberschicht gehorsames Werkzeug. Es besteht jedoch der Verdacht, daß die besiegte Partei der Unzufriedenen eine Revolution vorbereitet, um so mit Hilfe von unversorgten Veteranen des Heeres die Macht zu übernehmen und ein wenig von dem Grund und Boden der Reichen an die Veteranen und besitzlosen Proletarier zu verteilen. Ihr Anführer ist der hochadlige Senator und ehemalige Offizier Lucius Sergius Catilina, der unter anderem von dem jungen Gaius Iulius Caesar unterstützt wird, welcher viel später tatsächlich als den Interessen breiter Volksschichten nahestehender Politiker, schließlich sogar als Diktator die Macht übernehmen wird.

Cicero hat dieses Treffen im Tempel einberufen, um zu sehen, ob er den Senat dazu bringen kann, vom Gesetz nicht vorgesehene Maßnahmen zu ergreifen, um Catilina und die Verschwörer festzusetzen. Auch Catilina findet sich zu dem Treffen ein. Cicero hält eine lange höhnische Rede. Er scheint dabei Catilina, dessen Antworten allerdings in der erhaltenen Niederschrift fehlen, ständig unterbrochen zu haben. Dies jedenfalls geht aus den Sätzen hervor, die Cicero immer wiederholt und konterkariert. «‹Bring es vor den Senat›, sagst Du.»

Doch Cicero kann den Senat nicht abstimmen lassen, denn er ist nicht sicher, ob dieser eine ungesetzliche Maßnahme unterstützen würde. Er ist nur das Werkzeug der Senatoren, ein nützlicher Emporkömmling, den sie eigentlich verachten, während Catilina einer von ihnen ist, ein Aristokrat aus einer Familie, die vornehmer ist als die der meisten Senatsmitglieder – konnte er da so furchtbar extrem gewesen sein? Deshalb versucht Cicero anzudeuten, daß er nicht so grausam sein wird, entgegen allen herrschenden Prinzipien den Vorschlag zu machen, Catilina des Landes zu verweisen:

«Und doch werde ich Dich erkennen lassen, was diese Männer hier von Dir denken. (Pause). Verlaß die Stadt, Catilina, befreie das Gemeinwesen von seiner Furcht, gehe in die Verbannung, wenn dies das Wort ist, worauf Du wartest!».

Daraufhin herrscht völliges Schweigen. Natürlich hat Cicero auf Beifall gehofft und darauf, daß die Senatoren ihn unterstützen und

Catilina zurufen würden, er solle verschwinden. Oder daß sie Cicero auffordern würden, er solle Catilina abführen lassen. In jedem Falle hat er gehofft, sie würden ihren Interessenvertreter mit Rufen oder Applaus unterstützen.

Statt dessen herrscht Schweigen.

Sie wollen Catilina loswerden, das ist klar, aber sie wollen selbst kein Risiko eingehen. Und natürlich empfinden sie auch ein wenig Schadenfreude für Cicero, diesen kleinen widerlichen Aufsteiger, diesen Anwalt vom Lande, von dem sie momentan leider abhängig sind. Außerdem gibt es eine Minderheit in der Versammlung, einer ihrer bekanntesten Vertreter ist Caesar, die zumindest insgeheim mit Catilina und den Volksfreunden sympathisiert.

Aber Cicero fängt sich wieder. Er bricht das Schweigen und ruft:

«Was ist, Catilina? Erkennst Du, bemerkst Du das Schweigen dieser Männer? Sie erheben keinen Einspruch, sie schweigen. Was wartest Du noch auf ihr ausdrückliches Wort, wenn Du aus ihrem Schweigen ihren Willen erkennst? Freilich, hätte ich dasselbe zu diesem trefflichen Jüngling Publius Sestius oder zu dem tüchtigen Marcus Marcellus gesagt, so hätte der Senat schon längst an mich, den Konsul, in ebendiesem Tempel mit vollstem Rechte gewaltsam Hand angelegt. Bei Dir aber, Catilina, billigen es die Senatoren, indem sie ruhig bleiben; sie beschließen es, indem sie es geschehen lassen, und sie schreien es hinaus, indem sie schweigen.»

Und so weiter.

Der Senat schweigt wieder und stimmt damit nun scheinbar wirklich zu. Jedenfalls hat niemand den Mut, dem Gruppenzwang zu trotzen und gegen Ciceros Interpretation des Schweigens zu protestieren. Damit hat der kluge Mann wahrscheinlich gerechnet.

Für das Publikum an den Stufen zum Tempel, an das sich Cicero daraufhin wendet, ist das Verhalten des Senats wahrscheinlich noch eindeutiger, und so verspricht der Konsul in einer donnernden Schlußpassage, sich der Unterstützung des Publikums voll bewußt, allen guten Menschen und dem Senat, so sie sich ihm jetzt anschließen, goldene Zeiten, in denen die Stadt und das Reich errettet werden sollen. Dann beschließt er seine Rede mit einer Breitseite der Verachtung und Drohung an seinen Feind.

Catilina wurde gezwungen, die Stadt zu verlassen, und fiel später an der Spitze eines zusammengewürfelten aufrührerischen Heeres in der Toskana ein. Cicero erhielt die Zustimmung des Senats, dessen direkte Helfershelfer ohne Gerichtsverfahren in Rom hinrichten zu lassen. Caesar allerdings gelang es bei einer späteren Zusammenkunft des Senats, kraft nicht weniger ausgefeilter Redekunst seinen Hals aus der Schlinge zu ziehen.

Die hier zitierte «Erste Rede gegen Catilina» ist ein Klassiker geblieben, vor allem wegen ihrer stattlichen Satzgebäude, wenngleich diese mit Sicherheit zum Teil erst im nachhinein von dem geschickten Redenschreiber errichtet wurden. Die Finte mit dem «beredten Schweigen» aber fand soviel Aufmerksamkeit, daß sie im Grunde unverändert durch die Beispielpraxis in Rednerschulen in die der Nachwelt erhaltenen Version einging.

17. Störenfriede

Manchmal fehlt es nicht nur an Enthusiasmus und Verständnis im Publikum für die Sache des Redners, sondern es kommt tatsächlich vor, daß Leute aktiv die Veranstaltung stören wollen. Manchmal tun sie das nur, weil sie einen schlechten Tag hatten und weil es ihnen gerade einfällt. Manchmal aber gehören sie einfach zu der Sorte Typen, die stören und Streit suchen. Manchmal sind es auch die mehr oder weniger professionellen Vertreter der Gegenseite.

Diejenigen aber, die aus allein dem Grunde gekommen sind, um zu stören, nennen wir Störenfriede. Störenfriede sind bei Tafelreden eher selten ein Problem. Doch manchmal kann es selbst in der besten Gesellschaft Leute geben, die zu tief ins Glas geschaut haben und jetzt ihre eigene Stimme hören und uns unterbrechen wollen. Dann genügt es normalerweise, daß man schweigt und wartet. Wenn er – oder in ganz seltenen Fällen sie – dann immer noch nicht aufhört zu rufen, gilt auch hier die Regel, daß man nicht wütend werden darf. Hingegen darf man viel ironischer werden als bei normalen Veranstaltungen.

Zum Berufsbild des Lehrers gehört es, ständig verschiedene Arten von Störenfrieden zu überlisten, zum Schweigen zu bringen oder unterdrücken zu müssen, ganz gleich, was die modernen Theoretiker der Pädagogik oder die Bildungsminister auch glauben. Doch als Lehrer stehen einem hoffentlich auch mehr Reaktionsmöglichkeiten zu Gebot als einem gewöhnlichen Redner.

Störenfriede als Zwischenrufer gehören anscheinend zum Alltag der Politik. Es gibt allerdings große Unterschiede zum Beispiel zwischen Schweden und England. Bei uns sind die Zwischenrufer auf dem Marktplatz so gut wie immer Besoffene, die man nur schwer packen und zum Schweigen bringen kann, und nur selten Rivalen um die Gunst des Publikums.

Der schwierigste Störenfried, dem man in Nordeuropa begegnen kann, ist wahrscheinlich der, der zu recht oder unrecht während eines Vortrages, den Sie von Berufs wegen halten, Ihre Erkenntnisse in Frage stellt und stört. Manchmal sind sie sogar noch so freundlich, sich zu melden, um unterbrechen zu dürfen. In diesem Fall ist es das Allerbeste so zu tun, als würde man sie nicht sehen. Es gibt überhaupt keinen Grund zuzulassen, daß man unterbrochen wird, wenn man nicht von vornherein gesagt hat, daß während des Vortrags Fragen gestellt werden dürften. Und es hat nichts mit Demokratie zu tun zu erlauben, daß andere sich etwas von der Zeit nehmen, die das Publikum Ihnen zugestanden hat.

Die anderen schaffen es ja auch, bis zur Fragestunde zu warten.

Allerdings kann es auch da Probleme geben, wenn jemand gerade die Fragestunde benutzen will, um Ärger zu machen.

Vor einiger Zeit hielt ich eine Vorlesung an einer norwegischen Universität, die eine christliche Ausrichtung hatte. Ja, so etwas gibt es dort. Die politische Korrektheit lastete merklich schwer auf der Versammlung. Weil ich viel Zeit hatte, blieb ich hinterher noch sitzen und hörte mir den nachfolgenden Redner an. Es war ein norwegischer Chefredakteur mit langer Berufserfahrung bei verschiedenen Zeitungen, der über die Kunst, Leitartikel zu schreiben, sprach. In der Fragestunde nach seinem Vortrag meldete sich eine Dame mit aggressivem Gesichtsausdruck und fragte:

«Sie haben gesagt, sie hätten den Eindruck, viele Leitartikel in der regionalen Presse würden mit der linken Hand geschrieben. Was meinen Sie damit?» Zorniger Triumph war auf ihrem Gesicht zu lesen.

Der Redner begann, vorsichtig zu erklären, wie er das gemeint hatte. In der Regionalpresse sei es einfach schwer, genug Zeit zu finden, um über den Leitartikel nachzudenken, die Arbeitsbelastung sei zu groß, die Ansichten in den meisten Fragen zur Regionalpolitik festzementiert, zuviel Routine und so weiter.

Der Tonfall, den er anschlug, war demütig und versöhnlich. Die Dame wartete, daß er fertig wurde, er aber verwickelte sich mehr und mehr in lange Sätze, und sie trommelte hektisch auf die Bank. Am Ende holte sie dann zum tödlichen Schlag aus: «Ich meinte natürlich, warum Sie sich so abfällig über Linkshänder äußern!» Er war verloren. Zumindest in den Augen der Versammelten.

Es ist sehr schwer, sich etwas vorzustellen, was er in dieser Situation hätte tun können, oder was man überhaupt in einer solchen Lage tun kann. Hier ist die fiese Dame zumindest auf den ersten Blick moralisch überlegen.

So großzügig, wie das Publikum im ersten Teil einer Veranstaltung sein kann, so grausam kann es während der Fragestunde auftreten. Der Mann oder die Frau auf dem Podium dürfen sich ganz einfach nicht auf diese Weise reinlegen lassen.

Der allgemeingültige Rat, den ich in «Die Kunst, überzeugend zu reden» erteilt habe, ist natürlich auch hier nützlich. Vermeiden Sie unnötige Fragestunden! Erteilen Sie niemals jemandem das Wort, der hinten rechts sitzt! Ansonsten ist es allerdings schwer, eine Meckerziege – oder auch einen Meckerbock – vorher zu erkennen und unschädlich zu machen, ebensowenig wie Frau Friggebo in Rinkeby wußte, was sie erwartete. Wenn das Unglück einmal geschehen ist, dann bleibt nur noch, Haltung zu bewahren und weiterzumachen. Der Kollege in Norwegen hatte allerdings merkliche Schwierigkeiten mit dem Rest seines Vortrags – die Menge hatte Blut geleckt und stürzte sich bei jeder denkbaren Gelegenheit auf ihn.

Vielleicht hätte er schon am Tonfall der allerersten Frage ahnen können, daß sie nur auf Streit aus war. Wenn er es da kurz und witzig und ein wenig selbstironisch mit einer *Concessio* versucht und etwas gesagt hätte wie: «Weil sie mit der linken Hand geschrieben sind, das meine ich», dann hätte er vielleicht schnell weitermachen und auf den nächsten Fragenden zeigen können. Wenn die Zimtziege dann denjenigen unterbrochen hätte, der das Wort nach ihr erhielt, dann hätte der Redner wenigstens Überlegenheit bewiesen, und das Publikum wäre über die Unterbrechung des Fragenden sauer gewesen.

Der richtig anstrengende Störenfried wird fast immer auf diese Weise persönlich. Er versucht, Ihnen böse moralische Defizite oder allgemeine Inkompetenz zu unterstellen, wenn Sie gerade so schön dabei sind, die Sachfragen zu klären.

Wenn ich ermüdenden Finanzberatern begegne, die behaupten, sie könnten die Entwicklung der Wirtschaft und das Investitionsklima voraussagen oder ganz einfach den Laden in Schwung bringen, dann benutze ich immer die Frage: «Sind Sie reich?» Das ist natürlich gemein, aber unter diesen Umständen trotz allem moralisch berechtigt.

Gegenmittel gegen die Störenfriede sind, wie gesagt, nur schwer zu finden. Auf keinen Fall darf man sich in die Falle locken lassen. Wenn es einem doch passiert ist, dann darf man nicht so überrumpelt und ertappt wirken, wie der arme norwegische Kollege.

Und auch hier ist vor allem wichtig, daß man nicht wütend wird.

Man darf niemals und unter keinen Umständen wütend werden. Dann ist man verloren, egal ob man Lehrer, Vortragender, Standup-Comedian, Konferenzredner oder ganz einfach Tischredner ist. Als angegriffener Redner kann man hingegen den triumphierenden Störenfried fragen: «Warum sind Sie denn so wütend?»

Und wenn man Glück hat, geht dann er in die Falle.

Vielleicht kann man hier auch in Kombination mit der Wütend-Falle die *Concessio* ausprobieren: «Ach was, habe ich das wirklich gesagt? Das war wirklich nicht besonders deutlich von mir ausgedrückt. Ich verstehe gut, daß Sie wütend und aufgewühlt sind. Aber dennoch finde ich es etwas übertrieben, daß Sie so schrecklich zornig geworden sind. Gibt es noch etwas, was Sie ärgert?»

Mit etwas Glück gibt es noch etwas, und der Störenfried macht sich derart lächerlich, daß alle erleichtert seufzen, wenn Sie routiniert, aber freundlich zum nächsten Fragenden übergehen – dem mit dem freundlichsten Gesicht im Saal. Sehen Sie kein freundliches Gesicht oder überhaupt keine Meldungen mehr, dann wenden Sie sich an den Organisator und tun so, als hätten sie gedacht, er wolle sie etwas fragen. Der Organisator wird sich verpflichtet fühlen, Sie etwas Nettes zu fragen oder etwas Freundliches zu sagen.

Manche der gewohnheitsmäßigen Störenfriede, vor allem in kleineren Gruppen, wittern Blut, wenn sie merken, daß man versucht, es Ihnen recht zu machen, selbst wenn sie nicht von Anfang an derart zur Sache gegangen sind wie die Linkshänder-Frau. Eine jede solche Tendenz muß in resolutem, aber freundlichem Ton sofort unterbunden werden. Gern mit Hilfe der *Concessio*.

Ein aggressiver Tourist unterbricht mitten in der Führung vor der historischen Stätte: «Warum dürfen wir nicht auch das Hotahejti-Monument sehen, wenn wir schon mal hier sind?»

Führer: «Weil ich nicht mehr so weit laufen und das Reisebüro sich den Eintritt nicht leisten kann. Also, wo waren wir?»

Jede eingehendere Erklärung zieht weitere Fragen nach sich und endet in einer Katastrophe. Überhaupt ist es ein grundlegender Rat in diesen Fällen – und vielleicht ist das sogar der einzige sichere Rat, den man geben kann –, sich immer so auszudrücken, daß die ganze Sache mit der ersten Antwort abgeschlossen ist oder der Störenfried sich zu Aggressivität hinreißen läßt. Jede längere Diskussion mit dem Störenfried wird katastrophal. Das Publikum wird verärgert und ist im besten Falle auf Sie beide wütend, im schlechtesten Fall nur auf Sie.

Die etwas primitiveren Störenfriede, die Besoffenen auf größeren Treffen, sind eigentlich leichter zu handhaben. Schließlich haben Sie, der Redner, die Gewalt über Podium und Mikrophon. In vielen Fällen genügt es, sich einfach nicht in die Sache hineinziehen zu lassen, dann wird die Ablehnung des Publikums einen solch schwachen Rufer schon zum Schweigen bringen.

Doch manchmal können sogar die Einwürfe eines Störenfrieds nützlich und ausformbar sein. Dem Publikum gefällt es auch hier, wenn man sich behauptet. Dann gewinnt, im Gegensatz zu dem Fall mit der Linkshänder-Frau, der Redner und kann sein Licht leuchten lassen – vorausgesetzt, er tritt nicht zornig oder herablassend auf.

Natürlich gehört es auch dazu, etwas Glück zu haben. Aber die Fähigkeit, Glück zu haben, kann durchaus trainiert werden.

Politische Debatten in England waren schon immer bekannt für solche Wortwechsel. Sagt eine verärgerte Dame zu Winston Churchill: «Wenn Sie mein Ehemann wären, dann würde ich Ihnen Gift in den Tee tun!»

Darauf Churchill ganz ruhig: «Wenn ich Ihr Ehemann wäre, dann würde ich ihn trinken.»

18. Ein uninteressiertes Publikum

Wir haben gesehen, ein Publikum kann offen feindselig sein. Es kann widerwillig folgen oder Sie im Stich lassen, wenn Sie zu agitieren versuchen. Es kann mit anstrengenden Störenfrieden besetzt sein.

Am schlimmsten aber ist für den gewöhnlichen Redner oder Vortragenden ein extrem desinteressiertes Publikum.

Das Desinteresse des Publikums ist in gewisser Weise natürlich eine Variante der Unterlegenheitssituation, die durchbrochen werden muß. Doch in der Praxis ist es viel häufiger so, daß eine Überlegenheitssituation vorliegt. Sie halten eine Festtagsrede, eine Dankesrede, zeigen Ihre Firma möglichen Kunden, beschreiben einen technischen Vorgang, halten einen volksbildenden Vortrag, eine akademische Vorlesung oder eine gewöhnliche Unterrichtsstunde in der Grundschule. Sie sind das eingeladene hohe Tier, der Projektleiter oder der Experte, und die Zuhörer sind dazu verdammt zuzuhören.

In der Antike unterschied man diese Arten von Reden von den üblichen «ehrenwerten» Anlässen, *Genus honestum*, und den gewöhnlichen «schändlichen» Anlässen, *Genus turpe*, und sprach von *Genus humile*, den «niedrigen» Anlässen, deren mangelnde Attraktivität bewirkt, daß das Publikum nur ungern zuhört.

Hier müssen wir in der Einleitung, dem *Exordium*, die Zuschauer zunächst einmal wecken und aufmerksam machen, ehe wir dann auf übliche Weise ihr Wohlwollen und ihr Vertrauen zu gewinnen suchen.

Das klingt leicht, es aber in der Praxis richtig anzupacken, damit die Rede dann auch noch weiterhin so funktioniert wie geplant, ist schwer.

Ein Beispiel: Im Februar 2000 hielt ich einen Vortrag vor einer IT-Firma und ihren Kunden. Vor mir sprach der Konzernchef über die Leistungsfähigkeit der Firmengruppe. Er war gut vorbereitet und hatte sich auch Gedanken gemacht, ob das Thema vielleicht langweilig sein könnte, und hatte deshalb alles getan, um die Zuhörer wachzurütteln.

Im Raum Halbdunkel. Der Konzernchef kommt herein, das Licht auf der Bühne wird eingeschaltet. Über ihm schwebt ein riesiger Ballon unter der Decke. Stille. Er zeigt mit seinem langen Zeigestock auf den Ballon, der jetzt schon ein wenig über uns, dem Publikum, hängt.

Der Konzernchef: «Was glauben Sie, könnte das sein?»

Andächtige Stille.

Konzernchef (etwas lauter): «Das ist die IT-Blase!»

(Es war, wie gesagt, Februar 2000. Nur einen Monat später hätte er die Rede wohl kaum auf diese Weise begonnen.)

Konzernchef (noch lauter): «Und was glauben Sie, ist da drin?»

Er piekt mit dem Zeigestock ein Loch in den Ballon, der mit einem lauten Knall zerplatzt.

Konzernchef (schreit): «Geld!»

Über dem Publikum regnet es Dollarscheine. Ich besitze immer noch zwei davon.

Bis dahin alles wunderbar.

Leider ist es aber so, daß sich kein Mensch im Publikum noch an ein einziges Wort erinnert, das der Mann hinterher gesprochen hat.

Man kann eben auch zu stark anfangen. Ein Salto oder ein Pistolenschuß geben ein Tempo vor, das kein Mensch halten kann. Hinterher, wenn man zu seinem wirklichen Thema kommt, kann es nur langweiliger werden. Und das ist das große Problem in diesen Fällen. Nach einer guten Stripteasenummer wirkt kein männlicher Redner mehr so richtig interessant.

In modernen amerikanischen Handbüchern wird oft geraten, daß man mit Versprechen beginnen sollte wie: «Wenn Sie mir eine Stunde zugehört haben werden, dann werden Sie alle einen Tip bekommen haben, der Ihnen 2000 Dollar einbringt!» Das müßte theoretisch eigentlich funktionieren. Ein Spannungsbogen über den ganzen Vortrag, der uns bis zum Ende trägt. Doch in der Praxis ist das ein riskanter Trick. Jedes richtige Publikum wäre da zurückhaltend und skeptisch. Sollen wir das wirklich glauben? Warum wendet er den Tip denn nicht selbst an? Will man uns da nicht wieder betrügen?

Abgesehen davon ist es schwer, solche Leckerbissen zu finden, die man den Leuten vorwerfen kann – oder fällt Ihnen gerade auf die Schnelle ein solcher Tip ein, den Sie Ihrem Publikum präsentieren könnten? Und wenn es uns nicht gelingt, die Erwartungen zu erfüllen, dann haben wir unserer Sache einen irreparablen Schaden zugefügt.

Es ist nicht unbedingt falsch, auf die ungeheure allgemeine Bedeutung des Themas hinzuweisen, doch auch das kann kontraproduktiv wirken, vor allem wenn es sich hinterher – zumindest aus Sicht der Zuhörer – als unwichtig erweist. Noch fataler ist es, wenn man, im schlimmsten Fall in geschriebener Form auf dem Overheadprojektor, einen Plan über die wichtigen Langweiligkeiten preisgibt, die wir in den kommenden Stunden gemeinsam durcharbeiten werden. Dann sitzen die Leute nur noch da, haken Punkt für Punkt ab und denken: «Bald, bald gibt es Kaffee.»

Paradoxerweise hat man es leichter, wenn der vorherige Redner das Publikum bereits in die Langeweile getrieben hat. Dann überrascht man die Zuhörer, indem man erst mal die Tonart wechselt, am besten von sterbenslangweilig zu locker und aufgekratzt. Es ist auch nie falsch, die Erwartungen in gewisser Weise zu enttäuschen. Da das hier ein Buch für Mittel- und Nordeuropäer ist, muß man auf jeden Fall noch einmal betonen, wieviel man dadurch gewinnen kann, daß man sich einem Thema, bei dem alle stundenlange Langeweile erwarten, auf humorvolle Weise nähert. Es gilt jedoch auch zu bedenken, daß man bei einer Hochzeit oder einem Abendessen oder in einer Talkshow im Fernsehen, nachdem schon eine Menge leerer Satzhülsen gesprochen wurden, positives Interesse dadurch wecken kann, daß man wirklich etwas

Ernstes sagt oder beispielsweise solides Wissen über die mittelalterliche Gesetzgebung auf diesem Gebiet oder dergleichen präsentieren kann.

Ich habe einmal mit den beiden Redenschreibern eines Staatsrats über ihre Produkte gesprochen. Traurige Sache. Politiker befinden sich öfter, als man meinen möchte, in einer Situation, die sich als eine unangenehme Kombination von *Genus honestum* und *Genus humile*, Überlegenheit und Desinteresse, erweist – und das ohne die Herausforderung, die *Genus turpe*, die «Schändlichkeit», wenigstens bereithielte. In einem Fall hatte der Staatsrat jedoch der speziellen Interessengruppe, die das Publikum darstellte, etwas richtig Interessantes und Erfreuliches mitzuteilen. Die Redenschreiber brannten die gute Neuigkeit bereits in der Einleitung ab. Wozu eine solche Verschwendung?, fragte ich. Der Redenschreiber erklärte mir, daß der Minister selbst es so haben wollte. Es wäre am besten, die gute Nachricht gleich zu verhackstücken, denn er hätte beobachtet, daß die meisten Leute schon bald nicht mehr zuhörten. Wenn man den Leckerbissen nicht sofort präsentierte, dann würden die Leute ihn womöglich verpassen!

Das zeugte nun wirklich von geringem rhetorischen Ehrgeiz und wenig Nachdenken. Das Ergebnis war, daß man das Publikum langweilte und einschläferte, wenn man nicht sogar die gute Wirkung vertan hat, die man mit der Neuigkeit hätte erzielen können, hätte man sie klug präsentiert.

In diesem Fall hätte man das Interesse geschickt wachhalten müssen: zur Mitte der Rede hin die Neuigkeit verschieben als die *Propositio*, den Vorschlag, der gern mit noch weiteren Themen und Argumenten zu einer schlagkräftigen *Probatio* verknüft werden darf. Dann, nachdem man in der *Refutatio* die Gegenargumente, die in diesem Fall ja ohnehin nur sehr fiktiv waren, entkräftet hat, eine jubelnde *Peroratio*, in der die Neuigkeit richtig festgeklopft wird. Das Publikum hätte überwältigt und dankbar den Saal verlassen und eben diese eine große Sache im Gedächtnis behalten.

Wenn man das Interesse auf sich ziehen, aber nicht durch einen allzu mächtigen Beginn die Fortsetzung der Rede überschatten will, kann man, um die Stimmung zu wenden oder die Erwartungen nicht zu enttäuschen, erst einmal über etwas anderes sprechen, was die Leute vielleicht mehr interessiert: sein eigenes Verhältnis zu ihrer Stadt, die Tatsache, daß man mit sechs Fingern an jeder Hand und einem rudimentären Schwanz geboren wurde oder daß man an schwerer Blutarmut leidet und möglicherweise während des Vortrags in Ohnmacht fallen wird. Das Letztgenannte dient entschieden besser zur Erhöhung der Spannung als das Versprechen, daß die Zuhörer einen Tip bekommen, wie sie Geld verdienen werden.

Man kann und sollte, wie schon erwähnt, sich auch darauf verlegen, eine Ansicht zu haben oder eine These zu vertreten. Es ist immer gut, ein persönliches Verhältnis zu dem in der *Narratio*, der Erzählung, ausgebreiteten Stoff zu haben. Enthusiasmus ist zwar kein sicheres Mittel, doch jedes Thema wird langweilig, wenn er völlig fehlt. Es gibt Menschen, die durch ihre bloße Faszination von einem offenkundig unglaublich langweiligen Thema wie etwa dem Wesen der Schleimpilze oder der Steinäxte das Publikum mitreißen können. Und das vor allem, wenn sie gleichzeitig klarmachen, daß sie sehr wohl wissen, wie langweilig andere das Thema finden. Man muß sich nicht entschuldigen oder schämen – im Gegenteil, man muß den Stolz auf etwas scheinbar Unmögliches zeigen – den nämlich respektieren wir alle, sei es nun bei Kannibalen oder Kapitalverwaltern, bei Computerfachleuten oder Kindergärtnerinnen. Das gilt immer, zumindest, wenn sie ihre Liebe zum Thema und ihren Stolz auf die eigene Besonderheit in eine Sprache fassen können, die wir alle verstehen.

Liebe, Humor, Selbstironie – das ist alles wichtig. Ebenso Engagement und die Fähigkeit, die eigene Tätigkeit von außen zu betrachten. Dann ist natürlich wichtig, zu Beginn das Publikum aufzurütteln oder einfach einen Kontakt zu seinen wirklichen Interessen herzustellen. Und schließlich braucht man Freude am Erzählen und das Vermögen, das Interesse langsam zu steigern.

Knalleffekte, verbaler, akustischer oder akrobatischer Natur, sind nicht völlig falsch – aber nur, wenn sie an der richtigen Stelle kommen, nämlich als Höhepunkt am Schluß. Ich habe schon darüber nachgedacht, ob der Ballon des Konzernchefs und der folgende Geldregen nicht ganz wunderbar als eindringlicher Abschluß funktioniert hätten. Das hätte bei den betörten und zufriedenen Zuhörern eine schöne und positive Erinnerung erzeugt. Ich glaube, in diesem Fall wäre es sehr schwer gewesen, nach ihm reden zu müssen. Aber, wie gesagt, er hat es anders gemacht. Und ich war ziemlich froh darüber.

19. Extrem unwilliges Publikum

oder: Werden Sie ein angesehener Kannibale!

Die Rede, über die ich im vorigen Kapitel gesprochen habe, wurde zumindest vor einem potentiell offenen Publikum gehalten, das sich am Ort des Geschehens einigermaßen freiwillig eingefunden hatte und dem der Veranstalter mit Wohlwollen gegenüberstand und deswegen eingeladen hatte. Ganz ähnlich verhält es sich mit den Gruppen, die auserwählt wurden, Ihrer Feiertags- oder Tafelrede, Ihrer Präsentation der neuen Produkte der Firma oder Ihrer akademischen Vorlesung über mittelalterliche Schiffswracks lauschen zu dürfen.

Doch ganz oft ist der Unwillen, zuhören zu müssen, sehr groß. Eine klare Grenze verläuft da, wo das Publikum zwangsverpflichtet ist und den Ort des Geschehens entweder nicht verlassen kann oder darf. Das ist keine besonders hoffnungsvolle Situation. Oft erscheint es eine Sache des Prinzips zu sein, Ausführungen, die man nicht anhören möchte, einfach nicht anzuhören, und das sogar bei so gut gemeinten Veranstaltungen wie dem Mathematikunterricht in der Grundschule oder den Sicherheitshinweisen im Flugzeug. Dennoch ist gerade im Hinblick auf das Wohlergehen des Publikums oft ein gewisses Maß an Zwang notwendig, nämlich zum Beispiel beim Mathematikunterricht in der Grundschule oder bei den Sicherheitshinweisen im Flugzeug.

Und manche allgemeinen rhetorischen Prinzipien gelten sogar in dieser Lage. Ganz gleich, wie wenig dem Publikum die ganze

Angelegenheit zusagt, dürfen Sie sich doch niemals dafür entschuldigen. Ganz gleich, wie unangenehm Sie den ganzen Auftrag finden, wenn Sie ihn einmal angenommen haben, dürfen Sie sich niemals dafür entschuldigen.

Wir mögen nämlich – wie gesagt – Leute, die an ihre Sache glauben und dafür einstehen. Wenn Sie die Schuld auf Ihren Vorgesetzten schieben, der Sie abgeordnet hat, auf den Lehrplan, der den Vortrag von Ihnen verlangt, oder dergleichen, dann werden die Zuhörer anfangen, Sie zu verachten. Warum sollten sie denn etwas tun, was nicht einmal Sie selbst für wichtig halten? Das hat zur Folge, daß Sie als ein noch schlimmerer Tyrann dastehen und gleichzeitig als ein rückgratloser Weichling. Werden Sie statt dessen ein angesehener Kannibale!

Oder wechseln Sie den Beruf.

Normalerweise ist es, wie gesagt, immer eine gute Idee, mit dem Netten, was Sie zu sagen haben, im *Exordium* zu beginnen, dann positiv über den Hintergrund und das Ganze in der *Narratio* zu berichten, die Botschaft in der *Probatio* rüberzubringen und dort noch weitere Pluspunkte zu präsentieren, möglichen Gegenargumenten in der *Refutatio* zu begegnen und negative Aspekte wegzureden, um dann mit einer enthusiastischen Ermahnung in der *Peroratio* zu enden. Hier aber, wo Sie eine extrem negativ eingestellte und bockige Schar von Zuhörern zähmen müssen, lohnt es sich allerdings manchmal nicht, allzu einschmeichelnd zu beginnen.

Es kann sogar vernichtend wirken, wenn die Anwesenden das Gefühl bekommen, daß Sie sie irgendwie kaufen wollen. Dann erhöhen sie nämlich den Preis.

Aber es ist auch hier gut, sich im *Exordium* lustig und nett und etwas selbstironisch zu zeigen, wenn es nur mit Bestimmtheit geschieht.

Wenn das Publikum negative Erwartungen hegt, die nicht eintreffen werden, dann sollten Sie darüber auch nicht reden. Die Leute sind dann eben überrascht oder vergessen das ganze Elend einfach. Doch wenn sie negative Erwartungen hegen, die eintreffen werden, dann ist es am besten, gleich und auf einmal damit rüber zu kommen. Dann kann später alles nur noch besser werden, und das sollte ja so sein.

Hier hilft uns der alte florentinische Philosoph Niccolò Machiavelli, der in seinem unschätzbaren Handbuch über die Kunst des Herrschens, «Der Fürst» (1513), den Rat erteilt:

«Darum müssen alle Gewalttaten auf einmal geschehen, da sie dann weniger empfunden und eher vergessen werden. Die Wohltaten aber müssen nach und nach erwiesen werden, damit sie sich besser einprägen.»

Das gilt auch im Umgang mit widerwilligen Zuhörerscharen.

Wenn man das Kommando übernommen und die Situation in der Hand hat, dann ist es durchaus möglich, sich langsam von einer gewissen Härte zur Freundlichkeit zu bewegen. Doch dabei ist wichtig, daß man selbst den Takt bestimmt. Es ist hingegen völlig unmöglich, von Freundlichkeit zu Härte zu wechseln, und am schlimmsten ist es, wenn die Situation einen dazu zwingt. Das wird dann als Schwäche der übelsten Sorte aufgefaßt werden und ist ungefähr genauso schlimm, wie wenn man auf ein ganz normales Publikum wütend wird.

Übrigens ist es auch hier völlig vernichtend – und überdies völlig unnötig –, wenn Sie auf das Zwangspublikum wütend werden. Wenn die Leute gezwungen wurden, hier zu sitzen, dann ist das nun einmal so. Ihr Zorn macht keinerlei Sinn, abgesehen davon, daß er Ihnen das wenige an persönlicher Autorität nimmt, das Sie vielleicht unter den herrschenden Umständen noch bewahren konnten.

Erstaunlicherweise ist es so, daß alle Gruppen ein gewisses Maß an Zwang und Fremdbestimmung mögen, vor allem aber die Gruppen, die schon in die Situation genötigt wurden.

Das kann im Klassenraum sein, wo man in die Mysterien der Beugung von Verben eingeführt werden soll, im Transferbus, der sich auf dem Weg vom Flughafen verfahren hat und in dem nun die neuen Pläne zur Fortsetzung der Reise mitgeteilt werden sollen, oder auf dem Thing von Tuna, wo wir vor einem erzürnten Gustav Vasa, der gerade unseren Bauernaufstand niedergeschlagen hat, auf den Knien liegen. Wir wollen nicht genötigt werden zuzuhören, und wir haben überhaupt nicht vor zu gehorchen. Doch wenn wir uns schon in einer solchen Situation wiederfinden, dann fällt es uns bedeutend leichter, den Redner zu ertragen, der ganz klar macht, daß er derjenige ist, der bestimmt und die Lage unter Kontrolle hat. In diesem Fall hören wir an, was er als neue Majestät beschlossen hat und was von uns erwartet wird. Eine Obrigkeitsperson jedoch, die zögert, kriecht, schleimt, jammert und andauernd ihre Meinung ändert, wenn welche von uns protestieren, werden wir in unserer Wut zu Tode mobben, sowie wir die Möglichkeit dazu bekommen.

Nehmen wir einmal einen Extremfall, den ich übrigens für in keiner Weise moralisch halte, jedoch sehr erhellend, was dieses Prinzip angeht. Nach einem meiner Vorträge vor einer Gruppe von Führungskräften stellte man mir im Vertrauen die heikle Frage: «Wie soll ich mich verhalten, wenn ich mitzuteilen gezwungen bin, daß ich einem Teil des Personals kündigen werde? Paßt das Modell, was Sie uns hier aufgezeigt haben, denn auch in einer solchen Situation?»

In diesem Fall ist die traditionelle Reihenfolge mit den guten Neuigkeiten und der größeren Perspektive zu beginnen und dann die schlechten Nachrichten im Zusammenhang danach zu präsentieren, natürlich überhaupt nicht sinnvoll.

Auch hier erhält Machiavelli den Vortritt vor Quintilian und der traditionellen, überzeugenden Rhetorik. (Der Fall läge freilich anders, wenn der fragliche Chef die Sache hinterher vor der Presse verteidigen müßte.) Selbst wenn der Redner den traurigen Bescheid weiter hinausschieben würde und die beunruhigten Angestellten immer aufmerksamer zuhören würden, könnte er doch nicht einmal bei denen, die ihren Job behalten dürfen, Sympathien gewinnen.

Statt dessen müssen alle schlechten Neuigkeiten nach einer kurzen Einleitung in einem Schwall vorgelegt werden, woraufhin dann mögliche positive Dinge tröpfchenweise, wie Machiavelli es vorschlägt, mitgeteilt werden, jedoch immer so, daß es keineswegs als Entschuldigung oder Erklärung interpretiert werden kann. Es ist sogar zu überlegen, ob diese positiven Teile des Vortrags für eine auf traditionelle Weise gestaltete Rede am folgenden Tag aufgespart werden sollten.

Eine extreme Überlegenheitsrede dieser Art besteht somit, grob gesehen, ausschließlich aus der *Narratio*, der Erzählung von dem, was geschehen wird. Eine *Probatio* ist nicht erforderlich, und eine *Refutatio* auch nicht, abgesehen von den besonders gemeinen Fällen, wie dem eben aufgezeigten, da die *Refutatio* höchstens eine direkte Erklärung sein könnte, daß man selbst die volle Verantwortung für das Elend übernimmt. Das ist, was die Lage der Zuhörer und den Willen zuzuhören angeht, sicherlich eine extreme Unterlegenheitssituation, doch gleichzeitig für den Redner auch eine extreme Überlegenheitssituation. Wir sollten uns nicht verteidigen und müssen es auch konkret nicht tun.

Hingegen muß die *Peroratio*, die Schlußpassage, selbst in einer Strafrede des Königs an die Aufrührer versöhnlich, hoffnungsvoll und einfach ein wenig feierlich sein. Das kann er sich leisten, wenn er uns in die Knie gezwungen hat, und wir lieben ihn dann auch noch dafür, und zwar viel mehr, als wir es getan hätten, wenn er die ganze Zeit über so freundlich gewesen wäre.

Werden klare Worte und ein festes Regiment in der Einleitung erkennbar, so können wir die bockigste Versammlung versöhnlich stimmen und Raum für große und vor allem unerwartete Sanftheit schaffen, die uns sonst in diesem Zusammenhang nicht gut zu Gesicht stehen würde.

Ich erinnere mich an eine lärmige Buchvorstellung in einer großen Buchhandlung, wo eine Schriftstellerkollegin mit dünner Stimme zu einem bereits aufgekratzten und fröhlich plaudernden Publikum sprechen sollte, von denen jeder zudem ein Glas in der Hand hatte, das nur bei wenigen Besuchern noch das erste war. Es war unmöglich für sie, sich gegen das Gemurmel durchzusetzen und die Aufmerksamkeit der Leute zu erringen. Deshalb stellte sich ein durchsetzungsfähiger männlicher Kollege auf eine Bücherkiste und rief mit Kasernenstimme:

«Jetzt mal alle den Mund halten! Eine Dame erhält das Wort!»

Absolutes Schweigen, andächtige Stille. Und der Vortrag kam in der Bugwelle des Kommandogebrülls noch besser zur Geltung und wurde im Kontrast zu dem einleitenden verbalen Übergriff nur noch höher wertgeschätzt.

So könnte man sagen, daß auch wir uns wieder am Ausgangspunkt befinden: hier extreme Unterlegenheitssituation, die nur in extremer Überlegenheit entsteht, dort extreme Überlegenheit, die wie eine extreme Unterlegenheit behandelt werden muß.

Lassen Sie uns deshalb von dieser Tagnachtgleiche rhetorischer Erkenntnis in eine andere Richtung aufbrechen und ein paar allgemeine Ratschläge und Winkelzüge betrachten, die im Licht der Mediendebatte und der Ereignisse in den Medien der vergangenen Jahre deutlich werden sollen.

20. Auf dem Nullpunkt der Rhetorik

Man kann viel aus Beispielen lernen. Ich möchte, um Sie vor rhetorischen Katastrophen zu bewahren, Ihnen daher in den folgenden beiden Kapiteln zwei Bravourstücke rednerischer Minderleistungen bekannt machen, für die wir dem schwedischen Finanzminister Bosse Ringholm zu besonderem Dank verpflichtet sind.

Der Fernsehauftritt des Finanzministers im September 1999 nach der Absetzung der Generaldirektorin der staatlichen Revisionsbehörde – eine Art Bundesrechnungshof – namens Inga-Britt Ahlenius hat große Kreise gezogen.

Man findet darin viele lehrreiche Anhaltspunkte.

Ringholm ist ein taktvoller Mensch, der den Marsch durch die Institutionen bis in die höheren Sphären der Macht – oder der Ohnmacht, wie man will – unternommen hat. Eine Zeitlang versuchten die Regierungstreuen während dieser Affäre, seine Position zu stärken, indem sie seine schlechten Schulnoten veröffentlichten, die zeigen sollten, daß er im Gegensatz zu seiner hochkarätig gebildeten Parteikollegin Ahlenius ein Mann des Volkes sei. Daß er bei solchen Zeugnissen die Schule vorzeitig hatte verlassen müssen, war sonnenklar, doch keineswegs klar wurde, warum es so volkstümlich sein sollte, dermaßen dumm zu sein. Zu jener Zeit waren nämlich die Chancen im Bildungswesen so groß wie nie, und viele, die so alt waren wie Bosse, hatten sie genutzt. Er hingegen wählte schon in Teenagerjahren die politische Karriere innerhalb des Jugendverbandes der schwedischen Sozialdemokraten. Dort wurde er Nachfolger von Ingvar Carlsson als Generalsekretär und verschaffte sich bald den Ruf eines ungelenken Führers mit offenkundigen Kontaktschwierigkeiten. Lange gehörte er zu den wenigen Führungsleuten des Jugendverbandes, die keinen Platz in der Regierung bekommen hatten. Palme und Carlsson hielten ihn – ahnungsvoll – um jeden Preis außen vor, und er mußte sich mit kleinen Pfründen auf Landesebene und in der Arbeitsmarktsdirektion begnügen. Erst Göran Persson hob ihn als sein gehorsames Werkzeug in die Regierung, nachdem er sich des letzten aus der Reihe schwerfälliger, aber dynamischer, wirtschaftlich begabter sozialdemokratischer Finanzminister entledigt hatte. Ringholm ist der typische loyale Erzbürokrat, ein Jünger aus dem Apparat. Man kann konstitutionell schwerlich weiter von politischen Rednern und Agitatoren entfernt sein als er.

Diese Probleme wurden aber erst so richtig deutlich, als er in einer wirklich schwierigen Lage eine Pressekonferenz abhalten sollte.

Die Regierung hatte, wie gesagt, die populäre Generaldirektorin der Revisionsbehörde, Inga-Britt Ahlenius, eine lästige Kritikerin, gefeuert. Sie hatte den Vorteil, eine Frau zu sein, Parteimitglied und außerdem eine allgemein respektierte Kritikerin von bürokratischen Mißständen.

In der Zwischenzeit hatte sie sich allerdings lächerlich gemacht, indem sie einem *practical joke* auf den Leim gegangen war. Es hatte jemand bei ihr angerufen, sich als Ringholm ausgegeben und ihr ein fragwürdiges Manöver vorgeschlagen, um ein paar Probleme zu lösen, woraufhin sie mit der Sache an die Öffentlichkeit ging und in eine peinliche Lage geriet. Doch für Ringholm war die Affäre mindestens ebenso peinlich. Schließlich war offenkundig, daß jemand, der ihn kannte, es für möglich hielt, daß er wirklich mit derart idiotischen Vorschlägen kommen könnte.

Selbst wenn Ahlenius sich hier, äußerlich gesehen, natürlich lächerlich gemacht hatte, so konnte sie doch gleichzeitig eine Situation ausnutzen, die ein Stückweit mit dem Trick aus der klassischen Rhetorik verwandt ist, den man *Paralipsis* oder *Occultatio* nennt. Soll heißen, man hat eine Behauptung aufgetischt, die man jedoch augenblicklich wieder verneint, zurücknimmt, für die man sich entschuldigt oder behauptet, dagegen auftreten zu wollen. Gleichzeitig läßt man die einmal ausgesprochene Verdächtigung oder Grobheit im Raum stehen. Eines der bekanntesten Beispiele für diesen Trick findet man in Ciceros erster Rede gegen Catilina, die wir eben schon einmal zitiert haben. Cicero deutet darin auch an, daß es Gerüchte gäbe, Catilina habe, abgesehen von seinen übrigen Schurkereien, seine erste Ehefrau und seinen Sohn vergiftet. Doch Cicero will offiziell diesen Gerüchten natürlich keinen Glauben schenken. Er will nicht, daß irgend jemand den Eindruck bekommt, derartig gräßliche Verbrechen würden in Rom ungesühnt bleiben. Schlimm genug, wie es ist! Da hat man als Opfer keine Chance. Verteidigt man sich, so reibt man das Mißtrauen nur noch tiefer ein.

Ahlenius hatte sich also zu dem Zeitpunkt, der uns interessiert, bereits dafür entschuldigt, daß sie gedacht hatte, Bosse Ringholm sei der Anrufer. Doch im Grunde genommen war die ganze Geschichte für den armen Ringholm auch danach nicht unbedingt vorteilhaft. So wurde sie genutzt, um Ahlenius endgültig loszuwerden. Dieser Beschluß war allerdings einige Etagen höher gefaßt worden.

Man versammelt also die Presse, um zu verkünden, was man im Gespräch mit Inga-Britt Ahlenius über ihre Zukunft beschlossen hatte. Verantwortlicher Minister ist Bosse. Er muß nun von dem Treffen berichten und Fragen beantworten. Bosse ist Bürokrat. Er macht, was man ihm sagt. Und er ist es auch gewohnt, daß andere tun, was er ihnen sagt. Und Punkt. Er geht jetzt da rein und hält eine Pressekonferenz ab.

Ringholm setzt sich also aufs Podium im Regierungsgebäude Rosenbad vor die Fernsehkameras und die neugierigen Journalisten – und weigert sich, auf Fragen zu antworten. Statt dessen wiederholt er ein ums andere Mal denselben Satz. Lediglich manche Worte tauscht er aus und ändert die Wortfolge, weil er während der Pressekonferenz immer unsicherer und verwirrter wird, was die Regeln des öffentlichen Dialogs angeht: «Die Regierung und die Vorsitzende des Revisionskammer des Landes, Inga-Britt Ahlenius, haben eine Vereinbarung getroffen, daß die Regierung versuchen wird, ihrem Wunsch nach einem neuen Betätigungsfeld nachzukommen.»

Jede neue Frage wurde tatsächlich mit demselben Satz beantwortet. Ein ums andere Mal, mit nur unbedeutenden Veränderungen. In neun Minuten sagte er achtzehnmal «Vereinbarung», dreizehnmal «nachzukommen» und achtzehnmal «Wunsch». Nach einer Weile begannen die versammelten Journalisten, das Gesicht zu verziehen. Der Minister hingegen versuchte, mit scheinbar souveräner Unempfindlichkeit für die Stimmung im Saal, doch mit immer verwirrterem Aussehen, sein Mantra weiter zu wiederholen. Irgend jemand hatte ihm gesagt, daß er das sagen sollte. Und er sagte es wieder und wieder und wieder...

Es kam ihm nicht der Gedanke, daß man sich der Situation anpassen könnte. Derartige Dinge hatte er als Rädchen in jener Maschinerie, die seinen besonderen Persönlichkeitstypus als Parteisoldat hervorgebracht hat, nicht lernen müssen. Sein Gesicht spiegelte panikähnliches Erstaunen wider: Warum machen die denn nicht, was ich sage? Hören die nicht, was ich sage? Die ganze Zeit bin ich Chef gewesen, und die Leute haben immer gemacht, was ich gesagt habe, und ich habe immer gemacht, was man mir gesagt hat. Was ist denn hier los?

Mit einem Schlag wurde er von einem anonymen Bürokraten zu einem nationalen Hanswurst.

Dieses Ereignis ist in verschiedener Hinsicht interessant.

Es sagt viel über das gegenwärtige politische System in Schweden aus. Doch rhetorisch gesehen, ist es vor allem ein Beispiel für etwas, das man den «rhetorischen Nullpunkt» nennen könnte. Schlimmer kann es eigentlich gar nicht kommen. Lächerlicher kann man sich nicht machen. In Ringholms totaler Abwesenheit von geistiger Anwesenheit steckt höchstens ein Schuß negativer Genialität – das könnte man vielleicht sagen. Zum Teil liegt die Schuld natürlich auch an unserem schwedischen Wahlsystem, das eine solche Figur hervorbringen und sie dann auch noch eine ganze Weile in Diensten behalten kann. Haben Sie in Deutschland auch seltsame Politiker? War da nicht wer in Hamburg? Um vergleichbare Fälle zu finden, muß man sonst eigentlich die Erbmonarchien aufsuchen, doch müssen deren Vertreter normalerweise nicht auf die eisenharten Fragen der Journalisten antworten.

In einer Hinsicht befindet sich Ringholm also in einer Überlegenheitssituation.

Er ist der Minister. Er ist im Besitz der Macht. Theoretisch gesehen, ist er nach dem Premierminister der zweitmächtigste Mann in Schweden. In der Praxis sind einige seiner Vorgänger in diesem Amt tatsächlich mächtiger gewesen als der Regierungschef. Solange der Premierminister und die parlamentarische Mehrheit hinter ihm stehen, kann er machen, was er will. Im Fall Ahlenius hat er das auch getan. Zumindest offiziell ist er derjenige, der in diesem Fall die Macht hat. Und seine Aufgabe ist es, einfach zu erzählen, was er getan hat.

Das größte Risiko in dieser Situation ist aber, daß man überheblich, selbstzufrieden und oberlehrerhaft wirkt. Ringholm glückt dieses vollständige Versagen, obwohl er eigentlich gar nichts sagt und angesichts der Fragen wie ein ängstliches Kaninchen aussieht.

Ferner besteht das Risiko, daß man steif, bürokratisch und gefühllos wirkt. Auch das schafft Ringholm, sowohl durch das wenige, was er sagt, wie auch durch das, was er nicht sagt.

In anderer Hinsicht befindet er sich auch in einer Unterlegenheitssituation. Es besteht gar kein Zweifel, daß Inga-Britt Ahlenius ihm rhetorisch überlegen ist, selbst wenn sie sich in diesem Fall ein wenig blamiert hat. Außerdem hat sie den Vorteil, eine Frau zu sein und somit generell als benachteiligt zu gelten.

Selbst intellektuell ist die Unterlegenheit Ringholms beträchtlich, vor allem auch gegenüber den anwesenden politischen Elitereportern. Außerdem ist dem ganzen schwedischen Volk ja erst vor kurzem durch die idiotische Veröffentlichung seiner Schulzeugnisse gesteckt worden, wie dumm er ist. Auf der anderen Seite kann es ja auch wirklich herzergreifend wirken, wenn man ein wenig zurückgeblieben ist – das haben viele schwedische königliche Hoheiten und Profipolitiker und zuletzt George W. Bush gezeigt. Das setzt allerdings voraus, daß man wenigstens noch für fähig gehalten wird, sich richtig zu benehmen und sich nicht allzuoft lächerlich zu machen.

Nun hatte sich Ringholm aber durch sein Auftreten und die bescheuerte Wiederholung immer desselben Satzes schon rettungslos lächerlich gemacht. Die erfahrenen Reporter saßen da und lachten laut über den schwedischen Finanzminister.

Ein anderes Problem hat man, wenn das Auftreten als etwas zurückgeblieben vollkommen echt ist. In dieser wirklichen intellektuellen Unterlegenheit gerät man im Zusammentreffen mit etwas geschliffeneren Gegnern in völlig unmögliche Situationen. Sie kennen das aus deutschen Talkshows ebenfalls.

Doch die Erbmonarchien haben gezeigt, daß man selbst in diesem Fall Hilfe finden kann. Warum hat Ringholm nicht vorher mal mit seinen Redenschreibern gesprochen? War ihm denn überhaupt nicht klar, in was für eine Situation er sich begab?

Sein Publikum kann man durchaus als feindselig charakterisieren – es ist der Job von Politikjournalisten, dies gegenüber den Frauen und Männern der Macht zu sein. Seine Botschaft war schwer zu ertragen – schließlich hatte man eine zwar schwierige, aber populäre Mitarbeiterin rausgeschmissen.

Die Fragen, mit denen man Ringholm bombardierte, hatten den Charakter von Zwischenrufen, die ein wenig hetzen und den Befragten anschwärzen sollten. Der Redner hingegen mußte – wenn auch zum allergrößten Teil selbst verschuldet – erleben, wie die von ihm gesprochenen Sätze einfach sang- und klanglos untergingen und nicht im entferntesten die positive Aufnahme fanden, die er erwartet hatte.

Auch in dieser Hinsicht ein Nullpunkt der Rhetorik. Doch am schlimmsten war, daß der Redner überhaupt nicht versuchte, irgend etwas an der Sache zu ändern, weshalb die Situation geradezu als Musterbeispiel rhetorischen Totalversagens gelten darf und deshalb für Sie so wichtig ist, um etwas Vergleichbares nie erleben zu müssen.

Eigentlich hätte es Ringholm oder jedem anderen normalen Menschen nicht die geringsten Schwierigkeiten bereiten dürfen, das wenige, was hier verlangt war, zu bieten.

Das einzige, was diesen Fall von den vorher geschilderten unterscheidet, ist, daß Ringholm keine Möglichkeit hatte, eine pfiffige *Dispositio* für seine Rede aufzustellen. Hier ging es ja um eine Pressekonferenz, in der das meiste in Frageform geschieht und wo die Reporter und Fernsehsender alles, was sie haben wollen, so zusammenschneiden, wie sie es brauchen können. Doch das ändert nichts daran, daß er, vielleicht sogar als Antwort auf die erste Frage, mit einer kleinen Rekapitulation dessen hätte einleiten können, was bisher aus Sicht der Regierung geschehen war. Eine freundliche *Humiliatio* darüber, wie schwer Personalfragen zu handhaben sind, vor allem wenn man sich auf einem solchen

Niveau befindet und wenn es um derart qualifizierte Angestellte geht wie Ahlenius. Dann die *Narratio* selbst über die Entwicklung der Affäre, gefolgt von einer Mitteilung darüber, daß man sich jetzt geeinigt und die Sache aus der Welt geschafft habe, und dann möglicherweise noch ein Wort darüber, daß man auf eine Kraft wie Ahlenius natürlich nicht verzichten wolle, sowie einer abschließenden *Peroratio* mit dem Wunsch nach einer besseren Zukunft für sie und die staatliche Verwaltung.

Auf die Frage, was man sich nun denn ausgedacht habe, hätte er inhaltlich durchaus so antworten können, wie er es getan hat – jedoch nur ein einziges Mal, und zwar in normalem Schwedisch. Bei anschließenden Fragen nach Details hätte er sich natürlich nicht einfach nur wiederholen dürfen, sondern auf irgendein naheliegendes Thema abschweifen müssen. Zum Beispiel, daß es Inga-Britt (Vorname!) gegenüber nicht richtig wäre, Einzelheiten aus einem vertraulich geführten Gespräch preiszugeben.

Auf die Frage, welchen neuen Job sie denn anstrebe, hätte er sagen können, daß er auch hier keine Details nennen dürfe, doch daß er sich freuen würde, wenn es etwas wirklich Herausragendes werden würde, wo Inga-Britts Fähigkeiten auch voll und ganz zum Tragen kommen könnten. Dann vielleicht noch eine kleine Rede darüber, wie sehr man sie schätzt.

Selbst diejenigen, die begriffen hätten, daß das eine Lüge war, hätten es doch ritterlich und klug gefunden, so etwas zu sagen.

Natürlich hätte er auch einfach noch ein wenig darüber scherzen können, was für eine hochkarätige Ausbildung sie im Verhältnis zu ihm selbst hatte, und selbstironisch einfließen lassen: «Und nun sehen Sie mal, auf was für einem Job ich gelandet bin. Für Inga-Britt werden wir also etwas richtig Gutes finden, sie muß sich nur entscheiden. Allerdings traue ich mich natürlich nicht, sie anzurufen und ihr einen Vorschlag zu unterbreiten.» (Hier ist Raum für freundliche Lacher aus dem Publikum.)

In einem solchen Fall funktioniert am besten das Auge-um-Auge-Prinzip. George W. Bush (oder seine Redenschreiber) hätten sich sicher dafür entschieden.

Wenn nun noch einmal die Frage gestellt worden wäre, um was für einen neuen Job es sich handelt, dann hätte er gespielt müde (jetzt wirken plötzlich die Reporter arrogant, tratschgeil und dumm), aber in sehr freundlichem Ton daran erinnern können, daß er doch nun wirklich nicht Inga-Britts Wahl vorgreifen könne, das hat er ja eben schon gesagt, also noch mal, wenn die Frage nun erneut gestellt werden muß, möchte er doch die Gelegenheit ergreifen zu sagen, wie wichtig er es findet, daß Frauen ebenso häufig wie Männer, oder vielleicht auch häufiger, auf solche Posten gelangen und so weiter ...

So etwas haben wir bei solchen Gelegenheiten schon oft gehört. Mehr war nicht von ihm verlangt. Hätte er das gemacht, wäre die ganze Geschichte schnell vergessen gewesen. Statt dessen machte er gerade durch seine Unfähigkeit fast alle Probleme deutlich, mit denen ein Redner in einer vergleichbaren Situation konfrontiert werden kann.

Und er schenkte uns dadurch ein lehrreiches, geradezu klassisches Stück politischer Gruselunterhaltung.

21. Drei Ratschläge

Es wird oft die Frage gestellt, was denn das Wichtigste sei, welche allgemeinen Ratschläge man jedem Redner geben solle, ehe er anfängt, über verschiedene speziellere Tricks nachzudenken. Meiner Ansicht nach gibt es drei grundlegende Ratschläge, die man beherzigen sollte. Vielleicht kann der Fall Ringholm auch zur Illustration dieser Ratschläge herangezogen werden, da der Minister offenkundig keinen einzigen davon beherzigt hat. Sie lauten:

1. Seien Sie gut vorbereitet!
2. Bereiten Sie die Schlußpassage gründlich vor und sehen Sie auch zu, daß Sie irgendwann mal dort hinkommen!
3. Beobachten Sie die Reaktionen des Publikums!

Das klingt vielleicht wie jene Sorte banaler Ratschläge, die man einem erwachsenen Menschen wirklich nicht mehr mitgeben muß. Doch wie wir an Ringholm gesehen haben, gibt es jede Menge Redner, die sie nicht berücksichtigen. Sehen wir sie uns einmal nacheinander an:

1. Seien Sie gut vorbereitet!

Ringholm hatte nicht die geringste Ahnung, was ihn erwarten würde. Offenbar hatte er einen kleinen Zettel bei sich, auf den irgend jemand den idiotischen Satz geschrieben hatte, den er dann immer wieder herunterbetete. Mehr nicht. Auch wenn es nur selten so bis zum Äußersten geht wie in Ringholms Fall, sieht man doch allzu oft Rednern – manchmal auch solchen, die schon jede Menge Erfahrung haben – schon wenn sie hereinkommen an, daß sie entweder keine Zeit hatten, sich vorzubereiten, oder daß sie nicht richtig wissen, was für eine Zusammenkunft das eigentlich ist und was für ein Publikum sie vor sich haben.

Das ist eine Beleidigung der Zuhörer, und es hat außerdem zur Folge, daß man sofort in Unterlegenheit gerät und nur allzu leicht von einem Fettnapf in den nächsten steigt.

Das soll nicht heißen, daß man aus einem fertig geschriebenen Manuskript vorlesen oder daß man eine Rede etwa Wort für Wort auswendig lernen sollte. Absolut nicht. Beide Methoden sind vor Publikum absolut verboten. Doch sollte man zur Sicherheit ein Stichwortmanuskript bereithalten, von dem man bei der Vorbereitung ausgegangen ist. Man sollte die wichtigen Zitate aufgeschrieben haben. Man sollte bei Bedarf die benötigte Fachliteratur dabeihaben. Vor allem sollte man alles gelesen haben, was für das anstehende Thema von Bedeutung sein könnte. Man sollte sich über den gedanklich-weltanschaulichen Hintergrund und den Verständnishorizont des Publikums informiert haben. Man sollte zehnmal so viele Fakten zu dem Thema zusammengetragen haben, als von einem erwartet wird. Dann ist man ruhig und gewinnt fast immer. Außerdem geht es so viel schneller, sich in die Rede einzuarbeiten, als wenn man einem Fakir gleich eine komplette Rede auswendig lernt. Gleichzeitig bleibt man flexibel und wird, im Unterschied zu einer Erscheinung wie Ringholm, mit allen auftretenden Fragen und unerwarteten Wendungen, die die Sache nehmen kann, klarkommen.

2. Bereiten Sie die Schlußpassage gründlich vor und sehen Sie zu, daß Sie auch irgendwann einmal dort hinkommen!

Darüber haben wir ja schon mehrfach gesprochen. Doch es kann nie schaden, noch einmal daran zu erinnern, denn es handelt sich um eine grundlegende Regel. Die Leute erinnern sich vor allem an die Schlußpassage, *Peroratio*, und die soll sie ja auch zum Handeln antreiben. Deshalb müssen wir gerade in diesem Punkt gut vorbereitet sein. Ringholm hatte keinen Schimmer, wohin das Ganze führen und welches Ende es nehmen würde. So konnte er das Debakel ganz einfach nicht verhindern. Selbst auf eine Fragestunde sollte man sich gut vorbereiten, damit man an passender Stelle an eine Antwort noch etwas thematisch Passendes anhängen und somit die ganze Sache auf eine für einen selbst vorteilhafte Weise abkürzen kann.

3. Beobachten Sie die Reaktionen des Publikums!

Auch das sieht aus wie ein Hinweis, den man nicht eigens geben müßte; doch erstaunlicherweise muß man vor allem ungeübten Rednern immer wieder genau diesen Ratschlag mitgeben. Man kann nämlich auch zu gut, oder besser gesagt, falsch vorbereitet sein, so daß man zu sehr auf sein Manuskript oder seine eigene Vorstellung davon, wie die Sache ablaufen soll, fixiert ist.

Auch hierfür bietet die Ringholm-Geschichte ein extremes Beispiel. Er hatte nur seine armselige Phrase, sonst nichts. Und vor allem: Er stammelte sie immer noch, als schon alles längst den Bach runtergegangen war. Er hörte nicht, wie man über ihn stöhnte. Er änderte seine Taktik nicht, sondern sah nur erstaunt aus und fuhr fort, seine auswendig gelernte Lektion herunterzuleiern. Das schwedische Publikum gehört ansonsten zu den freundlichsten der Welt, es gibt kein höhnisches Lachen, kein Gähnen, keinen Protest. Doch deshalb ist es paradoxerweise noch wichtiger, seine subtilen Reaktionen zu beobachten, denn schließlich ist man darauf aus, die Leute zu überreden, zu überzeugen, zu gewinnen – vielleicht sogar, sie zu unterhalten oder ihnen etwas beizubringen. Aus diesem Grunde ist es nicht angeraten, sich vorher allzusehr in die Situation oder die vermuteten Präferenzen des Publikums einzudenken. Unsere Phantasie scheint dafür einfach nicht auszureichen. Wir sollten gut auf das Thema vorbereitet sein, wissen, was wir wollen, viel Stoff dabei haben und den Schluß ordentlich vorbereitet haben. Doch wenn wir erst einmal angefangen haben, dann müssen wir ständig aufmerksam sein, ob das Publikum bei der Sache ist, an der richtigen Stelle lacht oder zustimmend nickt und so weiter.

Man erlebt immer wieder Überraschungen – zumindest, wenn man zum ersten Mal einen Vortrag hält. Doch da kommt es darauf an, sich anzupassen und das Ganze in die richtige Richtung zu lenken. Wenn man dann zum zweitenmal über dasselbe Stichwortmanuskript improvisiert, dann ist das natürlich viel leichter – man muß einfach die Stellen, an denen unerwarteterweise gelacht wurde oder die das Publikum mochte, weiter ausbauen. (Mein eigenes Repertoire enthält unzählige narrensichere Nummern, die als Versprecher angefangen haben oder einfach nur als beiläufige Information gemeint waren, sich dann aber als echte Publikumslieblinge erwiesen haben und deshalb in jede Rede eingebaut werden, in der sie passen.) Was unterging oder mit «beredtem Schweigen» bedacht wurde, nimmt man natürlich raus.

Der gute Redner redet, selbst bei der ausgeprägtesten Einwegkommunikation, *mit* dem Publikum, nicht *ihm gegenüber*.

Trotzdem gibt es natürlich gewisse allgemeine Aspekte bei den verschiedenen Arten von Publikum, über die man schon im voraus etwas nachdenken kann. Darauf werden wir im nächsten Kapitel zu sprechen kommen.

22. Eine Frage der Volksaufklärung?

Einer der am weitesten verbreiteten Fehler, die man als Pädagoge oder Demagoge machen kann, ist, moralische Überzeugungen mit wirklichen Wahrheiten mathematischer oder naturwissenschaftlicher Art zu verwechseln. Von den letzteren lassen sich die Leute doch meist überzeugen, wenn man ihnen ausreichend gute Beweise vorlegt. Da besteht nur ein Problem, wenn das Publikum nicht gebildet genug ist, um die Beweise zu verstehen, oder wenn es ganz einfach nicht interessiert ist.

Die Dinge liegen jedoch anders, wenn es um ethische Regeln, politische Systeme oder wirtschaftliche Theorien geht.

Hier spielen Glaube oder der Willen, etwas zu glauben, eine Rolle sowie Interessengemeinschaften, Tradition, Vorurteile oder moralische Vorlieben. Hier kommt es wirklich darauf an, rhetorisch überzeugend zu sein, wenn wir wollen, daß die Leute unsere Ansicht teilen.

Gleichzeitig ist es aber ganz natürlich zu glauben, daß in ihrem tiefsten Innern alle genauso sind, wie man selbst, auch was ganz zufällige Meinungen angeht. Je stärker man selbst von einer Sache überzeugt ist, desto eher glaubt man, es sei schlicht nur eine Frage der Volksaufklärung, die Zuhörer zu der Einsicht zu beflügeln, daß sie im Grunde genommen schon immer die Wertauffassung des Redners geteilt haben – die natürlich die zwingende Einsicht der Vernunft, Gottes oder der Natur in dieser Frage ist. Im schlimmsten Fall ist der Redner so überzeugt davon, daß er die Reaktionen der Zuhörer ganz einfach nicht wahrnehmen will, sondern weiter an ihre vermutete Vernunft appelliert, um dann den unverzeihlichen Fehler zu begehen, über ihre Dummheit wütend zu werden.

Natürlich gibt es viele interessante Sonderfälle, doch das Problem bleibt ein allgemeines. Es betrifft alles, was für uns gemeinhin am wichtigsten ist. Es betrifft alle Vorstellung von Gut und Böse, nützlich und unnütz, gut und schlecht in moralischer Hinsicht.

Doch Logik allein macht uns hilflos gegenüber dem Rassisten, dem Sadisten oder dem Kinderschänder. Wie Bertrand Russell einmal sagte, gibt es keinen logischen Grund, die Moral, die von Jesus, Buddha oder Schopenhauer vertreten wird, jener vorzuziehen, die Nietzsche oder Hitler vertraten. Selbst wenn man doch hoffen möchte, daß die meisten Menschen trotz allem spontan jene der Erstgenannten wählen, geschieht diese Wahl doch rein gefühlsmäßig-moralisch. Vielleicht kann man mit Fakten oder Logik den verbrecherischen Idioten widerlegen, der den Holocaust leugnet. Doch es ist absolut unmöglich, mit Aufklärung und Logik dem alltäglichen Rassismus oder dem eingefleischten Antisemitismus bestimmter Schichten beizukommen, der auf der völlig irrationalen Überzeugung basiert, daß die eigene Rasse Vorrechte genieße und es natürlich sei, andere Gruppierungen zu unterdrücken. In diesen Fällen müssen wir zuerst versuchen, uns in die verschrobene Gedankenwelt solcher Menschen einzuarbeiten, und dann, sie mit Rhetorik zu beeinflussen, was soviel bedeutet, wie ihre Gefühle anzusprechen.

Doch es gibt auch Fälle, in denen nicht einmal Rhetorik hilft, nicht einmal in dieser negativen Ausrichtung. Einbrechern, Vergewaltigern und Mördern kann man für gewöhnlich ihr Ansinnen nicht ausreden, zumindest nicht im vorhinein. In solchen Extremfällen, in denen weder Aufklärung noch Überredungskunst helfen, bleiben letztendlich nur Zwang und Gesetzesgewalt.

Zumeist fällt es uns auch im rhetorisch-praktischen Umgang mit einem normalen Publikum schwer einzusehen, daß andere unsere Überzeugungen nicht teilen. Das vor allem dann, wenn diese Überzeugungen von uns tief empfunden und in unser Gefühlsleben eingebunden sind.

Es ist eine eigentümliche Tatsache, daß wir, ganz gleich wo auf der politischen Skala von rechts nach links wir uns befinden, immer zu verstehen glauben, wie der, dessen Ansichten rechts von den unsrigen liegen, denkt und fühlt, aber niemals, wie der links von uns argumentiert. Ich weiß nicht, woran das liegt. Das Phänomen ist aber sowohl in Wahldebatten, Kantinengesprächen wie auch bei Abendeinladungen deutlich zu beobachten.

Pädagogisch klar wird das, wenn Sie, lieber Leser, jetzt zu bedenken geben, es gäbe doch inzwischen gar kein rechts oder links mehr. Sie sagen, alles habe nur mit Kompetenz und gesundem ökonomischem Sachverstand zu tun, der allen nutzt.

Dann bin ich ganz sicher, daß Sie in Schweden die Moderaten, in Deutschland vielleicht FDP oder CDU/CSU wählen.

Sie verstehen einfach nicht, daß es links von Ihnen andere Ansichten geben kann. Doch wenn man als Linken den definiert, der eine größere wirtschaftliche und soziale Gleichberechtigung will, und als Rechten den, der für die Erreichung dieses Ziels die unterschiedlichsten Hindernisse sieht, dann merkt man, daß es schon immer rechts und links gegeben hat, selbst wenn diese Begriffe erst im Verlauf der Französischen Revolution aufkamen. Es wird sie auch immer geben.

Es gibt immer Menschen, die mehr Gleichheit anstreben, und solche, die weniger wollen. Ebenso gibt es immer noch jemanden rechts von uns und links von uns. Rechts von den einen gibt es den Rassisten und den Nazi. Links von den anderen gibt es die Altkommunisten und links von denen immer noch den Massenmörder Pol Pot.

Rhetorisch gesehen bleibt das Problem, daß man glaubt, die Zuhörer wären in ihrem Innersten so wie man selbst. Sowie man vor einem Publikum steht, das sich in irgendeiner Hinsicht links von einem befindet, ist die Gefahr sehr groß, den Fehler zu machen anzunehmen, es bedürfe nur ein wenig gesunden Menschenverstands, damit die andern die Wahrheit erkennen, die man völlig uneigennützig mit ihnen teilen möchte. So ist es nur folgerichtig, daß die rechtsaußen angesiedelte Publikation, die in Schweden seit Jahren für niedrigere Steuern für Reiche wirbt, «Gesunder Menschenverstand» heißt.

Ich besitze einen alten Donald-Duck-Comic von 1957, in dem sich Dagobert Duck zu einer politischen Wahl aufstellen läßt. Er findet sein Programm sehr vernünftig, am Ende steht er aber allein auf einem Marktplatz und ruft vergebens: «Liebe Leute, geht nicht weg! Kommt her und hört euch an, was ich über die hohen Steuern zu sagen habe!» Man muß schon Milliardär und ein Mann der Rechten sein, um nicht zu sehen, wie komisch es wirkt, daß ein reicher Mann glaubt, das Propagieren niedriger Steuern für Reiche würde alle anlocken.

Aber ich bin selbst schon oft denselben Schwierigkeiten begegnet, wenn ich in Debatten mit Leuten aus dem Schulsystem oder Bildungsministern, die von einem (meiner Ansicht nach) irrationalen und völlig mißverstandenen Ideal der Gleichheit getrieben, alle wirkliche Ausbildung abschaffen wollen, weil sie glauben, daß dann alle in ihrer Unwissenheit gleich werden. Haben die keinen gesunden Menschenverstand?, fragt man sich und verliert die Debatte.

Hauptsache ist es, sich des Problems bewußt zu sein.

Wenn wir meinen, der immer siegreichen, «natürlichen» Wahrheit teilhaftig zu sein, sind wir in Wirklichkeit am verletzlichsten und stehen, rhetorisch gesehen, ziemlich schlecht da. Die vermeintliche Sicherheit verleitet uns dazu, wie Dagobert Duck völlig auf rhetorische Kniffe zu verzichten und dann zu scheitern. (Etwas später in der Geschichte richtet Donald Duck dann das

Ganze, indem er aus Versehen einen Teil von Dagoberts Vermögen unter den Wählern ausstreut.) Wenn wir uns mit der «Wahrheit» in moralischen Fragen gesegnet wähnen, so müssen wir uns gerade dann ganz genau darauf besinnen, was in den früheren Kapiteln gesagt worden ist. Ich will versuchen, dies am Beispiel der Redesituation vor einem Auditorium in Schweden klarzumachen, das ganz oder überwiegend aus Ausländern besteht. Wenn etwas wirklich typisch schwedisch ist, dann, daß die Schweden immer glauben, in ihrem tiefsten Innern seien alle Menschen Schweden. Wenn die anderen nur ein wenig besser aufgeklärt werden, zum Beispiel durch Einwandererorganisationen, dann werden sie auch einsehen, daß sie in Wirklichkeit so sind wie wir, und sie werden sich dann auch so verhalten wie wir. Das hat wahrscheinlich etwas mit der über Jahrhunderte in relativer Isolation entstandenen, homogenen nationalen Kultur und mit Indoktrination zu tun. Unser am weitesten verbreitetes Vorurteil ist, daß wir keine Vorurteile haben. Vorurteile sind etwas, das anderen Leuten «passiert». Unsere Einstellung ist immer die «natürliche». (Wenn man einem Schweden sagt, etwas sei «natürlich», dann kann man ihn damit zu jeder Idiotie verleiten. Wie ist das bei Ihnen in Deutschland?)

Folglich ist nur ein klein wenig Information erforderlich, damit die Leute in Afghanistan, Serbien, Kroatien, Ruanda oder Nordirland mit dem ganzen gewalttätigen Blödsinn aufhören, den sie so anstellen, und die Auffassung in gesellschaftlichen Fragen oder Tagespolitik übernehmen, die zufällig gerade in den schwedischen Medien vorherrscht.

Diese Wahnvorstellung befällt kulturell vielfältigere Gesellschaften oder alte Kolonialmächte nicht mehr, denn die haben die bittere Erfahrung machen müssen, daß «die anderen» es mit ihren seltsamen Angewohnheiten tatsächlich ernst meinen.

Nirgendwo kann man dieses Phänomen so deutlich beobachten wie in unseren Schulbüchern, zum Beispiel den Religionsbüchern. Die Autoren der Bücher, meist nichtgläubige schwedische Priester oder Menschen, die auf irgendeine andere Weise mit der Schwedischen Kirche verbunden sind, können ganz einfach nicht begreifen, daß Moslems, Katholiken und Orthodoxe wirklich an die Dinge glauben, von denen sie sprechen. In Schweden glaubt niemand.

Die Schweden meinen hingegen, mit etwas Aufklärung würde sich alle Welt schon Kondome überstreifen, Abtreibungen befürworten, Homosexuelle tolerieren und aufhören, sich darum zu streiten, wie herum man das Kreuzzeichen nun schlagen soll.

Vor zwanzig Jahren war man sogar noch so weit, daß man davon überzeugt war, die anderen Länder würden auch unser damaliges Hochbesteuerungssystem einführen und diese Völker würden sich in die Warteschlange für einen Platz in der Tagesstätte stellen, eine Gruppentherapie machen und gegen Inzest und Kindesmißbrauch in ihrem Land vorgehen.

Das klassische Beispiel für die geistige Selbstimmunisierung meiner Landsleute ist der Versuch der schwedischen Entwicklungshilfeorganisationen, im moslemischen Tunesien eine Schweinefarm aufzumachen.

Für den rechtdenkenden Schweden von heute ist es selbstverständlich, für Abtreibung, aber gegen die Todesstrafe zu sein. Das ist vielleicht moralisch gesehen in Ordnung. Doch ist sicherlich nicht viel mehr Logik darin als in der für schwedische Debatteure schockierenden Haltung der amerikanischen christlichen Rechtsopposition, die für die Todesstrafe eintritt, aber gegen Abtreibung ist. Es ist in solchen Fällen einfach schwer einzusehen, daß die eigene Haltung wohl moralisch richtig ist, daß es aber absolut keine zwingenden Gründe für unsere Zuhörer gibt, sie als Folge der vermeintlichen «Aufklärung», die wir zu vermitteln suchen, auch anzunehmen. Sicher kennen Sie ähnliche Denkfehler in Ihrem eigenen Land. Lernen Sie, diese in Reden vor und in Diskussionen mit einem ausländischen Auditorium zu vermeiden!

Bei uns wirken sich solche Irrtümer besonders tragisch in Situationen aus, in denen die schwedische Diplomatie glaubt, die Lösung für internationale Konflikte bereit zu halten. So geschehen in Bosnien, als die Schweden glaubten, daß die verschiedenen Parteien nach ein wenig «Aufklärung» dieser Art schon anfangen würden, sich «vernünftig» zu verhalten und Erfahrungen von Generationen und uralte religiöse Überzeugungen abzulegen.

Als Schweden und Deutschland zusammen als erste Staaten die aus dem ehemaligen Jugoslawien herausgelösten Länder anerkannten, hielt man es nicht einmal für nötig, sich darüber zu informieren, worin die Unterschiede zwischen Serben und Kroaten denn eigentlich bestanden. Schließlich wurde dort nur über lokale altmodische Vorurteile gestritten, die mit ein wenig Aufklärung sicher schnell verschwunden sein würden – die verheerenden Folgen dieser Naivität sind bekannt.

Das Problem ist im Grunde genommen vergleichbar mit dem Problem der Schulbildung und Pädagogik. Ein sicherer Weg zum Scheitern ist, an das populäre Klischee zu glauben, daß Schüler von sich aus etwas lernen wollen. Es ist klar, daß Wissen das Beste ist, was es gibt, und daß die Informationen, die wir verbreiten wollen, sowohl wahr als auch lebensnotwendig sind. Leider ist es aber so, daß die Schüler das im allgemeinen noch nicht erkannt haben, denn sonst würde man ja keine Schulen brauchen. Solange wir glauben, daß sie ganz von sich aus unser Interesse für chemische Verbindungen, französische Verbflexionen oder die Geschichte des Mittelalters teilen, werden wir sie nie dazu bringen, das auch wirklich zu tun.

Man kann als Pädagoge doch nicht erwarten, daß die Schüler durch eine Art angeborener Magie die gerade angesagten Wertvorstellungen hegen werden, auf die man selbst durch jahrelange pädagogische Indoktrination eingenordet wurde. Das geht ebensowenig, wie der geborene Rechtsaußen den Armen im Land wird klarmachen können, daß krasse Einkommensunterschiede etwas «Natürliches» seien. Und es geht ebensowenig, wie die Funktionäre vom Ministerium für Entwicklungshilfe den Moslems beibringen werden, daß es eine wirtschaftliche und ernährungstechnische Selbstverständlichkeit ist, Schweinefleisch zu essen. Auch Carl Bildt und Helmut Kohl konnten die Bosnier nicht dazu bringen einzusehen, daß diese Sache mit den verschiedenen Religionen nichts ist, worüber moderne Menschen noch streiten.

Die einzige Methode, in allen diesen Fällen als Redner und Diskutant zu reüssieren, ist, sich zunächst einmal gedanklich mit dem für uns ungewohnten Weltbild der Zuhörer vertraut zu machen. Von diesem ausgehend können wir dann unser Anliegen erklären, Widersprüche aufzeigen und dazu Motive aus ihrer Welt und ihrem Wertesystem heranziehen. So waren die ultrarechten Demagogen, die große Scharen von ehemaligen Anhängern der Linken für sich einnehmen konnten, oft selbst ehemalige Sozialisten wie zum Beispiel Mussolini. Die konservativen Propagandisten, die wenigstens das politische Mittelfeld für ihr rechtes Programm gewinnen konnten, waren oft zynische Anwälte, die nicht aus der gesellschaftlichen Elite stammten wie Cicero oder Nixon. Die religiösen Prediger, die mehr mit Argumenten und Rhetorik als mit Wundern und Offenbarungen Gläubige mitreißen konnten, waren meist bekehrte Heiden oder Sünder wie Paulus. Die erfolgreichen Pädagogen sind diejenigen, die echten Enthusiasmus für ihr Thema mit der gesunden Einsicht verbinden, daß dieser nicht spontan von allen geteilt wird.

Wir müssen als Redner und Diskutant unsere Hörer, die manchmal auch unsere Gegner sein können, kennen- und verstehenlernen, oder zumindest müssen wir den Willen aufbringen, das zu tun. Das gilt vor allem, wenn unser Gegenüber besonders weltfremd, blöd und vorurteilsbeladen erscheint. Erst dann haben wir eine Chance, an Borniertheit und Vorurteilen vorbeizusteuern. Sollten wir damit nicht den gewünschten Erfolg erzielen, dann müssen wir ganz besonders auf die Reaktionen des Publikums achten und wohl auch neue Wege ausprobieren.

23. Jetzt werde ich aber mal richtig böse!

Wir hatten schon gesehen, wie verhängnisvoll es ist, wenn man als Redner auf jemanden im Publikum wirklich böse ist. Wir müssen aber auch lernen, wie wir mit Zuhörern umgehen, die wir vielleicht unwissentlich verletzt oder verärgert haben. Meist finden diese Personen es ganz schön, sich aufregen zu können, und wollen sich dann auch nicht so schnell besänftigen lassen. Dieser Fall ist nah verwandt mit dem Problem der Störenfriede, hat aber viel mit dem vorigen Kapitel zu tun. Es geht nämlich darum zu begreifen, daß es andere Sichtweisen auf eine Sache gibt und daß eine andere Ansicht nicht zwangsläufig auf bösem Willen oder Dummheit beruht.

«Jetzt werde ich aber mal richtig sauer!», schreit plötzlich die Dame ganz hinten rechts im Raum. Ihr Gesicht ist hochrot, und nun verlangt sie Raum für ihre Meinung.

Mit Sicherheit ist das eine Meinung, die man in der Debatte sehr gut vertreten kann, und die Sie, oft ohne es zu wollen, in Ihrer Darstellung der Dinge schlechtgemacht oder abgelehnt haben. Vielleicht hat sich die gekränkte Person auch erst kürzlich zu dieser Ansicht durchgerungen und ist deshalb besonders verletzbar.

Fragen um Abtreibung, Adoptionen durch Homosexuelle, feministische und pädagogische Theorien, Methoden der Humanwissenschaft, moderne Lyrik, wirtschaftliche Tierhaltung, die Europäische Union, Golf, freie Schulen, die Notwendigkeit, den Irak in die Steinzeit zurückzubomben, und dergleichen, von rechts oder von links gesehen, lassen bei den «Rechtgläubigen» gerne die Emotionen hochkochen. Katholiken, Altstalinisten, Sozialdemokraten, Fußballfans, Kleinunternehmer, Leser der Bild-Zeitung oder Erben von Großunternehmen lassen sich nicht so leicht aus der Reserve locken, denn die wissen einfach, daß sie recht haben.

Beide Gruppen sind nur schwer zu überzeugen, doch nur die erste wird sauer.

Als Faustregel kann also gelten, daß die Leute, die besonders sauer werden, immer frisch bekehrt sind. Außerdem geht es bei ihnen fast immer um eine Ansicht oder eine Haltung, für die sie normalerweise gelobt werden oder die sich, wirtschaftlich oder karrieremäßig gesehen, gelohnt hat. Es ist immer besser, die alten, von der internationalen Forschung längst widerlegten Theorien des Professors weiter zu vertreten oder dem neuen Chef zu seinen Ideen über die Personalstruktur zuzustimmen. Es ist schick, zumindest in gewissen Kreisen, sich der ökologischen Landwirtschaft oder der poststrukturalistischen Literaturtheorie zu widmen. Ebenso wie es in anderen Kreisen schick ist, Golf zu spielen. Wenn jemand nun diese Tätigkeiten in Frage stellt, dann scheint plötzlich die ganze Mühe, die man, oft um den Preis von Leiden und Einsamkeit, in seine Ideen investiert hat, umsonst gewesen zu sein – ganze Lebenskonzepte werden angezweifelt.

Wenn man jemanden wirklich zur Weißglut bringen will, dann muß man einem Menschen, der sich auf seine Meinung versteift hat und gleichzeitig gut verdient, vorhalten, er halte nur um des Geldes willen daran fest. Niemand kann so wütend werden wie ein hochbezahlter Idealist. Oft muß man noch nicht einmal erwähnen, wie lohnend es offenkundig war, so idealistisch zu sein. Man kann es auch schon an der Wut erkennen, die einem entgegenschlägt, wenn man die Haltung hinterfragt.

Wie kann man nun mit diesen «Rechtgläubigen» umgehen? Im großen und ganzen gilt hier dasselbe wie für Störenfriede. Allerdings haben Sie als Redner, auch wenn die Wütenden viel massiver auftreten, ihnen gegenüber eine günstigere Ausgangslage.

Wut weckt niemals Sympathie, vor allem nicht, wenn sie gegen einen Anwesenden gerichtet ist. Der Störende verliert deshalb meist schon wegen seines Zornes. Und hier müssen Sie ja nicht einmal darauf hinarbeiten, ihn aus der Reserve zu locken. Diese Leute werden deshalb so unglaublich wütend, weil sie in ihrem Innersten verunsichert sind, und weil sie es gewohnt sind, wegen ihrer Ansicht bewundert zu werden: Deshalb finden sie ja, daß auch Sie darin einstimmen sollten. In Wirklichkeit wird jedoch die Mehrzahl dieser dubiosen Ansichten nur von Minderheiten gehegt, während die Mehrheit zwar gelernt hat, daß man sich darüber nicht lustig machen darf, es aber ziemlich witzig findet, wenn jemand sie trotzdem durch den Kakao zieht. Golf zum Beispiel sieht einfach für die meisten Menschen komisch aus. Hier funktioniert auch die *Concessio* ausgezeichnet: «Ja, Sie haben recht, ich finde wirklich, daß Golf ein komischer Sport ist. Um Mark Twain zu zitieren: ‹Eine teure und umständliche Weise, einen netten Spaziergang zu ruinieren.›»

Wenn Sie wirklich gegen die Europäische Union sind, dann macht es nichts, wenn Sie auch darüber reden. Wenn Sie den Gedanken an eine homosexuelle Hochzeit in der Kirche furchtbar finden (was ja nicht heißen muß, daß Sie erwachsenen Menschen das Recht vorenthalten wollen, so zu leben wie sie wollen), dann halten Sie auf jeden Fall daran fest, und fangen Sie unter keinen Umständen an, um den heißen Brei herumzureden.

In all den oben beschriebenen Fällen spielt auch eine Rolle, daß die «Rechtgläubigen» Genugtuung darüber empfinden, daß sie für eine angeblich gute Sache wütend werden können. Zugleich wollen sie natürlich für ihren Schick bewundert werden und hoffen, endlich mal jemanden – nämlich Sie – für eine nicht opportune Ansicht ans Kreuz nageln zu können. Vielleicht haben sie auch das Bedürfnis, ihre eigene Sicherheit wiederzufinden, nachdem jemand einen Schatten des Zweifels über die einst teuer und hart erkämpften Überzeugungen gebreitet hat. Diese Leute wollen, daß *Sie* noch mehr Angst bekommen als sie selbst. Ruhe, Bestimmtheit, was die eigene Position angeht, und eine gute Portion Selbstironie und Humor pflegen solche Störenfriede deshalb schnell mundtot zu machen.

Es mag allerdings noch die extrem seltenen Fälle geben, in denen Sie so unbedacht waren, jemanden im Saal durch ihre Worte wirklich zu verletzen. Das äußert sich meist darin, daß jemand den Saal verläßt. Das ist nun eine ganz andere Sache, der Sie natürlich auf den Grund gehen müssen. Sie müssen sich dafür entschuldigen, und zwar ganz privat, nur dieser Person gegenüber, denn wahrscheinlich möchte derjenige nicht, daß die Sache vom Podium aus, im Stile von «Konnte ich doch nicht wissen, daß Ihr Großvater Quisling hieß» diskutiert wird.

Doch im Normalfall des heiligen Zorns haben Sie nichts zu befürchten. Im Gegenteil. Wenn Sie ruhig und freundlich bleiben und Ihre Ansicht nun nicht völlig verquer oder mit dem gesunden Menschenverstand nicht zu vereinbaren ist, dann ist ein Wutausbruch eher eine unerwartete Hilfe für Sie. Das macht den Unterschied zu den geplanten Störeinsätzen von Zwischenrufern aus, über die wir früher gesprochen haben. In Podiumsdiskussionen oder dergleichen können Sie direkt Sympathien gewinnen, wenn der Moderator und die anderen Podiumsmitglieder sich feste darüber erzürnen, daß Sie eine Ansicht über Golf, die Europäische Union oder die moderne Pädagogik vertreten, die die meisten da unten ebenso hegen, aber unter den herrschenden Umständen niemals geäußert hätten.

24. Neue Erkenntnisse in der Frage der Platzwahl

Im vorigen Kapitel habe ich behauptet, daß die Dame, die sich so schrecklich aufregt, ganz hinten rechts im Saal sitzt. Es kann auch ein Herr sein. Aber die fragliche Person wird auf jeden Fall dort sitzen.

Unter den Abschnitten in «Die Kunst, überzeugend zu reden», die das größte Interesse unter den Lesern weckten, waren die folgenden Zeilen aus dem Kapitel «Die Lacher auf seiner Seite haben»:

In einem Theatersaal oder einem Klassenzimmer oder wo man sich nun gerade mal versammelt, sitzen die, die man am leichtesten zum Lachen bringt, immer vom Podium aus gesehen vorne links. Meist sind das, man vergebe mir diese Verallgemeinerung, eine oder mehrere recht junge Damen. Diese müssen Sie auffordernd ansehen und auf das Lachen warten, wenn Sie Ihren ersten Witz losgelassen haben. Die werden auf den Zug aufspringen und dann den Rest des Auditoriums mitreißen. Auch lachfreudige Männer, soweit es sie in Ihrem ernsthaften Land gibt, setzen sich tatsächlich dort hin.

Die Beobachtung kann noch weiter ausgedehnt werden.

Ihr zuverlässigster Stoßtrupp, nämlich diejenigen, die auf eine seriöse und verkniffene Weise immer auf der Seite des Vortragenden sind, sitzen hingegen vorne rechts. Bedienen Sie sich ihrer, falls Schwierigkeiten auftauchen sollten. Wählen Sie deren winkende Hände, wenn Sie schon eine Fragestunde halten müssen.

Am entgegengesetzten Ende des Saales, ganz hinten links, treffen Sie auf die widerspenstigen Zuhörer. Wenn es ein Klassenzimmer ist, dann wird dort der nervigste Schüler sitzen. Im Konzertsaal oder im Theater finden Sie dort den betrunkenen *troublemaker*.

Die grundseriöse Opposition finden Sie hingegen hinten rechts oder ganz hinten. Das sind Leute, die im besten Fall nichts sagen, doch wenn sie das Wort ergreifen, werden sie sich ohne Frage als der entgegengesetzten Meinung zugehörig erweisen, sie werden etwas wissen, was Sie nicht wissen, aber hätten berücksichtigen sollen, sie werden eine andere Wissenschaftsmethode vertreten oder mit dem Schriftsteller, über den sie gerade vom Podium aus hergezogen sind, eng verwandt sein. Oft sitzen sie da und ziehen unschöne Grimassen in Ihre Richtung. Wenn Sie sich bisher gewundert haben, warum, dann wissen Sie es jetzt. Lassen Sie diese Leute nicht zu Wort kommen, wenn Sie nicht müssen!

Diese skizzierte Ordnung kann natürlich durch Ehrenplätze für die Veranstalter oder andere Mitwirkende, die dann in der ersten Reihe sitzen, etwas verändert werden, doch oft setzen sich diese von Ihnen aus gesehen nach rechts, um so Platz zu machen für die Kichernden auf der linken Seite.

Wenn Sie in einem Klassenzimmer sind oder in einem Vorlesungssaal, dann sitzt der Schülersprecher oder der Studentenbeirat in der zweiten oder dritten Reihe ganz links. Ganz hinten rechts, hinter der qualifizierten Opposition, sitzt ein völlig stiller Typ, der, wie sich herausstellen wird, fast genauso eingelesen in das Thema ist wie Sie, der aber lieber sterben würde, als sich zu einer Äußerung herabzulassen.

Vielleicht gibt es eine einfache Erklärung für dieses Phänomen.

Alle nach außen gerichteten und der Sache gegenüber positiv eingestellten Menschen setzen sich in einem Saal nach vorne, die negativ eingestellten ganz nach hinten – das ist nicht weiter erstaunlich. Was rechts und links angeht, glaube ich, daß das etwas mit den Baunormen zu tun hat, damit, wie Klassenzimmer, Aulen und Konferenzzimmer gemeinhin konstruiert sind. Die Fenster liegen fast immer links, also vom Rednerpult aus gesehen rechts, um denen, die mitschreiben wollen, das richtige Licht zu verschaffen, zumindest der Majorität, die rechtshändig ist. Folglich ist die Tür fast immer auf der entgegengesetzten Seite. Diejenigen, die sich sicher fühlen und ehrgeizig sind, gehen bis auf die andere Seite zum Fenster. Deshalb haben wir sowohl die durchdachte Kritik als auch die energische Unterstützung auf dieser Seite. Und die Gewohnheit, sich so hinzusetzen, schlägt sogar in den völlig vom Tageslicht befreiten Tagungsräumen durch, die zu schaffen man in den 70er Jahre für eine so gute Idee hielt. Die unsicheren, aufgedrehten oder nervösen Zuhörer bleiben so nahe an der Tür wie möglich.

Vielleicht.

Warum der Schülersprecher in der zweiten Reihe links sitzt, verstehe ich nach wie vor nicht. Und ich bitte immer darum, daß man mir schreiben möge, wenn irgendjemand hierfür eine gute Erklärung hat.

Ich habe schon viele Zuschriften erhalten, und niemand wollte meinen Beobachtungen widersprechen. Es gab viele Versuche, das Rätsel mit dem Schülersprecher vorn links zu lösen, und neue Entdeckungen und Beobachtungen konnten meine Theorie noch verfeinern. Viele der Leser, die mir schrieben, waren Lehrer, einige Gewerkschaftsvertreter und Lokalpolitiker.

Einer der interessantesten Briefe kam von einer Pfarrerin aus einer Gemeinde in der Nähe von Stockholm, die behauptete, daß die Verteilung der Leute im Kirchenraum ungefähr dieselbe sei. Man darf annehmen, daß die Repräsentanten des Gemeinderates oder der Kirchenleitung einen ähnlichen Platz wählen wie die Schülersprecher. Die Pfarrerin und einige der Lehrer meinten jedoch, daß die Tatsache, daß diese Leute meist den Platz vorn links wählen, daran liege, daß da eben häufig die Tür sei. Nicht ganz vorne zu sitzen, gibt dem Schüler- oder Gewerkschaftsvertreter die Möglichkeit, die Kräfteverteilung im Raum besser zu beobachten, als das auf dem Platz ganz vorn möglich wäre. Außerdem gibt ihm die Nähe zur Tür die Kontrolle über alle, die rein oder raus gehen. Ein älterer Lehrer aus Südschweden meinte, daß eben dieser Platz aufgrund seiner strategischen Lage im Raum als eine Art «Unterpodium» betrachtet werden könne. Wie auch immer, ich fand meine Beobachtung wie auch die übrige Theorie eher bestätigt. Und für den Redner spielt es ja auch keine Rolle, warum das so ist. Hauptsache man weiß, wo die wichtigen Personen sitzen.

25. Wie viele Schlamper vertragen wir?

Ethos ist ein vager Begriff in der klassischen Rhetorik. Gemeint ist damit die persönliche Moral und Ausstrahlung, die einen Redner überzeugend machen. Das moderne Wort *Image* beschreibt besser, worauf es in den heutigen Medien und dem öffentlichen Umgang ankommt. Hiermit ist die Rolle gemeint, die wir öffentlich spielen, indem wir auf eine bestimme Weise handeln, auftreten und uns kleiden.

Es ist ein eigentümliches Phänomen der Massenmedien, daß es – vor allem in einer kleinen Kultur wie der schwedischen – scheinbar ökologische Nischen für verschiedene Arten von Debatteuren und Berühmtheiten zu geben scheint. In unserem öffentlichen

Dialog schaffen wir es, einen jeden in seiner im vorhinein festgelegten Rolle anzunehmen. Manchmal verdreht das sogar völlig unsere Vorstellung davon, wie wir eigentlich auftreten sollten.

In der Zeit der großen IT-Blase, als die Aktien jeder Garage, in der ein Computer stand, an der Börse gehandelt wurden, haben wir sehen können, wie eines unserer Wirtschaftswunderkinder namens Birgersson allen Wirtschaftsexperten in den Medien und einem Teil der mit Aktien spekulierenden Allgemeinheit den Kopf verdrehte, indem er scheinbar alle Regeln eines rhetorisch richtigen und vertrauenerweckenden Auftretens außer acht ließ.

In Fleece-Pullover und kurzen Hosen oder ähnlich eindrucksvollen Modekreationen vermittelte er unzusammenhängend, aber zielgerichtet seine Botschaft von der «Neuen Wirtschaft», in der aus dem schieren Nichts das Geld kommen sollte. Bis heute konnte mir niemand genau erklären, was seine Firma mit dem Namen «Die Zukunftsfabrik» eigentlich machte oder machen sollte. Schon bald trat eine Reihe von Nachplapperern mit demselben *Image* auf, allen voran ein gewisser Herr Staël von Holstein. Dabei war der neue Prophet nicht nur völlig unglaubwürdig, sondern auch noch Dyslektiker, oder – sagen wir mal – kein brillanter Rhetorikstar. Gott sei Dank hatten zu dem Zeitpunkt die meisten von uns aber bereits begriffen, daß das Ende des Booms nahe war. Auch die an anderer Stelle geschilderte Episode mit dem Ballon und den Dollarscheinen ereignete sich ungefähr einen Monat, ehe der Fall ins Bodenlose begann.

Bei dem Beispiel von Birgersson und der IT-Blase sind, rhetorisch gesehen, zwei Dinge bemerkenswert. Zunächst einmal das unglaublich kurze Gedächtnis der Opposition. Diese Geschichte ist ja wirklich genau dieselbe, die sich fünfzehn Jahre zuvor mit Refaat El-Sayed und seiner Firma *Fermenta* abspielte.

Damals erklärte der Ägypter El-Sayed – in Trainingsanzug, Fußballhosen und Sportschuhen – mit völlig unzusammenhängenden Sätzen in gebrochenem Schwedisch, daß sein Hochtechnologie-Betrieb für Biochemie in der Wirtschaft führend sein würde. Er war auf dem besten Weg, Volvo zu übernehmen, als sich herausstellte, daß sein Doktorhut eine Attrappe war. Und *Fermenta* offenbarte sich schnell als das, was es wirklich war: eine kleine, schmutzige Fabrik für die Herstellung schlechter Rohstoffe für Penicillin. Tausende kleiner Sparer verloren alles, was sie besaßen. Doch auch große Unternehmen erlitten erhebliche Schäden. Refaat war, ebenso wie Birgersson, selbst gutgläubig, abgesehen von der Sache mit dem Doktorhut, und er selbst sollte schon bald härter von der Sache getroffen werden als die meisten derer, die er reingelegt hatte.

Erstaunlich aber, daß diese Sache sich fünfzehn Jahre später in derselben Verkleidung und mit demselben Verlauf, ja sogar in gleicher Regie und Ausstattung, noch einmal wiederholen konnte: Das Besondere an Birgersson und Refaat El-Sayed ist, daß sie Erfolg hatten, obwohl oder gerade weil sie völlig anders aussahen, als Sie und ich uns ausstaffieren würden, wenn wir mit demselben Ziel wie die beiden unterwegs wären – Vertrauen zu gewinnen und Leute zu einer gewagten Geldanlage zu überreden.

Anwälte, Autohändler, Bankleute, Versicherungsvertreter und Missionare unterschiedlicher Sekten achten darauf, besonders korrekt gekleidet zu sein, wenn sie jemanden auf ihre Seite locken wollen. Die Nachrichtensprecher im Fernsehen sind nicht glaubwürdig, wenn sie nicht gut angezogen sind. Dasselbe gilt für Sie und mich und für alle anderen. Ich finde es deshalb auch immer unbegreiflich, daß Kommunalräte und Wissenschaftler von der Universität, die ein Interesse daran haben, daß man ihnen glaubt oder etwas spendet, sich bisweilen wie die letzten Schlamper anziehen, wenn sie einmal im Leben im Fernsehen auftreten dürfen.

Birgersson und El-Sayed stellen zwei extreme und einzigartige Ausnahmen dar. Der hochtechnologisch veranlagte Erfinder darf gern etwas verrückt sein – das gibt uns den Eindruck, daß er ein Genie ist. Doch er sollte von Leuten in Anzügen umgeben sein, einerseits, damit er glaubwürdig wirkt, und andererseits, damit der Kontrast auch funktioniert. Und sollten noch mehr Schlamper auftreten, wie es bei der IT-Firma der Fall war, dann beginnt die Glaubwürdigkeit bereits zu schwinden, und alles fängt an, ziemlich normal auszusehen.

Die ökologische Nische für verrückte Erfinder hat aber immer nur für einen Menschen in dieser Rolle Platz. Und zwischen zwei Auftritten müssen mehrere Jahre liegen.

Eine andere Ausnahme von der Regel, daß diskrete Kleidung Glaubwürdigkeit erzeugt, stellen Politiker oder Staatsmänner dar, die so bekannt sind, daß es etwas Besonderes ist, wenn sie sich auf das Kleidungsniveau ihrer Mitmenschen begeben – denken Sie an Ihren Kanzler im Brioni-Zwirn. In unserem Land besitzen derzeit jedoch nur der König, der Premierminister, ein paar Parteiführer, ein paar Staatsräte und der ein oder andere Machterbe im Wirtschaftsbereich genug selbsterklärte Macht, um dieses Phänomen ausnutzen zu können.

Das Phänomen der Nische ist übrigens auch auf anderen Gebieten der höheren Sphären, in denen sich Berühmtheiten aufhalten, sehr markant. Wenn Sie vorhaben, hier Karriere zu machen, dann sollten Sie sich gründlich überlegen, welche Rollen in der Öffentlichkeit noch frei sind oder wo ein Wechsel ansteht.

So scheinen wir zum Beispiel nur *einen* Christoph Schlingensief zu ertragen. Wir haben Platz für einen massenmedientauglichen Entdecker oder Abenteurer – bei uns Sven Hedin, bei Ihnen Reinhold Messner oder Ähnliche. Dann kennt man meist einen Populärhistoriker (diese Nische ist bei uns momentan umkämpft, bei Ihnen könnte es Guido Knopp sein), dazu einen unbequemen Romanschriftsteller, der für seine «schöne» Sprache geschätzt und bekannt ist, die aus geschmacklosen und unpassenden Metaphern besteht (es wurde um diese Nische viel gestritten, doch inzwischen scheint sie eindeutig besetzt). Dann gibt es einen Staatsfeind, eine Staatsfeministin und so weiter.

Doch man muß gar nicht so hoch greifen. Es gibt kaum ein besseres Rezept, in einem kleinen Land in die Öffentlichkeit vorzudringen, als der einzige zu sein, der von Medien gerufen wird, wenn es um eine besondere Gegend geht – der einzige, der je in der Äußeren Mongolei gelebt hat, der einzige, der Baskisch spricht, oder der, der schon Gelbfieber hatte. Das Problem dabei ist nur, daß eine solche Nische keine Vielseitigkeit erlaubt. Eine weitere Spezialität würde das Publikum und die Herrscher über die Talksofas verwirren. Die Gefahr dabei ist nur, daß jeden Moment einer auftauchen kann, der eine noch schlimmere Variante des Gelbfiebers hatte als Sie – dann sind Sie weg vom Fernsehbildschirm.

26. Neue Erfahrungen mit der Fernsehrhetorik I

Immer wenn man über Fernsehmedien und die besonderen Anforderungen, die sie an die Rhetorik stellen, diskutiert, kommt man automatisch auf unseren alten Bekannten Bill Clinton und seine Individualförderung für Auszubildende zurück.

Viele Politiker der alten Schule, die vor vollen Sälen glänzende Redner waren, hatten mit der intimen Fernsehsituation größte Schwierigkeiten. Ein schwedisches Beispiel dafür ist Olof Palme. William Hague in England wurde anläßlich der Wahl von 2001 Opfer derselben Schwierigkeiten. Er war großartig, intelligent, ein Meister darin, mit Störenfrieden umzugehen und auf Marktplätzen die Leute zu zähmen, und in Parlamentsdebatten war er unschlagbar mitreißend. Doch im Fernsehen wirkte er angestrengt und besserwisserisch. Andere, die in den Medien überaus charmant wirkten, waren Auge in Auge mit einem anwesenden Publikum enttäuschend blaß und langweilig. Ronald Reagan soll ein Beispiel dafür gewesen sein. (Ein aktuelles schwedisches Beispiel möchte ich jetzt nicht hervorheben, aber manchmal ist man wirklich erstaunt, was noch übrig bleibt, wenn die Kameras ausgeschaltet sind.)

Bill Clinton ist ein Beispiel für die seltene Art von Menschen, die sowohl im Raum wie auch auf der Mattscheibe sehr gut wirken und beides souverän beherrschen. Ebenso seine Ehefrau Hillary. In Schweden sind das Gudrun Schyman oder Alf Svensson, bei Ihnen z. B. Gerhard Schröder oder Franz Beckenbauer.

Mit dem Fernsehen gibt es vor allem zwei Schwierigkeiten.

Zum einen die scheinbare Intimität, die entsteht: Die Zuschauer sehen einen so, als würde man mit am Kaffeetisch sitzen. Gesten wirken größer und Worte kleiner, als sie das von einer Bühne aus tun. Das heißt, daß man die Körpersprache abschwächen muß, um nicht aufdringlich zu wirken. «Bleib auf den Händen sitzen!», ermahnt mich meine Familie immer. Auf der anderen Seite kann man Grobheiten von sich geben und Geständnisse ablegen, die von einer Bühne herunter der reine Selbstmord wären. Allerdings ist es natürlich auch hier töricht, das Schicksal herauszufordern.

Häßliche Repliken, die einen Gegner vor einem großen Auditorium verhöhnen würden, wirken auch am Kaffeetisch gemein und unerzogen.

Zum anderen besteht beim Fernsehen die Schwierigkeit, daß die Sendungen zusammengeschnitten werden. Ihre kunstvollen Ausführungen, Ihre ganze sorgfältig ausgearbeitete *Dispositio* kann bei so einem Schnitt im Papierkorb landen. Vielleicht zeigt man auch nur gerade die Passage, die ein Mißgriff war, vielleicht aber auch die, die Sie so schlau eingefügt hatten.

Ein Mittel dagegen ist natürlich, wenn irgend möglich nur in Livesendungen aufzutreten.

Außerdem ist es eine Tatsache, die nervöse Schweden leider nur selten einsehen wollen, daß man sich in Livesendungen immer, und sei man auch noch so nervös, gut macht. Selbst wenn man hinterher bis zur Unkenntlichkeit runtergekürzt wird, ist es dennoch besser, diese Form des Auftritts zu wählen. (Natürlich trat auch der arme Herr Finanzminister Ringholm live auf, aber ihm war einfach nicht zu helfen.)

Doch zurück zu Bill Clinton. Zu seinen, bei näherem Hinsehen am wenigsten sympathischen, aber auf kurze Sicht wirkungsvollsten Auftritten gehört eine Rede, die er am 17. Dezember 1998 hielt.

Die USA hatten im Verlauf dieses Tages mit Unterstützung von britischen Streitkräften Ziele im Irak angegriffen und bombardiert, darunter auch in und um die Hauptstadt Bagdad. Der Verdacht, daß das wirkliche Ziel dieses Angriffs darin lag, die allgemeine Aufmerksamkeit von der Lewinsky-Affäre abzulenken, ist ziemlich weit verbreitet und erscheint, auch rückblickend betrachtet, nicht unberechtigt. Kaum etwas ist in einem solchen Zusammenhang so wirkungsvoll wie ein kleiner Krieg gegen einen ausreichend fiesen und weit entfernten Despoten. Das ist eine moderne Variante des «Krieges um Jenkins Ohr» aus dem 17. Jahrhundert. Wie auch immer, es kommt nun darauf an, daß der Präsident so viel wie möglich aus der Sache rausholt. Er muß nochmals unterstreichen, wie ernst die Lage ist, und gleichzeitig Sympathie und Vertrauen wecken.

Der Präsident sollte über das landesweite Fernsehnetz und CNN sprechen. Natürlich live. Das Problem mit dem Zusammenschnitt erledigte man dadurch, daß man das Ganze gleichzeitig und zur besten Sendezeit, 18:00 Uhr an der Ostküste und nach Westen hin entsprechend früher, sendete. So sahen fast alle Amerikaner und zudem noch ein guter Teil der Weltbevölkerung die Sendung direkt. Die Ausstrahlung vom Weißen Haus wurde vorher angekündigt und hatte auch ein paar Minuten Vorlauf.

Dann folgt das Meisterstück. Wir kommen direkt in das *Oval Office*. Der Präsident sitzt da und sieht mit sorgenvoller Miene auf seine Papiere herab. Dann schluckt er nervös. Er streckt die Hand nach einem Glas Wasser aus, trinkt und schluckt geräuschvoll, dann sieht er erstaunt zur Kamera mit einem Blick, der ungefähr sagen soll: «Huch, wußte gar nicht, daß wir schon auf Sendung sind. Seid ihr schon alle da?»

Das ist genau, was wir im Zusammenhang mit *Humiliatio* und dem Sympathien weckenden Geraschel im *Exordium* besprochen haben.

Wir können plötzlich mit dem Präsidenten fühlen, der in dieser ernsten Stunde eine so wichtige Entscheidung treffen muß. Wir sehen, daß die Verantwortung schwer auf ihm lastet, daß er auch ein wenig unsicher ist.

Außerdem geht das Ganze so schnell, daß wir es gar nicht schaffen, darüber nachzudenken, daß das alles natürlich gründlich geplant, geprobt und beabsichtigt sein muß. Solche Sachen, daß eine Sendung zu früh beginnt und der Präsident dabei ertappt wird, wie er nervös mit einem Wasserglas hantiert, passieren weder bei CNN noch irgendwo sonst in der modernen Medienwirklichkeit.

Wahrscheinlich hat man in Clintons Stab den ganzen Nachmittag darüber diskutiert, wie überrascht er denn wirken und ob er vielleicht einfach so weit gehen sollte, das Glas in herzergreifender Gedankenverlorenheit umzuwerfen. Aber so, wie es dann über den Sender ging, war das Ganze perfekt.

Während der Präsident das Glas absetzt und etwas verwirrt in die Kamera schaut, hört man die Stimme des Sprechers andächtig erklären:

«As you probably understand this is coming straight from his office in the White House, and we are getting the countdown just like the president. You'll hear from him in about five seconds from now.» («Wie Sie sehen, senden wir direkt aus seinem Büro im Weißen Haus, und wir warten jetzt ebenso wie der Präsident auf den Beginn der Sendung. Sie werden ihn in ungefähr fünf Sekunden hören.»)

Stille. Der Präsident setzt eine staatsmännische Miene auf und beginnt, exakt um 18:00 Uhr, ruhig, aber immer noch mit der Schwere des ernsten Augenblicks:

«Good evening! Earlier today I ordered America's armed forces to strike military and security targets in Iraq. (...) Saddam Hussein must not be allowed to threaten his neighbors or the world.» («Guten Abend! Vor ein paar Stunden habe ich die amerikanischen Streitkräfte angewiesen, militärische und sicherheitspolitische Ziele im Irak anzugreifen. (...) Es darf Saddam Hussein nicht gestattet werden, seine Nachbarn oder die Welt zu bedrohen.»)

Und so weiter.

Der Erfolg war enorm. Das lag natürlich an der gesamten Situation, daß hier das Bild von Saddam Hussein als dem Erzfeind der zivilisierten Welt und die Bilder des Bombardements ausgenutzt wurden. Doch das Wasserglas und die zaghafte Eröffnung, die perfekt an die Intimität des Mediums Fernsehen und an die Möglichkeiten einer Livesendung angepaßt waren, hatten ihre Wirkung getan.

27. Neue Erfahrungen mit der Fernsehrhetorik II

Fernsehen bedeutet also stets *vorgebliche* Intimität. Kleinere Gesten, größere Worte. Ungefähr dieselben Regeln, wie sie auch am nachmittäglichen Kaffeetisch gelten. Doch hier herrscht immer noch, und noch mehr als vor einem real vorhandenen Publikum in einem Saal, die Einbahnstraßen-Kommunikation.

Aus der Nähe ergeben sich dadurch neue Probleme und neue Dinge, die es zu bedenken gibt. Die Frage der Kleidung wird natürlich wichtiger, wenn man von nahem besehen wird. Man fragt sich immer wieder, warum diese Herren (es sind fast immer Männer, die hier Fehler machen), wenn sie einmal im Leben ins Fernsehen dürfen, alle ihre Glaubwürdigkeit zerstören müssen, indem sie aussehen wie Landstreicher. (Für Premierminister und geniale Erfinder gelten, wie gesagt, hier Ausnahmen.) Ja, im Fernsehen wird es fast noch schlimmer, ganz unabhängig vom Nahbild. In der Wirklichkeit können wir schließlich verstehen, daß der Typ direkt aus dem Fitneßstudio kommt und keine Zeit hatte, sich umzuziehen, oder daß es heute zufällig ein sehr heißer Urlaubstag war. Doch von diesen Rahmenbedingungen merkt man im Fernsehen überhaupt nichts. Temperaturen sieht man nicht, vor allem nicht die Wärme der Beleuchtungsstrahler. Auch nicht die geographische Lage des Ortes. Wir sehen nur einen Schlamper, der sich nicht mal richtig anzuziehen weiß, wenn Gäste kommen. Nicht einmal in so einem wichtigen Moment schafft er es, sich ein wenig anzustrengen. Wofür hält der uns eigentlich? Würde er in den Klamotten losgehen und sich um einen Job bewerben? Würden wir so einem eine Meinung abkaufen?

Wir hingegen müssen uns überhaupt keine Gedanken darüber machen, wie wir aussehen, und das finden viele von uns sehr angenehm.

In Hasse Alfredssons klassischem Sketch «Der Ringer» sagt der unglückliche Küster: «Die Andachten im Radio waren gut. Aber dann kam das Fernsehen. Und da konnten wir Pfarrer Bolin nicht länger auftreten lassen. Unser Pfarrer war zwar nicht rund wie ein Käse, wie das schwedische Sprichwort sagt, aber im Gesicht sah er aus wie ein Roquefort.»

In diesem Fall beruhte das Problem im Umgang mit den Massenmedien auf dem, was man vom Aussehen des Pfarrers auf dessen Charakter und Hobbys schließen konnte.

Ähnlich verhielt es sich im bekanntesten Fall von unmöglichem Aussehen im Fernsehen, nämlich Richard Nixon. Man sagt, er habe 1960 die Präsidentenwahl gegen Kennedy wegen seines Stoppelbartes verloren, der sich auf dem Bildschirm nicht gut machte. Die Leute, die die abschließende Wahldebatte am Radioapparat verfolgten, wählten Nixon, wer sie im Fernsehen sah, wählte Kennedy. «Würden Sie diesem Mann einen Gebrauchtwagen abkaufen?», stand bei einer späteren Wahl auf den Plakaten gegen Nixon – auch dort mit Stoppelbart. Man muß allerdings vermerken, daß er 1968 die Wahl gegen Humphrey und 1972 die gegen McGovern gewann, mit miesen Methoden zwar, das stimmt, aber er gewann. Da war der Stoppelbart abrasiert, und die Schminktechniken verbessert worden.

Das ist eigentlich sogar ein besonderer Fall von unpassendem Äußeren. Vor wichtigen Terminen rasiert man sich nämlich gründlich.

Ähnlich verhielt es sich mit dem demokratischen Präsidentschaftskandidaten griechischer Abstammung, Dukakis, der 1988 von George Bush senior aus dem Feld geschlagen wurde. Anders als zumeist behauptet, lag das kaum daran, daß er so klein war und so südländisch aussah. Kleinwüchsigkeit gehört zu den Nachteilen, die vom Fernsehen wirklich ausgeglichen werden – wenn es überhaupt je ein Problem darstellt. Und südländisches Aussehen ist in den USA mit ihrer multinationalen Gesellschaft eher ein Vorteil. Schließlich hat man einst in Peru einen Japaner gewählt, und im konservativen Großbritannien fremde Vögel wie Disraeli und Portillo. Doch Dukakis schaffte es, sich lächerlich zu machen, als irgendeiner seiner Werbeleute auf die Idee verfiel, seine Männlichkeit dadurch zu betonen, daß man ihn in Helm und Soldatenrüstung auf einem Streitwagen zeigte. Da sah er aus wie ein Steinpilz oder einer von den Muppets.

Man muß unbedingt vermeiden, unzuverlässig oder lächerlich zu wirken. Ansonsten kann man fast aussehen, wie man will.

Sehr großgewachsene Menschen, wie zum Beispiel Harald Schmidt oder Ulrich Wickert, kommen im Fernsehformat, das ja alle gleich groß macht, besonders gemütlich und sympathisch rüber. Es gibt Politiker und Berühmtheiten, über deren Kleinwüchsigkeit man erschrocken ist, wenn man sie in Wirklichkeit sieht, da einem das im Fernsehen nie aufgefallen ist, wo sie vielleicht nur muskulös und männlich wirken. Das klappt vor allem bei kleinen Männern, da diese trotz ihrer geringen Größe doch meist normale Armmuskeln haben. Zu diesem Thema gibt es die absurdesten Theorien.

Seit die politischen Gegensätze in der westeuropäischen Politik doch größtenteils weggezaubert worden sind, erscheint es mir keine unvernünftige Idee, die Möglichkeiten zur Direktwahl von Politikern zu erweitern. So könnte man wenigstens zur Verwaltung unserer Gesellschaft ein paar ehrliche und sympathische Menschen wählen, wenn man schon nicht mehr die Richtung der

Politik beeinflussen kann. Dagegen wird immer ins Feld geführt, daß die Direktwahl dazu führen würde, daß unsere Regierung und der Reichstag dann von Sportlern, Filmschauspielern und Busenköniginnen bevölkert würden.

Aber sehen wir uns doch mal die Orte an, wo direkt gewählt wird!

Der finnische Präsident ist direkt gewählt. Erst war es der menschliche Walfisch Ahtisaari. Dann kam Tarja Halonen – und sie hat nun wirklich wenig mit Schwarzenegger gemeinsam. Die würde ich auch wählen, ganz gleich, zu welcher Partei sie gehören. Nur wenige Politiker wirken so außergewöhnlich und so vertrauenswürdig. Weiter weg von Hollywood und Busenköniginnen kann man im Ergebnis kaum kommen.

Im Senat der USA haben wir schon einen Astronauten gesehen und einen ältlichen, abgedankten B-Schauspieler als Präsidenten. In keinem der beiden Fälle war es die Schönheit dieser Personen, die den Ausschlag gab. Tom Cruise und Michelle Pfeiffer glänzen durch Abwesenheit, während Margaret Thatcher und Gro Harlem Brundtland Publikumsmagneten waren – na ja, und Rita Süßmuth verwechselt auch niemand mit Claudia Schiffer, trotzdem erfährt sie recht viel Zuspruch und erscheint außergewöhnlich vertrauenswürdig.

Bei uns haben die Moderaten nie begriffen, welche unglaublichen Ressourcen ihre Frauen im Matronen-Modell für sie darstellten. Unsere Sozialdemokraten haben jahrzehntelang versucht, junge, angeblich sexy Mädchen zu lancieren, in dem Glauben, dies würde Jugendliche und Lustgreise an die Wahlurnen locken. Der Pornostar Ilona Staller alias Cicciolina schaffte es wirklich, in Italien gewählt zu werden, indem sie die Randbereiche des extremsten Listenwahlsystems ausnutzte, das Europa damals hatte – und als Ausdruck für die Verachtung und die Apathie einer desillusionierten Wählerschar. In einem Land mit funktionierender Demokratie und Direktwahl hätte sie nie eine Chance gehabt.

Rhetorik im Fernsehen hat, wie andernorts auch, viel damit zu tun, Sympathie und Vertrauen zu wecken. Es stört natürlich nicht, wenn die Finanzberaterin der Bank süß und nett ist, aber das ist nicht der Grund, warum wir gerade sie wählen oder ihrem Rat vertrauen. Wer Erfahrung und mütterliche Fürsorge ausstrahlt, hat wahrscheinlich noch größere Chancen, selbst auf diesem Gebiet.

Achten Sie vor allem auf Unarten, die Sie sich abgewöhnen sollten. Unser ehemaliger Ministerpräsident Olof Palme hatte ein Problem mit seinem Lächeln, das im wirklichen Leben und in der Atmosphäre einer Debatte oder eines Auftritts vor Publikum gar nicht störte, auf der Mattscheibe aber unangenehm wirkte. Oder zu eifrige Gesten. Und schlecht rasiert zu sein.

Denken Sie in Ruhe nach, ehe Sie sich dazu entschließen, in einem Fußballtrikot oder mit lebendigen Tieren vor die Kamera zu treten. Könnte das möglicherweise lächerlich aussehen? Gerade eben habe ich unseren Verteidigungsminister Björn von Sydow in blauer Kavallerieuniform bei der berittenen Wachparade vor dem Königlichen Schloß mitreiten sehen. Das haben sich natürlich die *spin doctors* der Partei und der Regierung ausgedacht. Vielleicht wird es rechtzeitig zur Wahl sogar die rechte Flanke der Sozialdemokraten stärken. Das wollen wir hoffen, denn es sah wirklich lustig aus.

Ich persönlich hätte an seiner Stelle das Angebot sicherheitshalber ausgeschlagen.

28. Neue Erfahrungen mit der Fernsehrhetorik III

Zur Zeit heißt der schwedische Ministerpräsident Göran Persson. Nur wenige Politiker werden so unterschiedlich beurteilt. Die meisten Wähler, selbst viele Parteifreunde, haben von ihm als Person eine sehr negative Meinung, und zwar aufgrund seiner Fernsehauftritte. Dort wirkte er tölpelhaft, prinzipienlos und diktatorisch. «EBA – er bestimmt alles.» Bürgerliche Wähler hegen meist eine gewisse Sympathie für seine Politik und seinen Unternehmungsgeist, machen sich aber über seine Person lustig. «Er wird ‹Nivea› genannt – fett und zäh!» Eifrige Versuche mit eingeübter Unterhaltsamkeit in den Talkshows scheinen nur eine kurze und unbedeutende Verbesserung gebracht zu haben. Ehe er sich versieht, wird man ihn im Fernsehen wieder in seiner üblichen Rolle als arroganten, bürokratischen Machthaber zeigen, der gerade dabei ist, seine Umgebung zu unterdrücken. Und ehe man sich versieht, wird er uns in irgendeiner Livesendung wieder eine Kröte zu schlucken geben im Stile von: «Es kommen wirklich öde Zeiten auf uns zu, wenn der EU-Ratsvorsitz zu Ende geht. Dann wird man, anstatt mit Chirac und Blair über Weltpolitik zu diskutieren, wieder gezwungen sein, zu Hause zu sitzen und mit Alf Svensson über Kindertagesstätten zu reden.»

EBA und Nivea. An diesem Tag hat Alf Svensson eine ganze Reihe neuer Wähler gewonnen. Doch wer Persson einmal live gesehen hat, der weiß, daß er ein glänzender Rhetoriker ist. Vor einem lebendigen Publikum ist Göran Persson ein charmanter und fast charismatischer Redner. Nun ist es vielleicht nicht so erstaunlich, daß er, trotz seines schlechten Rufes selbst in den eigenen Reihen, die Zusammenkünfte der Partei auf hervorragende Weise bestimmt. Doch er hat auch vor einem eigentlich feindlich gesinnten Publikum Erfolg. Einer meiner Bekannten aus der Bürokratie hatte allen Grund, Persson zu hassen, seit jener ihn in seinen Jahren als Bildungsminister zeitweise arbeitslos gemacht hatte, indem er das Oberschulamt abschaffte. Dennoch gab er ihm die beste Note, die ein Redner bekommen kann: «Ich muß dir leider sagen, er ist ein erschreckend guter Redner.»

Kürzlich erklärte mir eine Gruppe aus dem Arbeitgeberverband, sie seien alle drauf und dran gewesen, in seine Partei einzutreten, nachdem sie eine Weile Auge in Auge mit dem angeblichen Erzfeind gesprochen hatten. Wie verhält er sich in solchen Situationen? Was ist seine Stärke? Und was sind seine besonderen Probleme, die ihm doch solche Schwierigkeiten im Umgang mit der Opposition bescheren?

Um das herauszufinden, ist es sinnvoll, zunächst an seinem Beispiel die Grenzen und Beschränkungen der Rhetorik und ihre neuen Regeln in der Mediengesellschaft aufzuzeigen.

Das letzte Mal, daß ich Göran Persson vor Publikum auftreten sah, war bei der Einweihung eines riesigen Buchladens in Stockholm. Es mag einem merkwürdig vorkommen, daß der schwedische Ministerpräsident einen Buchladen einweiht. Doch Göran Persson ist genau wie die anderen aus der ersten Führungsriege dieser immer kleiner werdenden Partei so sehr Sozialdemokrat, daß er es als einen Lebensstil auffaßt, den man von der Wiege bis zur Bahre verfolgt, ganz gleich, was sich im Programm oder in der Tagespolitik ändern sollte. Die Buchhandelskette, um die es hier ging, gehört seit vielen Jahren dem Kooperativen Verbund, einer sozialdemokratischen Einrichtung, und deshalb kommt der Parteiführer der Sozialdemokraten und weiht den Laden ein.

Wie auch immer, es war dies einer seiner besten Auftritte und eine ausgezeichnete Kostprobe für seine Methoden und Talente.

Um das Rednerpult herum und im ganzen Laden stehen die Leute dicht gedrängt. Der Ministerpräsident kommt in Anzug mit schwarzem Hemd, oberster Knopf offen. Der Ministerpräsident ist, wie gesagt, eine der wenigen Personen in Schweden, die dadurch gewinnen können, daß sie ein wenig schlampig auftreten. In Wirklichkeit ist er ein schicker Mann, viel größer, als man vom Fernsehen her glauben würde, so daß die Pfunde ihn sogar athletisch wirken und zu einer stattlichen Erscheinung werden lassen.

Er spricht völlig frei, doch offenkundig nach einem Stichwortmanuskript, das er im Kopf hat.

Das wirkt sowohl imponierend als auch charmant spontan.

Schon *Exordium* mit *Humiliatio* und *Captatio benevolentiae* sind einfach perfekt: Persson spricht davon, er habe herausgefunden, daß der erste Laden der Buchhandelskette in den siebziger Jahren vom damaligen Bürgermeister Hjalmar Mehr eröffnet worden sei: Dieser habe dabei eine flammende Rede für den Abriß vieler alter Häuser in der Stadt gehalten. «Das habe ich nicht vor!»

Hjalmar Mehr war wohl der unbeliebteste sozialdemokratische Politiker, den man in der jüngeren Vergangenheit finden kann, und das vor allem wegen dieser Abrisse. So ist diese Bemerkung sowohl charmant selbstironisch als auch eine wichtige Distanzierung von dem Betonsozialisten Mehr und seinem kulturfeindlichen Sanierungswahnsinn.

Dann folgen ein paar Worte über den Genuß, in eine Buchhandlung zu gehen – einfach hineinzugehen, weil es so schön ist, ohne überhaupt etwas kaufen zu wollen, und dann aber doch hinterher mit einem Buch herauszukommen.

Dann kommt als *Narratio* die Geschichte von Perssons Liebe zu Büchern, und wie diese Liebe entstanden ist. Zu Hause, in der Arbeiterfamilie, gab es nur zwei Bücher. Das eine war der erste

Teil des schwedischen «Brockhaus», den man als Warenprobe umsonst bekommen hatte. Natürlich bestellte sein Vater niemals die Fortsetzung. Das andere Buch hatte Papa in einer Lotterie gewonnen. Es war Jan Fridegårds «Ich, Lars Hård», die Schilderung des Elends eines Landarbeitersohnes in Stockholm, geschrieben von einem Autor der Proletarierliteratur. Diese beiden Bücher wurden jedoch versteckt, und man durfte sie nicht anfassen. Natürlich bekommt man bei einer solchen Kindheit einen mächtigen Hunger nach Büchern und Lesen!

An diesem Punkt hatte er die Zuhörer schon ganz in der Hand. Die Passage war sowohl selbstironisch als auch ein wenig lustig, und sie ging zugleich zu Herzen. Das war natürlich genau das, was das Bücher liebende Publikum hören wollte. Selbst als Profizuhörer, der hingegangen ist, um die Rede zu analysieren, muß man sich in den Arm kneifen, um sich aus dieser Stimmung zu befreien und einzusehen, daß das alles wohlkalkuliert und fast zu schön ist, um wahr zu sein.

Nun muß das nicht heißen, daß das Erzählte eine Lüge war. Aber so gut, wie es in den Zusammenhang paßt, so unwahrscheinlich ist es doch im Detail. Göran Persson ist ungefähr so alt wie ich, lediglich zwei Jahre jünger. So wenig Bücher hatten wir in den fünfziger Jahren nun wirklich nicht, nicht einmal bei meinen Schulfreunden, die aus den einfachsten Arbeiterfamilien kamen. Deshalb wird es wohl auch in dem politisch engagierten Zuhause in der Eternitvilla, wo Göran Persson lebte, nicht so schlimm gewesen sein. Hatte man ganz radikal Bibel und Konfirmationsgesangbuch rausgeworfen? (Ist das vielleicht die Ursache für Göran Perssons an anderer Stelle betonte Bewunderung für die Kirche und seinen Wunsch, Priester zu werden?) Und was war mit den Schulbüchern? Zu jener Zeit, unter dem sozialdemokratischen Bildungsminister Edenman, waren sie kostenlos, es gab viele davon, und man durfte sie alle mit nach Hause nehmen. Gab es bei Perssons nicht etwa «Das Fußballjahr 1958» (als Schweden Vizeweltmeister wurde)? Las man nicht das «Guinness Buch der Rekorde» oder dergleichen?

Beachten Sie auch, um welche zwei Bücher es sich handelte, die angeblich einzig vorhanden waren. Zum einen der erste Band des weltbekannten Nachschlagewerkes: «Von A bis Apollo.» Und dann ist da Fridegårds «Ich, Lars Hård». Was denn sonst? Der typische Fall eines Helden der Arbeiterklasse in der schwedischen Literatur. Was für ein Glück, daß der Vater ausgerechnet dieses Buch gewonnen hatte. Hätten wir es wohl erfahren, wenn es statt dessen «Angélique und der Sultan» oder «Das Lied vom roten Rubin» gewesen wäre, um nur zwei der Bücher zu nennen, die es zu jener Zeit in den meisten Haushalten tatsächlich gab? Ob es nun wahr ist oder nicht, im Grunde geht der geschickte Demagoge Persson mit dieser anrührenden Geschichte nicht das geringste Risiko ein. Wer würde sie in Zweifel ziehen können? Wer würde sie in Zweifel ziehen wollen, in dieser Umgebung und angesichts des guten Willens, in dem sie erzählt wird.

Nun sind wir bei der *Probatio* angelangt. Persson beteuert, daß mit diesem kargen häuslichen Hintergrund die Gier auf Bücher groß war. Er kauft unentwegt neue Bücher. Sein Haus in Malmö, die Wohnung in der Hauptstadt und auf dem Gut Harpsund – alles voller Bücher, und er kann es einfach nicht lassen, noch mehr zu kaufen!

Das Publikum ist begeistert.

Eine *Refutatio* benötigt er kaum, hingegen aber noch weitere Beweise für das zuvor beteuerte Kultur- und Buchinteresse. Wir hören, was er in seinem Sommerurlaub gelesen hat, der gerade zu Ende geht. Und da ist wirklich für jeden im Publikum etwas dabei! Der Ministerpräsident pflegt die Ferien etwas leichter mit ein paar Thrillern und Krimis einzuleiten. Ja, er liebt einfach die modernen schwedischen Krimiautoren wie Nesser, Mankell und Edwardson!

Unter diesen Umständen nicht überraschend. Aber er mag auch schwerere Sachen, die Klassiker, auf die er sich verlegt, wenn die Ferien etwas weiter fortgeschritten sind, und er sich etwas mehr erholt fühlt. Knut Hamsuns «Segen der Erde» ist eines seiner Lieblingsbücher, das er immer wieder liest. «Ein bedeutendes Buch von einem bedeutenden Schriftsteller. Ich weiß selbst gar nicht recht, warum ich es so mag. Vielleicht ist es ja die Sprache. Sprache kann wie Musik sein. Dieses Gefühl habe ich jedenfalls auf den ersten hundert Seiten.»

Natürlich weist er auf das große Verständnis für das bäuerliche Leben hin und darauf, wie wichtig es ist, mit Hamsuns späteren politischen Verirrungen nachsichtig zu sein. Glänzend. Und so wahr. Daraufhin erzählt er, daß er von einem jungen Schriftsteller, dem er kürzlich einen großen Literaturpreis verleihen durfte, den Tip bekam, jüngere norwegische Literatur zu lesen, nämlich Tarjei Vesaas' *Fåglarna* («Die Vögel»). Und dieses Buch habe ihn wirklich vollkommen gefangengenommen, und er hoffe, diese Lektüre heute abend abschließen zu können! Dann habe er vor, sich übers Wochenende dem neuen Roman von Enquist zu widmen, denn am Montag seien die Ferien leider zu Ende, und er müsse wieder zum Alltag und der üblichen Aktenlektüre zurückkehren. Damit ist alles, was es braucht, um jeden einzelnen in einem normalen Buchhandelspublikum anzusprechen, gesagt. Dann kommt die eher staatsmännische, aber immer noch bücherbegeisterte *Peroratio*: So ist es – durch die gute Literatur gewinnt er Kraft und Ruhe, Memoranden und dergleichen zu lesen!

Kräftiger Applaus. Sympathie und Rührung im Raum.

Wie gesagt, das war glänzend. Und diesem Anlaß absolut angemessen. Wenn man sich für Bücher und Buchhandlungen begeistert, dann kann man, so sehr man sich auch bemüht, die rhetorischen Finten und Tricks zu beachten, nichts anderes tun, als einzustimmen und glücklich darüber zu sein, daß der Ministerpräsident auf diese kraftvolle Weise die Partei des Guten ergreift.

Was funktioniert hier so unglaublich gut?

Und warum funktioniert Persson dann trotzdem nicht als Volksredner im allgemeinen oder als Debattenredner im Fernsehen?

Persson regiert Schweden nicht, indem er ein guter Redner ist, sondern indem er zum einen den Parteiapparat im eisenharten Griff hält und zum anderen die immer kleiner werdende Partei auf dem politischen Spielfeld lenkt und ihr den Weg aufzeigt.

Trotzdem wissen nur ganz wenig Leute, wie gut er vor einem Publikum wirken kann. Und nicht einmal die, die es wissen, scheinen ihn spontan als Politiker loben oder wählen zu wollen.

Die erfolgreichen Auftritte von Göran Persson scheinen fast immer von derselben Sorte zu sein wie in der Buchhandlung.

Er sagt genau, was die Leute von ihm jetzt und hier hören wollen.

Doch darüber hinaus sagt er fast nichts.

Ich würde, ohne selbst dabeigewesen zu sein, eine gehörige Summe darauf setzen, daß seine Rede vor dem Arbeitgeberverband von seiner Vorliebe für die Unternehmer und vor allem die kleinen Unternehmen handelte, von seinen positiven Erfahrungen, die er damit schon in seiner Kindheit gemacht hat, und davon, was sie für jedes noch so kleine Dorf bedeuten und für das Land im ganzen.

Immer, was die Leute hören wollen.

Auf dem Parteikongreß im März 2000 sprach er zum Beispiel vor begeisterten Repräsentanten über die Erfolge der Wirtschaftspolitik der Partei. Das war eine seiner erfolgreichsten rein politischen Reden, fast zur gleichen Zeit und in ungefähr derselben Stimmungslage gehalten, wie der oben schon näher behandelte Auftritt eines Konzernchefs zur «IT-Blase». Die «Zukunftsfabrik» und ähnliche Wachstumsunternehmen expandierten nach wie vor mit voller Kraft an der Börse oder hatten allenfalls gerade angefangen, etwas die Bremse einzulegen. Dadurch sah die Wirtschaftslage immer noch glänzend aus. Persson bezog sich natürlich auf die positive Situation, als er zum Kongreß sprach. Er sagte, die schwedische Wirtschaft habe sich unter der sozialdemokratischen Regierung wie eine Hummel verhalten. Dann entwickelte er das alte Paradox, daß die Hummel, naturwissenschaftlich gesehen, eigentlich nicht fliegen können dürfte, es aber trotzdem tut. So sei es auch mit der Wirtschaftspolitik der Partei, die die Voraussagen der Gegner, Analytiker und Experten *ad absurdum* geführt habe.

Jubel.

Liest man diese Rede im nachhinein, dann merkt man, daß sie nicht einen einzigen konkreten Anhaltspunkt über irgend etwas enthält. Wir erfahren nicht, was die Hummel denn nun zum Fliegen brachte, nicht ein einziges Beispiel für eine geleistete Heldentat, die das wirtschaftliche Wunder erklärt. Aber großzügiges Lob für die Partei ganz im allgemeinen. Irgendwie begreifen die Teilnehmer, daß sie es selbst mit ihrer Klugheit waren, die die Hummel zum Fliegen brachten. Außerdem achtet Persson darauf, nicht einmal die Gegner allzu sehr zu peinigen. Die «klarsten» kategorischen Behauptungen, die sich der Redner leistet, sind von der Art: «Wir Sozialdemokraten wählen beides.»

Die *Peroratio*, die flammende und bejubelte Schlußpassage, lautet:

«Hier, und genau hier verläuft die Trennlinie. Politik kann nicht nur bedeuten, den Zuwachs und die Entwicklung anzuregen, Politik kann nicht nur auf Verteilung und Ausgleich gerichtet sein. Schaut euch doch mal in Schweden um!»

Das klang wirklich ausgezeichnet. Aber es ist völlig unmöglich, in diesem Satz eine irgendwie geartete «Trennlinie» oder überhaupt nur eine verwertbare Aussage zu entdecken. Und das gilt für alles, was Persson vom Podium aus verkündet. Dagegen ist George W. Bush ein Wunder an beinharter Konsequenz und herausfordernder Deutlichkeit.

Wenn man genau das sagt, was die Leute hören wollen, und das auch noch auf die rhetorisch richtige Weise, dann weckt man überall Sympathien.

Aber was erreicht man?

Wir werden, zumindest während wir ihm zuhören, unsere Vorurteile gegen Persson als Mensch noch einmal überdenken. Wir werden ihn ganz einfach mögen. Aber das bedeutet nicht, daß wir dann auch hingehen und ihn wählen werden – oder überhaupt wählen werden. Was für einen Grund gibt es denn? Wozu hat er uns aufgefordert?

Persson gewann an jenem Abend im Buchladen viele Sympathien, doch ich frage mich, ob er auch neue Wähler gewann. Und auch von den Mitgliedern des Arbeitgeberverbandes trat natürlich hinterher keiner in die sozialdemokratische Partei ein, wie nett Persson sich auch darzustellen mochte.

Es ist natürlich kein Nachteil, daß er ein guter Redner ist oder daß er eine Methode gefunden hat, wie er seine Reden immer angenehm für das Publikum gestalten kann.

Göran Persson und alle seiner Art verwandte populistische Machtpolitiker haben immer ein und dasselbe Problem: Wie glänzend man als Rhetoriker auch ist, so kann die Rhetorik doch nicht die Politik ersetzen. Rhetorik ist eine Methode, eine Botschaft zu verkaufen. Sie kann aber die Botschaft selbst nicht ersetzen. Somit muß sich auch jeder Redner im Alltag die Frage stellen: Was will ich? Will ich einfach nur, daß sie mich mögen? Oder will ich, daß sie etwas tun?

Ebensowenig wie wir hingehen und einen Sportler oder eine Busenkönigin wählen, gehen wir hin – wenn die örtlichen *spin doctors* das auch manchmal glauben – und wählen jemanden, nur weil er privat so nett erscheint.

«It's the economy, stupid!» («Wichtig ist nur die Wirtschaft!»), lautet ein bekannter Satz, an den jeder amerikanische Präsidentschaftskandidat während jeder Rede denken soll. Die Leute werden bei ihrem Wahlverhalten am allermeisten von wirtschaftlichem Eigeninteresse getrieben. Der alte schwedische Kommunistenführer C. H. Hermansson war vielleicht der netteste Fernsehpolitiker aller Zeiten, das fanden sogar die Damen im Stockholmer Bürgerviertel Östermalm. Aber gewählt haben sie ihn trotzdem nicht. Nachdem er festgestellt hat, daß Persson zumindest auf dem Podium supernett wirken kann, geht der Wähler nämlich nach Hause und grübelt über die Eigenheimzulage und die Einschnitte im Haushalt für die Schulen und die Krankenversorgung nach.

In alter Tradition pflegte man die Aufgaben des Redner als *delectare*, *docere* und *movere* zu bezeichnen, meist als «Erfreuen», «Lehren» und «Bewegen» übersetzt. In unseren modernen Zusammenhängen sollte man vielleicht besser «Unterhalten», «Informieren» und «Überreden» sagen. Das sind die drei hauptsächlichen Ziele, die ein mündlicher Vortrag oder ein Text haben können.

Natürlich ist vor allem das letztgenannte, «Überreden» das, was für alle Rhetorik im engeren Sinne und für die gelungene politische Rhetorik im besonderen typisch ist.

Das erste, was wir machen müssen, ist, uns zu entscheiden, welches Ziel wir verfolgen. Der Redner beim Abendessen kommt ziemlich lange nur mit *delectare* aus, denn das ist ja sein Hauptanliegen. Dann kann es ein Vorteil und ein wirkungsvoller rhetorischer Schachzug sein, trotzdem so zu tun, als würde man über irgend etwas informieren, *docere*, oder einfach eine These verfolgen, *movere*. Das sollte dann aber, passend zum Anlaß der Rede, bald in allgemeine, unterhaltende Sätze münden.

Der Lehrer, oder zumindest die altmodische Variante von Lehrer, die mit der Vermittlung von Wissen arbeitet, ist hauptsächlich daran interessiert zu informieren, *docere*. Doch selbst in diesem

Fall ist es natürlich wichtig, so interessant wie möglich zu wirken, *delectare*, und es ist überhaupt kein Fehler, vor allem, wenn man begeistern will, eine persönliche Meinung zu vertreten, *movere*. Doch hier geht es ja um eine eigene Wissenschaft, die Pädagogik.

Der Politiker schließlich ist genau wie der Werbemann, der Anwalt, der Aktivist oder der Besucher der Versammlung des Mietervereins vor allem darauf aus zu überreden, *movere*. Gleichzeitig muß er aber, um argumentieren zu können, auch informieren, *docere*, und um die Leute auf seine Seite zu bekommen, auch unterhaltend sein, *delectare*. Das heißt, nett sein. Aber wenn man nur nett ist, dann erfüllt man nicht einmal die Grundbedingungen. Dann liegt man genauso falsch, wie wenn man als Redner beim Abendessen oder einer Preisverleihung glaubt, daß man in der Hauptsache dazu da sei, um zu lehren oder zu überreden.

Nun hat aber Göran Persson auch noch das Problem, daß er nicht einmal im Fernsehen nett wirkt. Zeitweise und bei einer guten Regie hat er es immerhin dazu gebracht, wie ein spontaner, netter Kerl zu wirken. Doch dieser Eindruck hat sich nach erneuten ätzenden Auftritten im Zusammenhang mit dem EU-Ratsvorsitz oder irgendwelchen zähen Phrasen und oberlehrerhaften Aussagen immer schnell wieder verflüchtigt.

Die Intellektuellen lieben es, das Fernsehen zu hassen, und das manchmal auch mit Fug und Recht. Doch man muß auch sagen, daß dieses Medium durchaus seine Vorteile hat, auch aus intellektueller Sicht. Das Fernsehen erzeugt intime Situationen. Zwar banalisiert das Medium vielleicht, aber es übt auch eine positive Wirkung auf die Meinungsbildung aus. Wir haben die Möglichkeit eine ganze Menge billigster Podiumsrhetorik zu durchschauen. Die Stimmung, in der man sich vor Ort in den Arm kneifen muß, um ihr nicht anheim zu fallen, ist vor dem Fernseher vollkommen verschwunden. Persson wird wieder so, wie er engen Mitarbeitern oder uns am Kaffeetisch gegenübersitzt.

Das Fernsehen hat die Fragen der Politik banalisiert, fordert gleichzeitig aber von seinen Protagonisten, in dem, was sie vorbringen, konkret zu sein. Im Fernsehen merkt man einfach eher, wenn jemand nichts zu sagen hat, als bei einer Live-Rede. Und Phrasen wie die mit der Hummel, um auf Persson zurückzukommen, wirken im Fernsehen ebenso leer wie auf dem Papier. Sie wären auf dem Bildschirm nur mit Hilfe der äußerst schwachen Wirkung eines Beifalls vom Publikum im Saal, das man sieht oder hört, möglich. Im Fernseh-Nahbild wirkt Persson wie ein trockener demagogischer Redner, während er mit einigem Abstand im Raum gewichtig und charmant wirkt.

Es ist also keineswegs so, daß das Fernsehen uns als politische Konsequenz eine Führungsriege aus Muskelmännern und Busenwundern bescheren wird. Es wird auch keine Renaissance von Diktatoren mit schwerfälliger Ausstrahlung geben. Es ist vielmehr so, daß dieses Medium die Vorteile, die man aus Beweglichkeit, Autorität oder Stimmgewalt gewinnen könnte, nivelliert.

Natürlich kann man auch über das Fernsehen manipulieren. Clinton war ein Meister darin, und das, obwohl er gleichzeitig auch ein meisterlicher Redner vom Podium aus war. Das hat er auch mit dem deutschen Kollegen Gerhard Schröder gemein; sie sind im Guten wie im Schlechten außergewöhnliche Repräsentanten jener Art von Politikern, die die neuen Herausforderungen meistern. Doch eines kann man gar nicht oft genug betonen: Hitler und Mussolini hätten im Fernsehen nicht funktioniert. Ihre Auftritte – sieht man alte Wochenschauaufnahmen – wirken geradezu grotesk komisch, wenn man sie in Nahaufnahme in dem kleinen Kasten sieht und ohne die Stimmung zu fühlen, die bei den gewaltigen Massenaufläufen und auf die Entfernung erzeugt wurde.

Dazu kommt, daß wir im Fernsehen, zumindest in gewissem Maß, die Leute so sehen, wie sie, aus der Nähe betrachtet, wirklich sind.

Diese Tatsache gibt zu einiger Hoffnung Anlaß. Die verteufelten Massenmedien haben offensichtliche Vorteile, selbst unter dem Blickwinkel der Demokratie und allgemeinpolitischer Grundsätze.

Und darüber hinaus stellen sie natürlich eine stete Herausforderung für den Rhetoriker dar.

Clinton und andere haben gezeigt, was man in den neuen Medien alles erreichen und wie eine uralte Kunst mit neuen Herausforderungen zu neuen Höhen geführt werden kann.

29. Es gibt immer eine zweite Chance

Wenn man von Herausforderungen spricht, dann muß man natürlich irgendwann auch zu George W. Bush und den Problemen, vor die er sich nach dem Terroranschlag auf das World Trade Center und das Pentagon im September 2001 gestellt sah, zurückkommen.

Wie wir schon bemerkt haben, ist Bush kein geborener Rhetoriker, keine Naturbegabung wie Clinton. Doch er besitzt Verstand genug, sich eines Stabs von glänzenden Redenschreibern zu bedienen, die sich auf die charmante Wirkung seiner unintellektuellen, einfachen Ausstrahlung verlegt haben.

Der erste Auftritt des Präsidenten am 11. September war verständlicherweise durch den Schock und die Verwirrung geprägt, die die Ereignisse hervorriefen.

In Florida, wo er sich auf einem Besuch in einer Schule befand, gab es nur ein paar kurze Worte und eine Phrase wie: «Terrorism against our nation will not stand.» («Terrorismus gegen unsere Nation wird nicht siegen.») Da war ein sehr vages Echo einer berühmten Rede von Abraham Lincoln («a house divided against itself cannot stand», «Ein Haus, das geteilt ist, kann nicht siegen»); der Satz wirkte in diesem furchtbaren Zusammenhang jedoch eher seltsam und völlig unbedeutend. Von einem Luftwaffenstützpunkt in Louisiana, zu dem er sich danach begab, kam eine Reihe von unzusammenhängenden Äußerungen und unabsichtlichen Wiederholungen: «Make no mistake: The United States will hunt down and punish those responsible for those cowardly acts. (...) But make no mistake: We will show the world that we will pass this test. God bless.» («Täuschen Sie sich nicht: Die Vereinigten Staaten werden die Verantwortlichen für diese feigen Taten jagen und bestrafen. (...) Täuschen Sie sich nicht: Wir werden der Welt zeigen, daß wir diese Prüfung bestehen. Gott schütze Sie.»)

Das ist unter den gegebenen Umständen natürlich verständlich und wirkt sogar fast ein wenig rührend, selbst wenn wir ahnen, daß ein größerer Intellekt sich auch spontan eine treffendere und besser formulierte Antwort abgerungen hätte.

Am Tag danach beginnt eine neue Phase. Während die Verteidigung und die Verwaltung versuchen, über die Vorgänge Klarheit zu bekommen, arbeitet der Stab im Weißen Haus daran, die richtige Tonlage für den Präsidenten zu finden. Es gilt, Worte zu finden, die die Bevölkerung der USA beruhigen, Worte, die sie davon überzeugen, daß etwas Wirkungsmächtiges getan wird, wenngleich man immer noch keine Ahnung hat, was überhaupt getan werden könnte. Am besten sollten die Worte auch eine Unterstützung für kommende, möglicherweise unangenehme politische Maßnahmen mobilisieren. Und gleichzeitig müssen diese Worte auch die Menschen außerhalb der USA beruhigen und aktivieren – die alten Freunde im Westen und mögliche neue Bundesgenossen in der arabischen Welt.

Man merkt, daß es selbst dem gut ausgebildeten Stab, der nun zusammentritt, schwerfällt, mit der Situation umzugehen. Außerdem muß der Präsident auf spontane Fragen antworten, für die man ihm im vorhinein keine Antworten mitgeben kann.

Unter der vielen Auftritten, die Bush in diesen Tagen absolviert, ist auch ein gut vorbereiteter Vortrag am 12. September bei einem «zufälligen» Fototermin zusammen mit dem *National Security Team*, bei dem auch der populäre Außenminister Colin Powell anwesend ist. Die Rede ist kurz. Man hat sich auf die Wendungen verlegt, die der schockierte Präsident am Tag zuvor gebraucht hatte: «Make no mistake about it: We will win!» («Täuschen Sie sich nicht: Wir werden siegen!»), diesmal jedoch mit einem stringenten Gedankenverlauf:

«Das amerikanische Volk soll wissen, daß wir hier einem Feind begegnen, der anders ist als alles, was uns je begegnet ist. Dieser Feind verbirgt sich im Schatten und hat keinen Respekt vor Menschenleben. Es ist ein Feind, der auf unschuldige und arglose Menschen einschlägt und dann davonrennt und sich versteckt. Doch man kann nicht ewig davonrennen und sich verstecken. Dies ist ein Feind, der sich zu verbergen sucht. Doch er kann sich nicht ewig verbergen. Es ist ein Feind, der sich im sicheren Hafen wähnt. Doch der wird nicht ewig sicher sein.»

Wirkungsvoll. Hart im Ton, um der Meinung zu Hause zu genügen, in der Sache aber eher vorsichtig, um die Verbündeten und die Welt insgesamt zu beruhigen. Verglichen mit Clinton und den Demokraten hat der Republikaner Bush zudem den Vorteil, daß er nicht für zu weich gehalten werden wird, nicht «soft on terrorism». (Nur wenige Menschen in Europa scheinen begriffen zu haben, daß wir dankbar sein sollten, daß der Habicht Bush am Ruder saß, als all das passierte. Die Taube Clinton hätte sich womöglich gezwungen gesehen, sofort eine taktische Atombombe über Kabul abzuwerfen. Und dafür hätte er dann eine rhetorisch wirkungsvolle Erklärung gehabt, die im schlimmsten Fall vom Rest der Welt akzeptiert worden wäre.)

Schwierigkeiten tauchten für Bush und seinen Stab jedoch bei den Fragestunden zum Abschluß der vorbereiteten Auftritte auf. Am schlimmsten war es auf dem Rasen vor dem Weißen Haus am Sonntag, dem 16. September. Der Präsident antwortete, getreu der Instruktionen, daß die kommenden Handlungen gut bedacht sein müßten und daß alles Zeit brauchen würde. Doch leider fügte er dann noch hinzu:

«Dieser Kreuzzug, dieser Krieg gegen den Terrorismus wird Zeit brauchen. Und das amerikanische Volk muß Geduld beweisen. Ich habe jedenfalls vor, Geduld zu zeigen.»

Möglicherweise stand dieser prächtige Mißgriff – Kreuzzug – tatsächlich im Manuskript, vielleicht hatte der Stab aufgrund des bekanntermaßen schlechten Geschichtsunterrichts in amerikanischen Schulen nicht gewußt, was er hier tat. Im Grunde ist das ja auch richtig. Ein Kreuzzug, *crusade*, gegen den bösen Terrorismus. «Kreuzzug in Europa», *Crusade in Europe*, hießen die Memoiren von General und Präsident Eisenhower über den Krieg gegen den Nationalsozialismus. «Kreuzzug» gegen Korruption oder Drogen sind stehende Floskeln in der amerikanischen politischen Rhetorik. Doch wenn man über einen Krieg gegen Muslime und eine Invasion im Nahen Osten spricht, dann ist dies so ziemlich das schlimmste Wort, das man benutzen kann. Das schreckliche Massaker an der Bevölkerung Jerusalems nach der Eroberung durch die Kreuzritter 1099 und andere Übergriffe sind in der arabischen Welt feste Bestandteile des kollektiven Bewußtseins. Natürlich wollte Bush mit seiner Wortwahl nicht andeuten, daß er einen Vernichtungsfeldzug gegen die muslimische Welt plante, aber dieser Ausspruch war eine Steilvorlage für alle Feinde der USA und sehr peinlich für jedes freundlich gesinnte Regime.

Im Vergleich mit diesem Schnitzer sind die Äußerungen, die in viel größerem Maße die europäische Meinung gereizt oder erschreckt haben, eigentlich eine Kleinigkeit. Am meisten wurde ein Auftritt vor den Angestellten des Pentagon am 17. September kritisiert, aber auch das vor allem außerhalb der USA. In der Fragestunde spricht Bush über Osama bin Ladens Anhänger als «diese Barbaren». Bei einer Reihe von anderen Gelegenheiten spricht er auch davon, die Terroristen in ihren Löchern «auszuräuchern». Bei zwei Auftritten nimmt er auf das klassische Wildwest-Plakat Bezug, auf dem ein Verbrecher gesucht wird: «Tot oder lebendig.»

In den USA hatten die Phrasen eine gute und beruhigende Wirkung. Auf der einen Seite zeigt sich der Präsident entschlossen gegenüber dem Feind, auf der anderen Seite verkündet er keine konkreten Gewalttaten. Doch in Europa, und auch unter den Alliierten, empfand man es als wenig hilfreich, auf diese Weise in die Truppe des Sheriffs eingebunden zu werden. Wir haben ja bereits gesehen, wie man Debatten im Saal vor Publikum gewinnen und sie gleichzeitig bei den etwas nachdenklicheren Kaffeetrinkern zu Hause vor dem Fernsehapparat verlieren kann.

Bis zu der großen Rede vor beiden Häusern des Kongresses und der Weltöffentlichkeit am 20. September hatte der Stab es jedoch geschafft, die Redestrategie auszuarbeiten und eine Taktik festzulegen.

Es waren elf Tage seit dem Verbrechen vergangen. Die militärische Strategie war, wie wir später sehen konnten, bereits festgelegt. Doch auch die Rhetorik war strukturiert. Bush begann:

«Sehr geehrter Mr. Speaker (...) Im normalen Verlauf der Dinge kommen Präsidenten in dieses Haus, um über die Lage der Nation zu berichten. Heute abend ist ein solcher Bericht nicht nötig. Die Lage der Nation wurde bereits vom amerikanischen Volk beschrieben. Wir haben sie im Mut von Passagieren gesehen, die sich auf Terroristen stürzten, um anderen am Boden das Leben zu retten – Passagiere wie ein außergewöhnlicher Mann namens Todd Beamer. Bitte heißen Sie heute abend mit mir gemeinsam seine Frau, Lisa Beamer, willkommen!»

Ein erster Applaus bricht los. Das *Exordium* besteht in der Fortsetzung der «Apostrophierung» weiterer Freunde – dem Kongreß, den Mitbürgern, den prominenten Parteipolitikern, Englands Premierminister Tony Blair, der ebenfalls zu Gast ist – und Menschen in der Welt, die ihre Unterstützung erwiesen haben. Die ganze Rede lang wird eine Reihe von Schlüsselphrasen immer wiederholt und variiert, fast wie in einem Musikstück. «Heute abend». «Wir haben gesehen.»

Die *Narratio* wird von einem kurzen Bericht über den Angriff der Terroristen eingeleitet, ungeheuer zurückhaltend und vom Gedanken des *Decorum* geprägt – die gräßlichen Bilder hat das Publikum ja bereits verinnerlicht. Statt dessen wird schnell das Hauptthema der Rede angeschlagen: «Die Amerikaner haben heute abend viele Fragen. Die Amerikaner fragen: Wer hat unser Land angegriffen?»

Das ist zum Teil, wie «Heute abend» und «Wir haben gesehen» eine *Anapher*, also eine Einleitungsphrase, die immer wiederholt wird. (Bei seiner Antrittsrede haben wir schon gesehen, daß *Anaphern* für die Redenschreiber von George W. Bush charakteristisch sind.) Doch dies ist auch ein Beispiel für einen rhetorischen Trick, den man *Ratiocinatio* nennt. Man stellt eine Reihe von rhetorischen Fragen, beantwortet sie dann selbst und kann auf diese Weise seine eigenen Gedanken darüber vorführen.

Die erste Frage wird mit einer längeren Ausführung beantwortet, in der Al Qaida als die für den Anschlag verantwortliche Organisation, Osama bin Laden als ihr Anführer und Afghanistan und sein Regime, die Taliban, als ihre Beschützer ausgemacht werden. Hier werden ebenso reale wie grotesk anmutende Details eingefügt, um den Feind zu kompromittieren:

«Den Menschen in Afghanistan wurde Gewalt angetan – viele hungern, und viele sind geflohen. Frauen dürfen keine Schule besuchen. Man kann für den Besitz eines Fernsehers ins Gefängnis kommen. Religion kann nur unter dem Diktat der Führung ausgeübt werden. Ein Mann kann in Afghanistan verhaftet werden, weil sein Bart nicht lang genug ist.»

Dann wird der Ton sehr ernst:

«Durch Beihilfe zum Mord begeht das Taliban-Regime Mord.»

Das mündet nun in einer Art *Probatio*. Es werden Forderungen an die Taliban gestellt: die Führer der Al Qaida auszuliefern, ausländische Gefangene freizulassen, die Trainingslager der Terroristen zu schließen, alle Terroristen auszuliefern und amerikanische Inspektoren ins Land zu lassen. *«Über diese Forderungen kann nicht verhandelt oder diskutiert werden!»* (Applaus bei jeder Forderung) Dann folgt eine *Refutatio*, deren Botschaft an die Moslems in den USA und in der ganzen Welt gerichtet ist. Wir hören unter anderem, daß die Lehren des Islam *«gut und friedvoll»* seien und daß diejenigen, die in Allahs Namen Verbrechen begehen, *«den Namen Allahs schänden»*. (Applaus)

Doch anstatt jetzt mit der Schlußpassage, der *Peroratio*, zu kommen, setzt der Präsident mit einer weiteren Frage und einem neuen Abschnitt seiner *Ratiocinatio* fort:

«Die Amerikaner fragen: Warum hassen sie uns?»

Ja, die Terroristen und die Taliban hassen natürlich diese Form der Demokratie, die man in dieser Versammlung sehen kann! Ihre Führer sind selbsternannt. Sie hassen das Recht auf freie Meinungsäußerung und Religionsfreiheit. Sie wollen die existierenden Regierungen in vielen moslemischen Ländern wie Ägypten, Saudi-Arabien und Jordanien stürzen. Und noch mehr:

«Wir lassen uns nicht von ihrer angeblichen Frömmigkeit täuschen.» Sie sind die Erben der faschistischen, nationalsozialistischen und totalitären Ideologien.

Dann kommt die nächste Frage, die beantwortet werden muß:

«Die Amerikaner fragen: Wie werden wir diesen Krieg führen und gewinnen?»

Nun zeigt der Präsident den Unterschied zum ersten Golfkrieg auf, in dem ein Territorium schnell befreit werden konnte, und dem *«Luftkrieg im Kosovo vor zwei Jahren, wo keine Bodentruppen eingesetzt wurden und nicht ein einziger Amerikaner im Kampf fiel.»*

Mögliche Unternehmungen werden eher angedeutet als beschrieben, und dann wird der wichtigste Nagel eingeschlagen:

«Jede Nation in jeder Region muß nun eine Entscheidung treffen. Entweder sind sie auf unserer Seite oder auf der Seite der Terroristen.» (Applaus)

Die Schwierigkeit der gestellten Aufgabe wird dargestellt und welche Behörden und internationalen Organisationen wahrscheinlich mitarbeiten werden.

Die vierte Frage lautet:

«Die Amerikaner fragen: Was wird von uns erwartet?»

Die Antwort darauf ist die eigentliche *Probatio* der Rede oder, wenn man so will, die *Propositio*. Das bisher Gesagte ist offenbar so selbstverständlich, daß eine weitere Argumentation dafür, eine *Confirmatio*, als unnötig angesehen wird. Es folgt eine Reihe von Aufforderungen, die alle mit «Ich bitte Sie ...» eingeleitet sind – eine neue *Anapher*-Konstruktion, die ganz beabsichtigt an Jesus oder Martin Luther King denken läßt:

«Ich bitte Sie, Ihr Leben zu leben und Ihre Kinder in den Arm zu nehmen. Ich weiß, daß viele Bürger sich heute nacht fürchten. Ich bitte Sie, ruhig und entschlossen zu sein, auch angesichts der andauernden Bedrohung. Ich fordere Sie auf, die Werte Amerikas aufrechtzuerhalten (...) Niemand sollte wegen seiner ethnischen Herkunft oder seines religiösen Glaubens unfair behandelt oder mit unfreundlichen Worten bedacht werden.» (Applaus) *«Ich bitte Sie ...»*

Im folgenden werden wir auf dieselbe Weise gebeten, die Opfer der Tragödie mit einem direkten Beitrag zu unterstützen. Wir werden gebeten, mit den Agenten des FBI zusammenzuarbeiten, Geduld bei der Bewältigung von Problemen zu zeigen, die die strengeren Sicherheitskontrollen mit sich bringen können, und – etwas ausführlicher – die amerikanische Wirtschaft zu unterstützen und ihr zu vertrauen. Und am Ende werden wir gebeten, für die Opfer und ihre Familien, für die Truppen und für das Land zu beten.

Daraufhin kehrt man wieder zum einleitend gebrauchten «Heute abend» zurück. *«Heute abend sehen wir uns neuen und unerwarteten nationalen Herausforderungen gegenüber. Wir werden zusammenkommen, um die Flugsicherheit zu verbessern ...»* Und noch mehr in dieser Richtung. *«Wir werden zusammenkommen, um den Polizeiorganen die notwendigen Mittel für die Bekämpfung des Terrors in der Heimat an die Hand zu geben.»* (Applaus) *«Wir werden zusammenkommen mit dem Ziel, unsere nachrichtendienstlichen Fähigkeiten zu stärken (...) Wir werden zusammenkommen, um aktive Maßnahmen zu ergreifen, die die amerikanische Wirtschaft stärken und den Menschen die Rückkehr an ihre Arbeit ermöglichen.»*

Ebensowenig wie ein weiterer Beweis für die Thesen ist in diesem einzigartigen Fall auch die Widerlegung möglicher Gegenargumente, *Refutatio*, erforderlich. Deshalb kann der Präsident hier direkt zur *Peroratio*, der Schlußpassage, übergehen. Sie besteht aus einer Reihe von emotional hochgestimmten, optimistischen, klangvoll poetischen Sätzen, wie man sie in der rhetorischen Praxis des Westens seit Churchill oder Roosevelt nicht mehr gehört hat. Zum Beispiel:

«Aber dieses Land wird unsere Gegenwart bestimmen und nicht von ihr bestimmt werden. So lange die Vereinigten Staaten von Amerika entschlossen und stark sind, wird dies kein Zeitalter des Terrors werden. Dies wird ein Zeitalter der Freiheit, hier und auf der ganzen Welt.»

Oder:

«And in our grief and anger we have found our mission and our moment. Freedom and fear are at war.» Und: *«We will not tire, we will not falter, and we will not fail.»*

Mitten in diesen hochgestimmten Beteuerungen begibt sich Bush unerwartet auf ein einfaches, menschliches Niveau. Er zeigt eine Polizeimarke, die von George Howard getragen worden war, einem Mann, der bei den Rettungsarbeiten am World Trade Center verunglückte. Die Mutter von Howard hat diese Marke dem Präsidenten geschenkt, und er wird sie immer als Erinnerung bei sich tragen. (Applaus.)

Und dann die Schlußfanfare:

«Ich werde diese Wunde unseres Landes nicht vergessen und diejenigen, die sie ihm zugefügt haben. Ich werde nicht weichen – ich werde nicht ruhen – ich werde diesen Kampf für die Freiheit und Sicherheit des amerikanischen Volkes nicht aufgeben. Der Verlauf dieses Konflikts ist ungewiß, aber sein Ergebnis ist sicher. Freiheit und Furcht, Gerechtigkeit und Grausamkeit liegen schon immer im Kampf, und wir wissen, daß Gott nicht neutral zwischen ihnen steht. Meine Mitbürger, wir werden Gewalt mit geduldiger Gerechtigkeit begegnen – sicher im Bewußtsein, daß unsere Sache gerecht ist, und zuversichtlich im Hinblick auf die Siege, die kommen werden. In allen Dingen, die vor uns liegen, hoffen wir darauf,

daß Gott uns Weisheit gibt und die Vereinigten Staaten von Amerika schützt.»

Diese Rede war ein sehr großer Erfolg, sowohl in den USA wie auch in den europäischen Medien. «Bush finds gravitas in time of trial» («Bush findet die richtigen Worte in schwierigen Zeiten»), «Bush makes his mark» («Bush gibt die Richtung vor»), «Bush erhält Bewunderung für seine Rede» (*Svenska Dagbladet*), «Alle unterstützen Bush nachhaltig» (*Dagens Nyheter*) waren einige typische Überschriften. Offensichtlich hatte man diesmal ganz genau untersucht, was im Hinblick auf muslimische Alliierte gesagt werden durfte und was nicht. Der Präsident scheint ungeheuer besorgt um das *Decorum* gewesen zu sein – keine blutigen Details, weder was das Geschehene noch was die Verfahrensweise mit den Terroristen und ihren Beschützern angeht. Es ist auch noch Raum für ein paar persönliche Wendungen, wie wir sie schon in den Reden von Bush und Gore zu Beginn des Wahlkampfes gesehen haben – zum Beispiel der Hinweis auf die Witwe des Helden aus dem Flugzeuge von Pennsylvania und die Polizeimarke aus New York. Ja, sogar ein klein wenig Ironie bei dem Hinweis auf die afghanischen Regeln für Bartwuchs. Man sucht jedoch vergebens nach konkreten Behauptungen und Versprechen, aber das ist etwas, was einem nur klar wird, wenn man die Rede *liest*, nicht aber, wenn man sie *hört*. Das Fernsehpublikum der Welt, die beiden Häuser des Kongresses und die Politik-Kommentatoren waren gerührt und haben sich das alles zu Herzen genommen. Hier herrscht wieder die Urform der Rhetorik, die gleichen Bedingungen, wie sie auf dem Marktplatz in Athen galten. Die Regel des athenischen Rhetorikexperten Lysias: «Vergeßt nicht, daß das Publikum die Sache nur einmal hört», ist durch die Verbreitung der Schrift und die Aufnahmegeräte moderner Zeit sicher überholt, das hat auch Bush bei früheren Auftritten schon erfahren müssen. Doch solange man, wie es dem Stab von Bush hier gelingt, extreme Mißgriffe und Fehler bei dem Vortrag der Fakten vermeidet, gilt dieses Prinzip immer noch, und zwar selbst in der großen Politik.

Die Rede erfüllte ihre Aufgabe; hier sollte eher zusammengefaßt als propagiert werden. Den bereits willigen Unterstützern der amerikanischen Sache sollten Motive an die Hand gegeben werden, sich anzuschließen. Und obwohl in der Rede das Gegenteil gesagt wird, dürfen alle, die sich nicht ausdrücklich gegen den Redner wenden, sich seiner Sache zugehörig fühlen.

Deshalb hat man auch dafür gesorgt, daß für jeden etwas dabei war: für die Angehörigen und die übrigen zahllosen Amerikaner, die jemanden kannten, der betroffen war; für Amerikas Patrioten mit dem Hinweis auf gewonnene Kriege; für die Familien – «nehmen Sie Ihre Kinder in den Arm»; für die Alliierten – der Gruß an Blair und eine Reihe anderer im *Exordium*. Südkorea und Berlin werden als Beispiele für Orte genannt, an denen den Amerikanern Sympathie entgegengebracht wurde. Die schwankenden muslimischen Alliierten erhalten Unterstützung, indem auf die Bedrohung auch ihrer Sicherheit hingewiesen wird. Muslime werden beruhigt und umworben. Eine Reihe von halben Zitaten aus Reden von Roosevelt («freedom and fear», «Freiheit und Angst») und von Churchill («falter … fail», «straucheln und scheitern») werden vom Weltpublikum wahrscheinlich nicht beachtet, sind aber dafür gedacht, daß sich die Journalisten und Experten gut fühlen, wenn sie diese Zitate wiedererkennen und dann noch eifriger darauf aus sein werden, dieser Rede auch die richtige Beurteilung zu geben.

Was den Aufbau der Rede angeht, so macht die Situation, in der sie gehalten wurde, es – wie bereits angedeutet – möglich, sowohl bekräftigende Argumente als auch gedachte Gegenargumente wegzulassen. Statt dessen gibt die *Ratiocinatio* – die Fragen und die vom Redner selbst gegebenen Antworten darauf – dem Ganzen eine deutliche Struktur, bis hin zu der *Peroratio*, in die die Rede mündet. Wenn man die Rede liest, dann erkennt man, daß sie wie ein Musikstück in Wiederholungen und Variationen aufgebaut ist. Dieser Eindruck wird noch von den sprachlichen Klangeffekten am Ende verstärkt. Doch der Zuhörer denkt überhaupt nicht so. Diese Feinheiten gehen direkt ins Unterbewußtsein. Hier herrscht keine furchtbar hochtrabende «Beredtheit», die Schulabschlußfeiern und Kirchenbesuche in unserer Kindheit so bitter machte, und auch nicht die gewollt blumige Sprache, die so viel «kunstvolle» Prosa zerstört und nur existiert, um zu imponieren – nein, hier ist überzeugende Rhetorik am Werk, die auf die

Gefühle und das Unterbewußtsein zielt. Und sie ist noch wirkungsvoller und schwerer zu durchschauen, weil sie von dem scheinbar so einfachen und üblicherweise ohne rhetorische Feinheiten auftretenden George W. Bush vorgetragen wird.

Nach dem unsicheren Start nach den Anschlägen, und nachdem er nachvollziehbare rhetorische Fehler begangen hatte, fand Bush (oder besser gesagt sein Stab) am Ende die richtige Tonlage und schaffte es, die richtigen Sachen zu sagen, um Sympathien und die nötige Unterstützung zu gewinnen. Er tat einige recht zweifelhafte Äußerungen und zumindest eine (Kreuzzug), die schlichtweg idiotisch war. Doch zumindest aus seiner Perspektive und wohl auch aus der Sicht der meisten Amerikaner glich sich das wieder aus. Es ist nämlich nur eines der vielen Klischees, mit denen gewissenlose Ratgeber und selbsternannte Rhetorikgurus in der Branche von unserer Angst zu reden und unserem Lampenfieber profitieren, indem sie nämlich sagen, man habe nur eine Chance, das Publikum für sich zu gewinnen. Das stimmt nicht. Man bekommt oft noch eine zweite Chance. Oder gar eine dritte.

Diese Situation nach dem 11. September kann – auch in dem tragischen weltpolitischen Zusammenhang – mit jener verglichen werden, die jeden Redner erwartet, der vor einem unbekannten Publikum spricht: Gerade dann muß er die Reaktionen ablesen und sich ihnen anpassen. Und wenn man dann etwas Falsches gesagt hat, kann man das oft genug auch noch reparieren. Was allein zählt, ist die Schlußpassage und der Eindruck, den wir insgesamt hinterlassen, denn davon hängt ab, ob es uns gelingt, andere zum Handeln zu veranlassen.

Das ist die erste, eher allgemeine Lektion, die man von Bush und seinem Auftreten während der Terrorkrise lernen kann. Rhetorik ist nicht moralisch, und so ist es in diesem Zusammenhang eine irrelevante Frage, ob das Handeln des Präsidenten moralisch oder richtig war; egal zu welchem Ergebnis man dabei kommt – es vermindert nicht die Leistung seiner Rhetorik. Im Gegenteil: Im Lichte der Einwände, die es offen oder latent gab, wird die massive Unterstützung, die er damals in den unterschiedlichsten Weltgegenden und Gruppierungen gewinnen konnte, mit Blick auf die rhetorischen Grundprinzipien um so bedeutsamer.

Es ist dies auch nicht der Ort, um die nachfolgenden Kriegshandlungen moralisch oder militärisch zu beurteilen. Erstaunlich und interessant zu beobachten, ist aber die Suche nach der richtigen rhetorischen Tonlage in einer extrem schwierigen Situation, von den Terrorangriffen des 11. September über die Beeinflussung der amerikanischen und internationalen Meinung bis hin zur Einleitung der Kriegshandlungen am 7. Oktober.

Aber vielleicht gilt es hier doch noch eine andere Lehre zu ziehen. Mit Eintritt in den Krieg waren wir bei der «Fortsetzung der Politik mit anderen Mitteln» angelangt. In diesem Moment verlassen wir die Rhetorik und gehen zur Kriegsgeschichte über. Die Geschehnisse auf dem Schlachtfeld sind etwas völlig anderes – selbst wenn auch sie die Meinung beeinflussen.

Krieg ist im Gegensatz zur Rhetorik keine humanistische Wissenschaft. Im Krieg bekommt man keine zweite Chance.

Und so sind wir wieder an der Grenze der Rhetorik angelangt, die wir zu Beginn dieses Buches schon einmal ausgelotet haben, als es um das Reden in einer starken Überlegenheitssituation ging. Mit Rhetorik kann man fast alles machen, was man will. Aber nur fast.

Wenn man das nicht bedenkt, dann hat man schlechte Karten.

30. Jetzt ist aber Schluß!

In einer mündlichen, mitreißenden Rede, die überzeugen soll, ist der Schluß, die *Peroratio*, das allerwichtigste. Daran erinnern sich die Leute, und danach handeln sie. Die *Peroratio* darf gern feierlich sein. Sie soll an die Gefühle der Hörer appellieren. Hingegen ist es überhaupt nicht notwendig, wie viele denken, noch einmal zusammenzufassen, was man gesagt hat. Das wirkt oft genauso kontraproduktiv, wie wenn man zu Beginn der Rede schon skizziert, was man sagen wird.

Wenn Ihre Argumentation funktioniert hat, dann hat sie bereits ihren Sinn erfüllt. Am Ende müssen Sie nur noch die Aufforderungen selbst einhämmern, eventuell unterfüttert mit einer Erinnerung an die stärksten Argumente.

Das hier aber ist ja ein geschriebenes Buch, ein kleines Handbuch mit pädagogischer und ein wenig volksbildender Ausrichtung.

Und Sie haben es bereits gekauft, geschenkt bekommen oder ausgeliehen. Dann muß ich Sie also nicht weiter ermahnen. Sie können vor- und zurückblättern. Nicht einmal bei reiner Unterhaltungsliteratur erinnert man sich immer an den Schluß. (Wie ist es Lady Chatterley denn eigentlich mit ihrem Liebhaber ergangen?) Außerdem folgt nach diesem offiziellen Schlußkapitel ja noch eine Reihe nützlicher Worterklärungen.

Lassen Sie uns also die Sache dadurch abrunden, daß wir ganz lose noch einmal ein paar der wichtigsten Ratschläge zusammenfassen, die in diesem Buch und dem Vorgängerband *Die Kunst, überzeugend zu reden* erteilt wurden. Das sind Ratschläge, die man immer beherzigen kann, wenn man vorbereitet oder unvorbereitet einen Auftritt hat, und die wir in den vorangegangenen Kapiteln schon ausführlich behandelt haben, wie auch solche, die wir nur mehr gestreift haben.

A. Ziehen Sie sich gut an, gern etwas steifer als gewöhnlich, wenn Sie nicht gerade der Ministerpräsident sind oder die Rolle des verrückten Erfinders spielen wollen, die auch durch ein wenig Lässigkeit für sich einnehmen können!
B. Denken Sie gründlich darüber nach, was Sie eigentlich erreichen wollen, und passen Sie die Rede daran an! Geht es nur darum, nett zu sein? Oder sollen die Leute etwas lernen? Oder sollen sie sogar etwas Besonderes machen?
C. Wählen Sie immer die Livesendung, wenn Sie die Möglichkeit dazu haben!
D. Seien Sie gut vorbereitet!
E. Lesen Sie niemals von einem ausformulierten Manuskript ab!
F. Versuchen Sie nicht, die Rede Wort für Wort auswendig zu lernen!
G. Benutzen Sie ein Stichwortmanuskript, mit dessen Hilfe Sie improvisieren können!
H. Haben Sie das Stichwortmanuskript immer dabei, auch wenn Sie glauben, alles gut im Kopf zu haben. Es ist nicht schlimm, einmal innezuhalten und ins Manuskript zu schauen!

I. Haben Sie keine Angst, zu Beginn ängstlich zu wirken – Unsicherheit ist nur charmant und weckt Sympathien.
J. Sagen Sie nicht gleich schon am Anfang, worüber Sie reden werden!
K. Legen Sie vor allem niemals einen Plan über den Verlauf ihrer Rede auf den Overheadprojektor!
L. Benutzen Sie überhaupt so wenig technische Hilfsmittel wie möglich!
M. Alle Menschen können so laut reden, daß man sie hört, auch junge Frauen!
N. Versuchen Sie niemals, irgendeine These auf Biegen und Brechen zu vertreten!
O. Seien Sie nicht unnötig objektiv!
P. Je größer das Publikum, desto größere Gesten verträgt es.
Q. Fernsehen funktioniert wie ein sehr kleines Publikum.
R. Machen Sie vor einem richtigen Publikum niemals schmutzige Witze vom Podium aus!
S. Breiten Sie keine ekligen Details aus, nicht einmal, wenn es darum geht abzuschrecken!
T. Beobachten Sie die Reaktionen des Publikums!
U. Warten Sie auf das Lachen und die positiven Reaktionen, die von Ihren Unterstützern kommen werden, die stets ganz links sitzen.
V. Seien Sie zurückhaltend, was die eigenen Verdienste angeht, aber zeigen Sie sich stolz auf Ihre Botschaft, Ihre Ware, Ihre Religion, Ihre Organisation oder für was auch immer Sie rhetorisch eintreten.
W. Schieben Sie niemals die Schuld auf andere!
X. Werden Sie niemals wütend auf das Publikum im ganzen oder jemanden im Publikum!
Y. Halten Sie in großen Versammlungen keine Fragerunde ab!

Und dann noch, wie gesagt:

Z. Bereiten Sie den Schluß gut vor und sorgen Sie dafür, daß Sie auch irgendwann dort ankommen!

Glossar

Ad Herennium – siehe Rhetorik für Herennius

Allegorie – ausführliches, kompliziertes Gleichnis, in dem jeder Teil etwas anderes bedeutet, das aber dennoch keine eindeutige Erklärung gibt.

Alliteration – Stabreim wie «Mars macht mobil».

Amplificatio – Der Teil aus der *Inventio* oder der *Elocutio*, in dem es darum geht, mit Hilfe von *Figuren* und Erfindungsreichtum seine Beweise aufzubauen und zu vertreten.

Anapher – Sprachliche *Figur*, in der mehrere Sätze im selben Teil einer Rede auf dieselbe Weise beginnen. «Selig sind, die da arm im Geiste, denn ihnen gehört das Himmelreich. Selig sind, die da Leid tragen, denn sie werden getröstet werden. Selig sind ...» und so weiter.

Aposiopesis (oder *Interruptio*) – Wenn man so tut, als sei man so entsetzt oder gerührt, daß man nicht sofort weitermachen kann, sondern sich erst einen Moment lang fassen muß.

Apostroph – Anruf. «My fellow Americans!» «Mein Vaterland!»

Argumentatio – Manche Rhetoriker führen die Teile der *Probatio*, die noch weitere Argumente für die eigene Ansicht enthalten, mit der *Refutatio*, den Gegenargumenten, zu einem Teil der Rede zusammen, der *Argumentatio* genannt wird. Siehe auch *Probatio* und *Refutatio*.

Aristoteles – Griechischer Philosoph, 384–322 v. Chr., der das älteste überlieferte und das bedeutendste Rhetorikbuch geschrieben hat. Er war mehr Philosoph als Redner, und er interessierte sich vor allem für philosophische Bezeichnungen und Definitionen.

Captatio benevolentiae – Das Wohlwollen des Publikums gewinnen. Hauptziel vor allem im *Exordium*, der Einleitung der Rede.

Cicero, Marcus Tullius – Römischer Politiker, 104–43 v. Chr. Vielleicht der erfolgreichste Gerichtsredner aller Zeiten. Von ihm sind mehr als 50 politische und juristische Reden überliefert, denn diese wurden als Musterbeispiele in Rednerschulen benutzt. Cicero ist der Erfinder oder zumindest der erste bekannte Benutzer vieler rhetorischer Tricks, die immer noch angewendet werden (*Paralipsis*, *Incrementum* und viele mehr). Er schrieb auch theoretische Werke über die Rhetorik – *De inventione*, *De oratione*, *Orator* und *Brutus.* Seiner wirklichen Praxis und seinen Methoden kommt man vor allem durch die Lektüre seiner Reden und zum Beispiel der anonymen Schrift *Herennium* näher.

Commonplace – Das ist, was die Griechen *Topoi* und die Römer *Loci communes* nannten. (Dafür gibt es kein gutes deutsches Wort.) Manchmal bezieht sich das auf gemeinsame Interessen von Redner und Publikum, an die in seiner Argumentation anzuknüpfen geschickt sein kann, manchmal auf die Verwendung allgemein bekannter Mythen, Ereignisse und Gestalten, die zum Arsenal des antiken Redners gehörten, und die man in der Rednerausbildung erlernen bzw. kennenlernen konnte. Das Letztgenannte hat Anlaß zu der modernen, alltäglichen Bedeutung von *Commonplace* im Sinne von Klischee oder Platitüde gegeben.

Comparatio – Einfacher Vergleich etwa «Stark wie ein Bär».

Concessio – Zugeständnis. Man nimmt dem Gegner den Wind aus den Segeln, indem man ihm recht gibt. Besonders wirkungsmächtig in der Form der *Übertriebenen Concessio*, in der man noch einen Schritt weiter geht: «Ja, es stimmt, daß ich konservativ bin, und nicht nur das – ich bin reaktionär, zumindest in dieser Frage, und darauf bin ich stolz!»

Conclusio – siehe *Peroratio*.

Confessio – Bekräftigung. Hier bringe ich die weiteren Argumente für meine Ansicht unter, die noch nicht in der *Narratio* vorkamen. Wird manchmal als ein eigener Teil der Rede aufgefaßt. Siehe *Probatio*.

Confutatio – siehe *Refutatio*.

Decorum – Das Prinzip des Nettseins. Wer etwas Unangenehmes sagt, der wird auch selbst als unangenehm empfunden und wird nicht überzeugen können, selbst wenn er möchte, daß das Publikum sich gegen das erwähnte Unangenehme/Schlimme wendet. Es gibt innerhalb des *Decorum* – also unter Vermeidung des Widerwärtigen – immer noch einen anderen Weg, zum Ziele zu kommen.

Delectare – Angenehm sein. Wird oft als eines der drei Hauptziele des Redners aufgefaßt. Im modernen Zusammenhang vielleicht am besten mit «unterhalten» zu übersetzen. Vgl. *docere* und *movere*.

Dispositio – Die Kunst, seinen Stoff zu ordnen. Eines der fünf Hauptthemen der Rhetorik; sie steht an zweiter Stelle. (Die anderen heißen *Inventio*, *Elocutio*, *Memoria* und *Pronuntiatio*). Die *Dispositio* enthält eine Art Schema, wie die Rede im ganzen angelegt sein soll. Sie läßt sich gut am Beispiel von Reden vor Gericht vorführen, gilt aber für alle Arten von überzeugenden Vorträgen. Die Themen können ebenso wie die Anzahl von Abteilungen und den zwischen ihnen verlaufenden Grenzen variieren. Doch das Grundschema und die Ordnung der verschiedenen Grundelemente kann nicht verändert werden.

Eine Art normaler Variante der *Dispositio*, die zuerst von *Quintilian* vorgeführt wird und die ich in diesem wie auch in meinem vorigen Buch benutze, ist die folgende: 1. *Exordium* (die *Quintilian* allerdings *Prooemium* nennt) – die Einleitung. 2. *Narratio* – die Erzählung. 3. *Probatio* – eigentlich der Beweis, doch in der Praxis enthält sie unsere These, *Propositio*, und weitere Argumente dafür, *Confirmatio*, die wir anbringen möchten. 4. *Refutatio* – die Argumente gegen die Auffassung der anderen Partei und 5. *Peroratio* – der Schluß. Der Begriff *Dispositio* kann auch die

Ordnung der Argumente innerhalb eines einzelnen Teils einer Rede, zum Beispiel der *Probatio,* bedeuten.

Divisio – s. *Partitio.*

Docere – Unterrichten. Oft als eines der drei Hauptziele des Redners genannt. Wird im modernen Zusammenhang vielleicht am besten mit «informieren» übersetzt. Vgl. *delectare* und *movere.*

Elocutio – Das dritte Hauptthema der Rhetorik nach der *Inventio* und der *Dispositio.* Meint die sprachliche Ausformung der Rede, vor allem in der antiken Lehre von den *Figuren*, d. h. den sprachlichen Kniffen und gedanklichen Tricks. Das große Interesse daran, solche Figuren in den alten Handbüchern zu katalogisieren, beruht darauf, daß die Rhetorik in damaliger Zeit auch den geschriebenen Text umfaßte – wie Poesie oder Historienschreibung –, der dem Leser mehr Zeit bietet als dem Hörer im Verlauf einer Rede; kann er doch alles noch einmal lesen und die besonders schönen Finessen in den Sätzen bewundern.

Epiphora – Sprachliche *Figur,* in der mehrere Sätze hintereinander oder im selben Teil einer Rede auf gleiche Weise enden.

Ethos – Ein extrem vager Begriff, der in der Antike meist die moralische Autorität meint, die den Redner überzeugend macht. Vielleicht heutzutage am ehesten vergleichbar mit dem, was wir das *Image* einer öffentlichen Person nennen, sozusagen das Bild, das man verkauft, die Rolle, die man spielt, die Autorität, die man besitzt. In einer Beziehung damit steht auch der moderne Begriff *Charisma*, für «Ausstrahlung», der der religiösen Sprache entliehen ist, wo er eine «Gnadengabe» meint – das Vermögen, in Zungen zu reden oder dergleichen. Vgl. *Pathos.*

Exclamatio – Ausruf. «Ja, das war einfach süß!» «Schlimmer Gedanke!»

Exordium (oder *Prooemium*) – Die Einleitung der Rede. Zielt vor allem auf *Captatio benevolentiae*, also das Publikum für sich zu gewinnen.

Figur – Rhetorischer Kniff oder Trick. Damit kann gemeint sein, was *Quintilian* eine «Gedankenfigur» nannte, also ein Trick, mit dem Ziel zu überzeugen, wie *Concessio*, *Incrementum*, *Paralipsis* oder *Prosopopoeia.* Zu den Gedankenfiguren rechnet man auch Tricks wie *Apostroph*, *Exclamatio*, *Interrogatio*, *Ironie* und dergleichen. Eine andere Art Figuren sind rhetorische Vergleiche, die sogenannten *Tropen.* Eine dritte Gruppe sind rein sprachliche Figuren wir *Anapher*, *Epiphora, Parallelismus* und dergleichen.

Genus honestum – Ehrenwerte Art. Die Rede, deren Anliegen sogar vom Publikum als lobenswert angesehen wird und die dem Redner deshalb eine große Überlegenheit beschert: Festtagsreden, Dankesreden, Lobreden. Auf sie muß man viel Mühe verwenden, damit sie nicht trocken und langweilig werden.

Gestus humilis – Unehrenwerte Art. Die Rede, deren Anliegen für die Zuhörer bedeutungslos oder uninteressant sein kann: viele Arten von Lehrsituationen und Vorträgen, politische Detailfragen, Werbung für alltägliche Waren. Auf sie muß man viel Mühe verwenden, damit das Interesse geweckt und auch bewahrt wird.

Genus turpe – Schändliche Art. Die Rede, bei der das Publikum uns oder dem Anliegen gegenüber negativ eingestellt ist oder zumindest nicht von Anfang an unsere Ansicht teilt. Eine Rede, bei der wir in einer Unterlegenheitssituation beginnen. Im Grunde die häufigste rhetorische Situation, wenn man Rhetorik als «die Kunst, mit dem gesprochenen Wort zu überzeugen», versteht. Wir überzeugen ja nur den, der nicht so denkt wie wir. Sonst wäre das ja gar nicht erforderlich. Auf diese Rede muß viel Mühe verwandt werden, um das Wohlwollen und das Vertrauen der Zuhörer zu gewinnen, und es müssen alle denkbaren rhetorischen Tricks angewendet werden, um den Leuten dann unsere Ansicht und unsere Überzeugung unmerklich aufzudrängen und sie davon zu überzeugen, daß sie so handeln sollten, wie wir es von ihnen erwarten.

Herennius – siehe Rhetorik für Herennius.

Anhäufung – Aufzählung einer Reihe verwandter Begriffe, um einen überwältigenden oder komischen Effekt zu erzielen.

Humiliatio – Bescheidenheit, mit der, zumeist im *Exordium*, die Sympathie des Publikums geweckt werden soll. «Ich bin eigentlich kein guter Redner, aber ...»

Hyperbel – Übertreibung. Rhetorische *Figur*, die bedeutet, daß man – meist in komischem Zusammenhang – einen Vergleich drastisch übertreibt: «Sein Blutdruck war so hoch wie das Empire State Building.» Der Gegensatz dazu ist *Litotes* oder das *Understatement*.

Image – siehe *Ethos*

Incrementum – Eine geschickte Form des Vergleichs, bei dem man es dem Hörer selbst überläßt, seine Schlüsse zu ziehen: «Es ist ein Übergriff, einen römischen Mitbürger gefangen zu nehmen, ein Verbrechen, ihn auspeitschen zu lassen, und der abscheulichste Mord, ihn töten zu lassen, aber was soll man dann dazu sagen, daß dieser Bürger gekreuzigt wurde?»

Insinuatio – Vorsichtige Eröffnung. Eine Art *Exordium*, die die Absichten des Redners und sein eigentliches Anliegen verbirgt und statt dessen mit etwas anderem, dem Publikum Gefälligerem beginnt. Das bietet sich an, wenn man einen unpopulären Vorschlag oder eine schwer zu verkaufende Ware hat oder einen Klienten, den alle als schuldig ansehen. Es empfiehlt sich, diese Art der Eröffnung zu wählen, wenn man vor einem feindseligen Publikum spricht oder mit anderen Formen der mehr oder weniger starken Unterlegenheit konfrontiert ist, die in der Antike *Genus turpe* geheißen hätten.

Institutio oratoria – s. *Quintilian*.

Interrogatio – Rhetorische Frage. «Wie lange werden sie unsere Geduld noch auf die Probe stellen?» «Sollen wir uns damit abfinden?» «Wer weiß, was die Zukunft noch bringt?»

Interruptio – s. *Aposiopesis.*

Inventio – Das erste der fünf Hauptthemen der Rhetorik. Die Kunst, grundsätzlich für die Rede Argumente und Stoff zu finden. Ist in seiner antiken Ausformung heute nur noch von eingeschränktem Interesse. Man meinte damit, daß es weitgehend vorgefertigte Argumente und Beispiele gäbe, die man einfach lernen und je nach Gegenstand der Rede anwenden könne.

Ironie – Doppeldeutigkeit, eins zu sagen und etwas anderes zu meinen. «Unsere kluge Regierung!», «Du bist ja lustig!». Ein gefährlicher Kunstgriff, denn ein großer Teil des Publikum faßt solche Äußerungen gern falsch auf und wird Sie ernst nehmen. Von den anderen werden viele verletzt sein. «Werde ironisch und halte die beste Rede, die du je bereut hast!», sagte Winston Churchill.

Iteratio – Wiederholung.

Litotes – siehe *Understatement.*

Loci communes – siehe *Commonplace.*

Machiavelli, Niccolò – Florentinischer Bürokrat und Philosoph, lebte 1467–1527. Sein Handbuch *Il Principe*, «Der Fürst», handelt vor allem von der Kunst, mit allen Mitteln zu herrschen, enthält aber auch viele Ratschläge, die von Bedeutung für die Kunst der Rede sind und dafür, wie man ein Auditorium in Griff bekommen kann.

Memoria – Die Kunst des Erinnerns. Das vierte Hauptthema der antiken Rhetorik, das Tricks gewidmet ist, wie man sich an die Teile der vorzutragenden Rede erinnern konnte und wo diese hingehörten. Diese Kunst hat heutzutage eigentlich keine Bedeutung mehr. Im Unterschied zur Antike ist heute nämlich das Papier preiswert. Zwar ist es nach wie vor so gut wie immer falsch, etwas abzulesen, doch ist es immer möglich, ein Stichwortmanuskript mitzunehmen, und man sollte es auch anwenden. Zudem ist es gar kein Problem, ab und zu eine Pause zu machen, um sich seines Manuskriptes zu vergewissern.

Metapher – Sprachliche Umschreibung. Ein sprachlicher Vergleich, ein Bild, das nicht erklärt wird, wie «Wüstenschiff» oder «der Entschlafene». Kann auch mit einem Verb gebildet werden, wie «Darauf springe ich nicht an», oder aus einem Adjektiv wie «Ein glücklicher Zufall».

Miseratio – Ein Appell, meist in der *Peroratio*, an das Mitleid des Publikums. Sollte kurz sein, da schon die antiken Theoretiker der Meinung waren, daß nichts so schnell trocknet wie Tränen.

Movere – Bewegen. Oft als eines der drei Hauptziele des Redners bezeichnet. Sollte im modernen Zusammenhang wahrscheinlich besser mit «Überreden» übersetzt werden. Vgl. *delectare* und *docere.*

Narratio – Erzählung. Zweiter Hauptteil der Rede, englisch oft *Statement of Facts* genannt, im Idealfall jedoch immer eine chronologische Erzählung. Zeichnet sich gemäß der antiken Rhetorik durch Kürze, Klarheit und Wahrscheinlichkeit aus. Dazu sollte die *Narratio* interessant und spannend sein, gerne auch unterhaltsam (*Decorum*) und wahr, vor allem in den kleinen Details!

Occultatio – siehe *Paralipsis*.

Parabel (oder *Similitudo*) – Ein ausführlicher, verdeutlichender pädagogischer Vergleich. «Das Leben ist wie eine Tüte. Sie ist leer und inhaltslos, wenn man sie nicht mit etwas füllt.» Funktioniert in der Rede gemeinhin besser als in der schriftlichen Ausführung, da sie auf dem Papier gern unfreiwillig komisch wirkt.

Paralipsis (oder *Occultatio*) – Eine Methode, Dinge zu behaupten, ohne sie behauptet zu haben: «Es geht das Gerücht, daß der Gemeinderat das Geld, das er veruntreut hat, für Prostituierte ausgegeben hat. Aber derartigen Gerüchten wollen wir natürlich keinen Glauben schenken. Die Sache ist so schon schlimm genug.» Es ist für den Betroffenen völlig unmöglich, sich gegen so etwas zu verteidigen. Es wird nur noch schlimmer, wenn man die Anschuldigungen wiederholt und damit noch einmal betont, um der Gegenseite zusätzlich die Möglichkeit zu geben, zu antworten und dem Publikum die Botschaft einzuhämmern: «Das meinen wir ja auch. Wir wollen nicht glauben, daß Sie Prostituierte aufgesucht haben, auch wenn es andere gibt, die das behaupten.»

Parallelismus – Sprachliche *Figur*, die bedeutet, daß zwei oder mehr Sätze, die aufeinanderfolgen, auf dieselbe Weise aufgebaut sind.

Pars pro toto (oder *Synekdoche*) – Ein Sonderfall der *Metapher*, wo ein Teil das Ganze bedeutet, wenn man zum Beispiel sagt «pro Kopf», obwohl man «pro Person» meint.

Partitio (oder *Divisio*) – Abtrennung oder Aufteilung. Kann die Kunst meinen, Argumente oder Begründungen in verschiedene Teile aufzuteilen, oder auch einen Punkt, an dem die verschiedenen Teile eines Falles oder die Teile, die uns von der Gegenseite unterscheiden, aufgezählt werden. Vgl. *Probatio*.

Pathos – Die zufälligen Gefühle, die der Redner zeigt oder zu zeigen scheint, um das Publikum für sich zu gewinnen – dies im Unterschied zu seiner Person oder seinem *Ethos*. Manchmal kann dieser Begriff mit dem modernen Wort «Engagement» gleichgesetzt werden. Es ist sehr schwer, *Pathos* zu zeigen, ohne pathetisch zu werden. Vgl. auch *Miseratio*.

Peroratio (oder *Conclusio*) – Der fünfte Teil der Rede, der Schluß. *Kann* eine Zusammenfassung, *Recapitulatio*, enthalten, muß aber nicht. Ferner einen Appell an das Mitgefühl, *Miseratio*, oder überhaupt an die Gefühle der Hörer. Der emotional am höchsten gestimmte Teil der Rede und zudem der, den man am besten bis ins kleinste Detail vorbereitet.

Principium – Direkte Eröffnung. Eine Art *Exordium*, wo sogleich die Absichten des Redners und das Ziel der Rede erklärt werden. Paßt am besten zu Lobreden, Dankesreden und anderen Fällen großer Überlegenheit, die in der Antike *Gestus honestum* genannt wurden. Vgl. *Insinuatio*.

Probatio – Eigentlich «Beweis». Der dritte Teil der Rede. Enthält unsere Ansicht, so deutlich wie möglich formuliert, sowie weitere Beweise, die wir dafür anführen wollen. Einige Rhetoriker verstehen die Ansicht oder den Vorschlag als einen besonderen Teil der Rede, *Propositio*, der direkt auf die *Narratio* folgt und dann noch weitere Beweise enthält, die der Redner bringen möchte, nämlich in der *Confirmatio* (oder eben *Probatio*). Manchmal wird auch der Begriff *Divisio* oder *Partitio* so verwendet, daß damit bezeichnet wird, was meinen Vorschlag von anderen Ansichten unterscheidet. Manchmal wird die *Partitio* als ein eigener Teil der Rede angesehen, der nach der *Propositio* kommt und vor der *Confirmatio*, und zumeist eine Aufzählung der besonderen Argumente enthält. Eine derart detaillierte Aufteilung ist jedoch in der Praxis nicht hundertprozentig zu realisieren.

Normal und für unsere erste Orientierung wichtig ist, daß man die eigene Ansicht bzw. den Vorschlag und weitere Beweise zu einem Teil der Rede zusammenfügt, der *Probatio*, da Argumente und Ansicht oft ineinander übergehen: Wenn wir die Steuern erhöhen, werden wir mehr Geld für die Krankenhäuser haben. Oder wollen wir mehr Geld für die Krankenhäuser haben, wenn wir dafür auch die Steuern erhöhen müssen?

Um die Sache noch weiter zu komplizieren, spaltet zum Beispiel *Cicero* die *Confirmatio* ab und verbindet sie mit der *Refutatio* zu einer größeren Abteilung, die er *Argumentatio* nennt. Das ist aus verschiedenen Gründen etwas unpraktisch. Doch gleichzeitig ist es wichtig zu sehen, daß das Grundprinzip dasselbe bleibt. (Vgl. *Dispositio*.) Der Begriff *Probatio* kann auch die Beweisführung insgesamt meinen, die doch zumeist in dieser Abteilung der Rede landet.

Pronuntiatio – Der Vortrag der Rede. Das fünfte Hauptthema der Rhetorik. Dieser Teil ist heutzutage eher noch wichtiger und komplizierter geworden als je zuvor, da man auf technische Hilfsmittel und die unterschiedlichen Bedingungen, die die verschiedenen Massenmedien stellen, Rücksicht nehmen muß. Hierher gehört auch alles, was Kleidung, Körpersprache und so weiter gesagt worden ist. Er geht um die gelungene *Darbietung* der Rede.

Prooemium (manchmal auch *Prooimium*) – Vgl. *Exordium*.

Propositio – Vorschlag. Wird manchmal als ein eigener Teil der Rede betrachtet, der direkt nach der *Narratio* kommt. Vgl. auch *Probatio*.

Prosopopoeia (manchmal auch *Prosopopeia* oder *Prosopopea*) – ungefähr dasselbe wie Personifizierung. Man ruft, um seine Ansicht zu unterstützen, in der Phantasie einen Zeugen herbei, den es nicht gibt oder der jedenfalls nicht zugegen ist. Das kann ein Vorfahre sein, eine historische Person oder auch eine ganze Gruppe, eine Berufsgruppe, kommende Generationen, eine Stadt, eine Tierart oder ganz einfach die Natur, der Wald oder dergleichen.

Quintilianus, Marcus Fabius – der größte antike Rhetoriker. Lebte ca. 35–95 n. Chr. Seine bedeutende *Institutio oratoria* in zwölf Büchern ist die wichtigste Quelle des Wissens über die antike Rhetorik, enthält aber vor allem eine Menge an Detailratschlägen, die immer noch funktionieren.

Ratiocinatio – ein Sonderfall der *Interrogatio*, eine Reihe von rhetorischen Fragen, die man selbst beantwortet. «Wie nennen wir einen solchen Chef? Wir nennen ihn einen schlechten Chef! Und was sind wir, die bei ihm angestellt sind? Wir sind betrogen!»

Recapitulatio – die Wiederholung oder die Zusammenfassung der wichtigsten Punkte, in diesem Fall ein Teil der *Peroratio*, eigentlich jedoch kaum notwendig, wenn die Argumentation ausreichend effektiv war. Es genügt, wenn man ein paar der schlagkräftigsten Argumente wiederholt, die Thesen einhämmert und an das Wohlwollen des Publikums appelliert.

Refutatio (oder *Confutatio*) – Gegenargumente. Der vierte Teil der Rede und vielleicht der schwierigste. Hier beseitigen wir Zweifel, die bei den Zuhörern entstanden sein könnten. Oder wir entkräften Anschuldigungen, die früher wirklich gegen uns und unsere Position erhoben wurden. Zwei Sachen sind dabei wichtig zu bedenken. Wir heben uns alle Widerlegungen von Anschuldigungen bis zu diesem Punkt auf. Und wir schieben niemals die Schuld auf andere oder auf irgendwelche besonderen Umstände. Wenn etwas schiefgelaufen ist, dann sind wir uns des Fehlers bewußt. Es tut uns leid. Und wir haben bereits angefangen, daran zu arbeiten, diesen Fehler ein für allemal abzustellen!

Reprehensio – Rhetorische *Figur*, die beinhaltet, daß man so tut, als würde man sich versprechen, um Entschuldigung bittet, sich verbessert und weitermacht. Eine gute Methode, um über Dinge zu scherzen oder Sachen zu behaupten, für die man aber nicht einstehen will – in dem Fall verwandt mit der *Paralipsis*.

Rhetorik für Alexander – Ein griechisches Rhetorikbuch aus der Zeit um 300 v. Chr. Im Vorwort wird fälschlicherweise behauptet, daß es von *Aristoteles* für Alexander den Großen geschrieben worden sei. Es ist jedoch mit mehr Sinn für die Praxis angelegt als die echten Schriften des Aristoteles.

Rhetorik für Herennius (*Rhetorica ad C. Herennium*) – Römisches Handbuch zur Rhetorik aus dem letzten Jahrhundert v. Chr. Es ist das einfachste und beste der antiken Handbücher für den Laien. Man nahm lange an, daß es von *Cicero* verfaßt sei – das ist zwar falsch, aber verständlich, denn man kommt dessen Tricks hier näher als in seinen eigenen, eher abgehobenen theoretischen Schriften.

Similitudo – siehe *Parabel*.

Spin doctor – moderner amerikanischer Begriff für die Rhetoriker und Medienfachleute, die Politikern helfen, eine Kampagne in Gang zu bringen und ihr *Image* zu verbessern.

Statement of facts – siehe *Narratio*.

Synekdoche – siehe *Pars pro toto*.

Topoi – siehe *Commonplace*.

Trope – sprachliches Bild oder Gleichnis. Zum Beispiel *Comparatio*, *Metapher*, *Pars pro toto* und dergleichen.

Understatement (oder *Litotes*) – Untertreibung. «Das ist nicht besonders witzig.» «Wir haben ein kleines Problem – die Firma ist pleite.»

Übertriebene Concessio – siehe *Concessio*.

Nachweis der verwendeten Literatur

Die im Text vorkommenden Zitate stammen, sofern sie ausfindig gemacht werden konnten, aus den unten aufgeführten Bänden.

Cicero, M. Tullius – In Catilinam orationes quattuor/Vier Reden gegen Catilina. Aus dem Lateinischen von Dietrich Klose. Reclam Verlag, Stuttgart 1972. S. 23.

Machiavelli, Niccolò – Der Fürst. Aus dem Italienischen von Friedrich von Oppeln-Bronikowski. Insel Verlag, Frankfurt am Main 1990. S. 53/54.

Sjöström, Hans O. – *I Klassens ljus.* Im Licht der Klasse. Norstedts Förlag, Stockholm 1987. Über Bosse Ringholm, S. 247 und S. 254.

Für die Reden des amtierenden amerikanischen Präsidenten George W. Bush wurde die offizielle Übersetzung der amerikanischen Botschaft in Berlin verwendet.

Register

Aus dem Verlagsprogramm

Sprache und Literatur bei C. H. Beck – Eine Auswahl

Hans Peter Althaus
Zocker, Zoff & Zores
Jiddische Wörter im Deutschen
2., durchgesehene Auflage. 2003.
159 Seiten mit 10 Abbildungen. Paperback
Beck'sche Reihe Band 1476

Moritz Baßler
Der deutsche Pop-Roman
Die neuen Archivisten
2002. 222 Seiten mit 9 Abbildungen. Paperback
Beck'sche Reihe Band 1474

Otto A. Böhmer
Sternstunden der Literatur
Von Dante bis Kafka
Limitierte Sonderauflage Auflage. 2003. 181 Seiten. Paperback
Beck'sche Reihe Band 4028

Hans-Martin Gauger
Über Sprache und Stil
1995. 276 Seiten mit 3 Abbildungen. Paperback
Beck'sche Reihe Band 1107

Hans-Dieter Gelfert
Englisch mit Aha!
Die etwas andere Einführung in die englische Sprache
2003. 222 Seiten. Paperback
Beck'sche Reihe Band 1528

Christoph Gutknecht
Lauter blühender Unsinn
Erstaunliche Wortgeschichten von Aberwitz bis Wischiwaschi
3. Auflage. 2003. 228 Seiten mit 4 Abbildungen. Paperback
Beck'sche Reihe Band 1431

Verlag C. H. Beck München